2010年重庆师范大学学术专著出版基金资助
重庆市高校地理信息系统重点实验室资助

征地农转非人员就业促进及其管理研究

陈绍友 著

商 务 印 书 馆
2012年·北京

图书在版编目(CIP)数据

征地农转非人员就业促进及其管理研究/陈绍友著．—北京：商务印书馆，2012

ISBN 978－7－100－09234－0

Ⅰ．①征…　Ⅱ．①陈…　Ⅲ．①农民-劳动就业-研究-中国　Ⅳ．①D669.2

中国版本图书馆 CIP 数据核字(2012)第 132816 号

征地农转非人员就业促进及其管理研究

陈绍友　著

商 务 印 书 馆 出 版

(北京王府井大街 36 号　邮政编码 100710)

商 务 印 书 馆 发 行

北 京 市 艺 辉 印 刷 厂 印 刷

ISBN 978－7－100－09234-0

2012年11月第1版　　开本 880×1230 1/32

2012年11月北京第1次印刷　　印张 11 1/8

定价：35.00元

序　言

城市化是经济社会发展的动力，是现代化的手段和标志。城市化建设必然使得城郊农民失去土地，走向城市，转而从事非农产业。我国当前正处于城市化快速推进的历史时期，已经产生了大量的城郊征地农转非人员，而且未来还会越来越多。离开土地走进城市后，征地农转非人员的生存发展状况如何，是城市化质量高低的一个重要标志，也是城市下一步征地建设能否顺利推进的一个重要影响因素。

2008年12月，笔者主持重庆市国土房管局委托课题“征地农转非人员居住小区管理现状及对策研究：以高新区为例”研究，在对重庆市高新区的调研中发现，征地农转非人员的生存与发展存在诸多的不如意。笔者进一步搜集全国各地的相关情况，发现各地城郊征地农转非人员的生存发展问题正在成为一个重大的社会问题。“那些被征地的人员……成为边缘群体中的边缘者”，“沦为种田无地、就业无岗、低保无份的‘三无游民’”，他们“处在工业文明与农业文明的中间，不能被城市文明所接纳，同城市格格不入”。如果对此视而不见，漠不关心，不千方百计、竭尽全力地妥善解决，将可能形成社会稳定的巨大隐患和经济发展的重大难题。

应该说，近十来年，学者们和各地政府紧密围绕“城郊农民被征地进城”展开了积极的理论研究和实践探索，也取得了一定的成效。笔者在全面比较、分析已有的研究成果和实践运作后发现，这些年的努力主要集中在对征地农转非人员的利益补偿方面，而利益补偿总会存在着“够不够”的问题，一是当期的补偿范围是否“全面”而“够不够”，二是随着时间的推移和经济社会的发展而“够不够”。现实的情况是，由于就业和劳动岗位的缺失，由于没有新的收入来源，对征地农转非人员的利益补偿“总是不够”。就业不足才是征地农转非人员陷入困境的真正原因，就业促进与就业实现才是破解“征地农转非人员困境”的最核心、最根本、最关键的措施。古人云：“民以生为本，以业为基”，“有业为乐，无业为祸”。因此，就业才是民生之本，是人民改善生活的基本前提和基本途径。

因此，本书以在城市化建设中由于土地被征用而从农业生产活动转移到非农业生产活动的人员即“征地农转非人员”的“就业促进及其管理”为研究对象，期望寻求一个适合于中央政府和各级地方政府及征地农转非人员自身的就业促进的理论模型，探讨如何通过政府调动最广泛的资源与力量帮助征地农转非人员在城市二三产业及异地农村的现代农业从业或创业，使征地农转非人员“搬得出、安得稳、逐步能致富”，实现从农村到城市的顺利、平稳过渡，进而推动城市化建设和经济社会的进一步发展。

本书的研究思路是“从微观入手，从宏观着眼”。也就是说，从征地农转非人员安置的微观实践分析入手，提炼出“非农就业在征地农转非人员安置中居于核心地位”的宏观结论；从征地农转非人员非农就业的微观着力点讨论入手，建构了“征地农转非人员就业促进系统框架”；从征地农转非人员非农就业的现实困境与发展取向的微观探索入手，展开就业促进系统框架的系列运行与宏观整合。

本书形成了三个部分的主要内容，第一部分为“研究背景和研究设计”篇，即“导言”，是关于对象界定、研究背景、研究思路的说明与阐述；第二部分为“机制构建与基础研究”篇，即第一、二章，在论述了征地农转非人员的安置现状与就业促进的核心地位基础上，建构了征地农转非人员就业促进系统框架，即“五星模型”，同时阐述了征地农转非人员就业的现状、原因及发展取向，为“五星模型”的展开和就业促进的运行提供基础依据；第三部分是“机制运行及管理研究”篇，即第三、四、五、六、七、八章，分别从社区管理与服务、就业培训、农转非集体经济发展、地方经济发展、农转非人员创业和政府的就业促进管理讨论征地农转非人员就业促进的运行机制及相应管理。

本书的主体理论创新是建构了“征地农转非人员就业促进的五星模型”，即形成以各级政府对征地农转非人员就业促进的推动与管理为中心，沿着农转非社区管理与服务、农转非人员就业培训、农转非集体经济发展、地区经济增长与经济发展、农转非人员创业发展五条路径各自展开又相互联系的“五星闪烁”的就业促进及其管理的局面。目前，国内学者对征地农转非人员就业问题的研究总体上还不深入、不系统，还没有从战略高度来认识。特别是尚缺乏基于“人和社会的全面发展”视角和构建和谐社会的高度而进行内在逻辑的深入系统研究，对征地农转非人员的可持续发展能力关注的培育才刚刚开始。因此，本书构建的“五星模型”首次从总体上讨论征地农转非人员就业的系统运作，可以作为中央政府及各级地方政府的宏观管理框架，以此为依据出台相应的政策措施，有助于调动最广泛的社会资源与力量，形成就业促进的强大合力，更好地实现征地农转非人员就业。同时，不同地区的征地农转非人员安置有不同的背景、优势与不足，各地在相互借鉴学习基础上需要实施有针对性的措施。“五星模型”中的五条路径可以相互独立，独自成“星”，各级地方政府可以根据本地实际，或一条路径，或二三条路径结合，实施更有针对性的措施，创造性地开展工作，有效地缓解征地农转非人员就业的当前压力，实现城市化与就业的良性互动。因此，“五星模型”也可以成为各地结合实际创造性地实施征地农转非人员就业促进的微观运作蓝图。在此基础上本书还形成了如下五个新的观点。

一是基于征地农转非人员的非农就业现状与原因分析，认为从拾遗补缺的岗位做起，沿着自己的目标把事业做大，是征地农转非人员非农就业发展的理想路径方向。这既切合征地农转非人员目前的素质能力现状，又符合他们追求发展的需求，也与社会进步发展相吻合。

二是基于目前我国征地农转非人员住房安置模式的比较分析，认为“集中建设、集中安置”仍然是当前及今后一个相当长时期内住房安置的主要模式；农转非小区及社区作为征地农转非人员进入城市的第一站，其管理与服务对他们在城市生存与发展、寻求非农就业具有重要的基石性意义，它不仅是农转非人员的生存基地，更是城市非农就业基地。因此，强化对农转非小区建设优化和社区管理与服务，是各地促进征地农转非人员非农就业发展的共同任务。

三是基于就业培训与就业的相关性和当前农转非人员就业培训分散运行的弊端，提出“就业培训市场化运行”的思路，这既切合市场经济的基本要求，又有利于充分调动培训机构的积极性，实现就业培训资源的优化配置，最大程度地提高就业培训的效果。在“就业培训市场化运行”中，政府在加强培训机构管理的同时，在初期要实施积极的就业培训需求管理与引导，然后逐渐转向就业培训机制建设与完善；就业培训机构则应着力于自身组织的建设与发展、培训内容的开发与培训市场的开拓，以针对性、有效性培育“培训产品品牌”与“培训机构品牌”，实现经济效益与社会效益的最大化。

四是基于“留地安置模式”的总结与反思，认为发展农转非集体经济是农转非人员增加收入、实现就业的有效途径。其中，城市二三产业、现代农业和劳务经济是农转非集体经济值得探索的发展领域，经济基础的建构、带头人的选育是农转非集体经济组织建设的两大关键，应当努力探索以“对口支援”的方式帮助农转非集体经济组织的建设与发展，引导农转非集体经济组织按现代企业制度运营。

五是基于经济发展与就业增长的相关性分析和近十多年来城市化的反思，认为实施经济与就业增长并重战略、创新城市化发展策略，是各级政府应当着力探索的新问题。笔者建议尝试城市旅游化经营。

就业问题是经济发展的重要问题，充分就业始终是各国政府的宏观政策目标之一。“征地农转非人员就业促进及其管理研究”，不仅是经济发展实践提出的迫切要求，也是经济理论发展的需要。本书的研究成果，不仅有利于正确认识和评价我国征地农转非人员就业问题的矛盾和困境，从而为正确调整和优化农转非人员就业政策及为农转非人员就业选择提供理论依据和指导，而且有助于为我国就业理论提供新鲜内容，拓展研究范围，丰富研究内容，特别是为农村剩余劳动力转移就业提供直接的理论支持，亦为市场经济体制的完善、劳动力资源的优化配置及建立公平的就业制度环境和社会环境、顺利实现城市化提供理论基础和政策建议。本书研究成果的应用，帮助各地实施积极有效的就业促进，直接促进征地农转非人员实现就业，短期内将有助于缓解征地农转非人员不满情绪、促进和谐社会建设，长期内将有助于征地农转非人员持续发展、促进城市文明进步。因此，本书具有较高的学术价值和应用价值，它可以成为城市化建设的各级政府部门、城市化理论研究者及区域经济、城市规划、劳动就业等专业的博士研究生、硕士研究生和本科学生的重要参考书目。

在本书的写作过程中，我的博士生导师段豫川教授及西南大学戴思锐教授、师兄张应良博士给予了许多的帮助和指导，在此致以由衷的感谢！还要感谢我的硕士生何微微、朱盛华、毛红涛、汪庆等，他们对书稿的整理也进行了较多的工作！还要感谢我的妻子和女儿！妻子朱平编审的关心、理解和支持使我能安心学习、潜心研究，女儿的一路成绩给予我莫大的欣慰和鼓励！

在本书的编辑出版过程中，商务印书馆的颜廷真博士以及相关老师，做了许多深入细致的工作，为本书的出版质量奠定了坚实的基础，在此一并致谢！

征地农转非人员就业问题的研究，在我国是2003年以后才逐渐受到学者渐多的关注。本书的研究尚属探索，其中必定存在不全面、不完善和错漏的地方，热忱欢迎专家同行和读者朋友批评指正。

陈绍友

2012年4月26日

目　录

导　言

理论和研究理论的方法，是理论发展的两个轮子。在明确研究对象、实践背景和学术背景基础上进行研究设计，是研究“征地农转非人员就业促进及其管理”的起点。

一、研究对象和研究内容的界定

本书研究“征地农转非人员就业促进及其管理”，其研究对象的主体是“征地农转非人员”，研究界定首先要明确“征地农转非人员”是指哪些人——这是对象界定，其次要明确征地农转非人员的“就业促进及其管理”是指哪些范围——这是研究内容界定。

（一）研究对象界定

关于研究对象界定，需要从研究对象的外延和内涵两个方面进行界定。

1. 研究对象的外延界定

本书所论“征地农转非人员”是指在城市化建设中由于土地被征用而从农业生产活动转移到非农业生产活动的人员。在外延上，它与失地农民、农转非人员、农民工、移民、新市民五个概念相关(图 1),即征地农转非人员分别是失地农民、农转非人员、移民、新市民中的一部分,而与农民工具有诸多共性。对征地农转非人员的外延界定就是要明确其与这五者之间的异同,关于这五者的研究成果对征地农转非人员的研究亦有借鉴和启示价值。

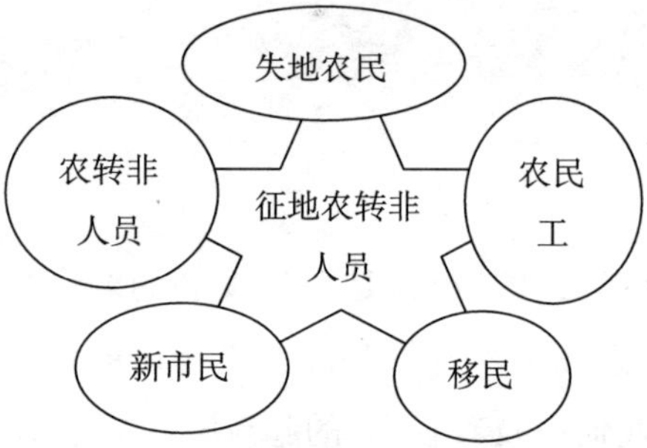

图 1 征地农转非人员的外延界定

(1) 征地农转非人员与失地农民

学术界和实践界普遍采用“失地农民”概念来统称因国家城市化、工业化和重要工程建设而失去土地的人员,“征地农转非人员”属于“失地农民”的一部分,他们与所有失地农民一样都具有被动失地性,因而学术界和实践界的诸多探索对本书的研究具有积极的参考价值。本书所指的“征地农转非人员”是强调具有如下特征的“失地农民”,据此以区别于其他失地农民。

其一,征地农转非人员的失地具有完全性。由于完全失去土地,征地农转非人员也就失去了在居住地从事农业生产活动的机会,需要进入城市从事非农业生产活动,或者到其他地方租地从事农业生产活动,这使得征地农转非人员没有了退路。失地农民中还有部分失去土地的，他们可以在余下的少量土地或者在农村集体经济组织的协调下获得另外的土地以继续从事农业生产。

其二，征地农转非人员空间位置的城市边缘性。即征地农转非人员位于城市边缘区或在城市中间（即“城中村”）（图 2），这使他们与城市具有较多的经济社会联系。从全国范围看，征地农转非人员散布于各个城市；从城市范围看，征地农转非人员又集中分布于特定城市的近郊，而且离中心城区越近，征地农转非人员的规模越大，城市化进程越快，征地农转非人员越多。在非城市边缘区因国家重要工程（如高速公路、铁路、水利工程等）建设而失去土地的人员属失地农民，他们所失去的土地价值相对于征地农转非人员而言要低些。

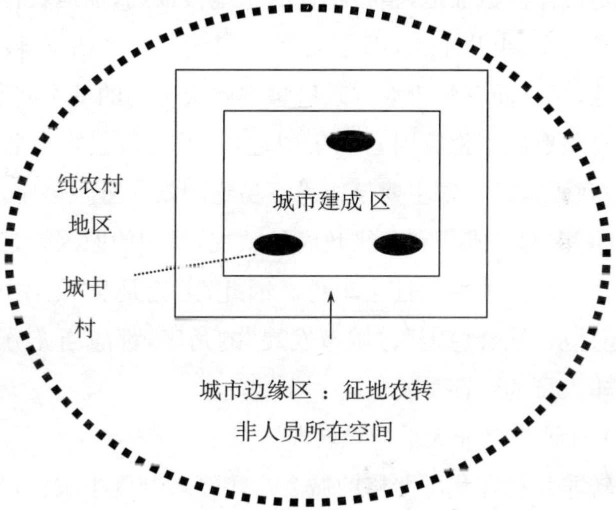

图 2 征地农转非人员所在的空间位置

土地的城市边缘性使征地农转非人员有三个区别于其他失地农民的特征。一是征地农转非人员在被征地前依托土地进行的农业生产活动(如进行蔬菜种植与销售)与非农业生产活动(如从事房屋租赁、从事小商品买卖),具有较好的经济收益。二是在城市开发建设中,土地用途的转换将形成巨大增值。特别是当征地农转非人员没有稳定的工作和收入时,因为生活成本的增加和征地补偿的坐吃山空,他们便会感到被征土地的利益损失更大,从而产生强烈的相对剥夺感(杜今锋、王芸芸,2008)。三是征地农转非人员对国家法律、政策以及对社会的认识和思想更加活跃,易酿成大规模的群体上访和群众事件。

其三,征地农转非人员具有明显的群体性。即征地农转非人员大多是群体性被征地,整村整社的土地被征用,征地农转非人员群体不是几个、十几个人,而是上百人、上千人。征地农转非人员的群体性,一方面有利于地方政府集中解决他们的基本问题;另一方面也容易形成不稳定因素的集中地,他们常常很容易形成相应的"利益联盟",且初期主要是成为不稳定因素。近十多年来"失地农民问题"引起学术界和各级政府的重视,最初的原因就是因为征地农转非人员群体性的社会事件。因此,无论是从"关注民生"的角度,还是从"社会稳定"、"城市发展"的角度,都应当充分关注征地农转非人员的生存与发展。

(2) 征地农转非人员与农转非人员

农转非是指在我国严格的城乡户籍管理制度中农村户籍转为城镇户籍。农转非人员包括通过高校招生、城市招工招干、随家属迁移进城(随军、投亲、特殊工种家属)、落实政策、人才引进(郭虹,

2004)以及20世纪90年代中期以前"买户口"(张兴校、马翡玉,2007)等所有从农村迁移到城镇、户口由农村户口转变为城镇户口的人员。征地农转非人员亦是户口转变为城镇户口的人员,但相较而言,又有如下不同。

其一,征地农转非人员的"农转非"具有强烈的被动性。他们的迁移是基于公共的需要而非个体的需要,是因为其生存发展的根本依托——土地被征用,而被动地转变户籍,被动地进入城市。这种被动性导致其对进城从事非农产业的准备不充分、心理上的不情愿,因而需要帮助其提高素质技能、有效疏导和排解其不良情绪。

其二,征地农转非人员的"农转非"缺少有效的社会支撑。传统的农转非人员,有政府的政策支持、亲属及其组织的有效帮助,因而他们的非农化平稳得多、顺利得多。而征地农转非人员,大多缺少城市亲属的有力帮助,如果再缺少政府的有效帮助与扶持,其非农化将变得困难得多。

其三,征地农转非人员"农转非"的传统优势正在缺失。长期以来,我国城乡二元结构使农村户籍人口和城镇户籍人口的区别不仅体现在户口身份上,更主要地是体现在户籍身份背后的现实利益的巨大差别上。城镇人口在就业、教育、医疗、住房、社会保障等方面的待遇,要远远高于农村人口。改革开放前,一系列的制度安排使农转非人员拥有了城市非农人口的权利,因此,"农转非"曾经是许多农民梦寐以求的大事。改革开放后,特别是1995年以后,伴随着社会主义市场经济体制的建立健全及劳动用工方式的市场化转变,城镇人口的传统优势正在逐步缺失,如粮油副食的优惠供应、就业优先等(张汝立,2004;秦吴扬、赵文远,2004)。同时,征地农转非人员进城后与传统城镇人口的社会保障待遇还没有接轨。于是,“农转非”不再是一个香饽饽。

(3) 征地农转非人员与农民工

农民工是户籍身份没有农转非而职业实现了农转非的人员,他们或弃农经商或亦工亦农,征地农转非人员是先实现了户籍身份的农转非而后亦需实现职业农转非的人员。同农民工相比,征地农转非人员还有一段非常艰难的路要走。

其一,征地农转非人员不能像农民工那样亦工亦农、亦城亦乡,他们必须放弃对土地的依赖,必须在新的环境中接受就业和生活保障的双重考验(姚从容,2008)。

其二,农民工进城找到工作才留在城市,找不到工作就回到农村,既保留了生产资料,又找到了发展的空间,他们对城市生活工作具有积极的心理准备;而征地农转非人员被动进城,准备不足,进城后经济社会文化发展的比较对象由农民变为市民,于是形成从“富裕农民”变为“城市贫民”的较大心理落差。

其三,农民工进城可以更好地遵循市场机制和利益最大化原则,他们的迁移地点选择和迁移空间范围更大,而征地农转非人员却大多只能就近迁移。

其四,进城农民工大多是青壮年,而征地农转非人员的年龄落差比较大,既有青年,也有中老年,几乎涵盖了所有年龄阶段的劳动人口(张克俊、李瑛,2008)。

其五,从城市化进程看,征地农转非人员的城市化具有激进性,是在失去生产资料、生活居住方式快速彻底转变中的城市化;而农民工的城市化则表现为渐进性,并有一定基础,尤其是就业基础和财富的积累(余秀江、崔国校,2006;曾海鹰,2006)。

因此,征地农转非人员在征地前后一段时期,面临“前无依托、后无依靠”、“前无出路、后无退路”、“前有障碍、后有阻隔”的艰难境况;对征地农转非人员的非农化,既不能不遵循市场机制的基本作用,也不能没有政府的积极作用。

(4) 征地农转非人员与移民

移民是指离开祖祖辈辈生产生活的地方而迁移到另一个地方谋求生存发展的人员。我国远有“闯关东”、“走西口”、“下南洋”,近有三峡工程百万大移民。此外,还有为追求更多的就业机会、更好的子女教育、更优的社会保障而迁往国外某一地区永久定居的移民,包括商业移民、技术移民、亲属移民、婚姻移民、家庭移民、应聘移民等多种类别。

一方面,征地农转非人员的移民,不同于“闯关东”、“走西口”、“下南洋”等为生计所迫的移民,不同于三峡移民受到各级政府的强力支持,不同于当今世界移民有较好的或商业或技术或亲属的支持。另一方面,与所有移民一样,征地农转非人员也面临离开祖祖辈辈生产生活的地方,离开熟悉的生活环境与生产方式,到一个陌生的环境去重构新的生存发展系统,这种重构意味着他们将面临诸多的生产生活、技能素质、思想观念、行为方式、社会交往等方方面面的挑战。

(5) 征地农转非人员与新市民

新市民是伴随中国社会经济结构的变化和城市化的快速发展而出现的新群体,包括升学、参军、人才引进、随家属迁移等进城人员和主动进城的农民工、被动进城的征地农转非人员及因工程建设而迁移的进城人员。新市民是农民转化而来的，但农民和市民是两个截然不同的概念，农民是指身份为农村户口，长期或固定居住在农村、以农业劳动为主要职业、日常生活方式表现为与农业社会相符的群体；市民是指身份为城市户口，长期或固定居住在城市、从事非农劳动、日常生活方式与城市社区相符的群体（杨盛海、曹金波，2005）。因此，从农民到市民的转化，不仅仅是职业身份的转变（非农化）和居住空间的转移（城市化），更是农民社会文化属性与角色内涵的转型（市民化）和各种社会关系的重构过程（结构化）（文军，2009）。由于农民的思想观念、思维方式、心理特质、文化特质等与市民有很大的不同，因此这个转换将是一个跨度很大、任务艰巨的渐进过程，不可能一蹴而就（杜洪梅，2004），需要一个较长的磨合期和适应期（章建民，2003）。这是包括征地农转非人员在内的所有市民要面对的问题。

相较于其他新市民，征地农转非人员需要特别关注。其一，随着城市化进程的加快，城郊农民被征地而成为新市民的规模越来越大。其二，长期以来，我们尚未系统地解决征地农转非人员的市民化问题，特别是其职业转换问题。其三，目前相当数量的征地农转非人员的生存状况令人担忧，如不采取积极有效的对策措施，他们的境况会更加艰难（路小昆，2005）。

2. 研究对象的内涵界定

在内涵上，本书对“征地农转非人员”进一步界定为：在城市化建设中由于土地被征用而需要从农业生产活动转移到非农业生产活动的人员，他们具有如下共同特征：①在劳动年龄内，即按世界上大多数国家的惯例为16～60周岁的男性和16～55周岁的女性人员；②有劳动能力，即无疾病、非残、非孕等人员；③未就业或未充分就业或正在寻找工作，即在转非后四个星期及以上无工作岗位和工资，或在调查周内非个人原因而工作时间不到20小时，并愿意从事更多工作的人员（高君，2008）。

也就是说，在内涵上本书的研究对象是除下列三种人员以外的征地农转非人员（图3）。

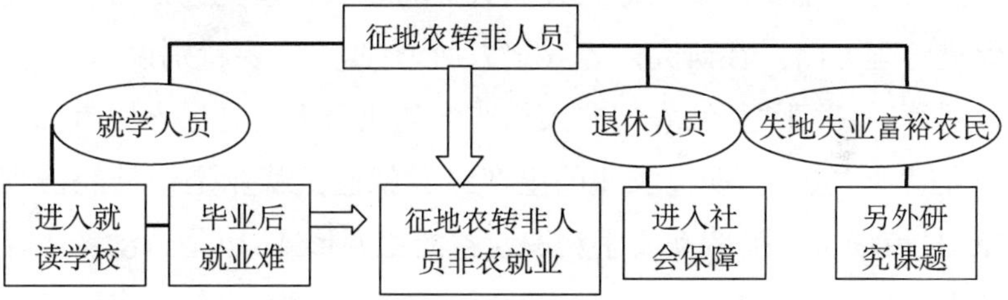

图3　征地农转非人员的内涵界定

其一，在征地农转非时已经就业的人员。本书的研究中心是对征地农转非人员的就业促进及其管理，因此不讨论已经就业的人员。但如果他们需要调换工作、需要进行相应的技能及知识培训，则进入本书相应的研究框架中。

其二，不需要就业的人员。包括年龄在16岁以下该就学的人员、女性年龄在55岁以上和男性年龄在60岁以上该退休的人员。对于目前该就学的人员，征地时当安排好其就学的去处，在其毕业后就业时出现困难时，亦当纳入本书研究范围；对于该退休的人员，征地时当安排好其退休养老及其他社会保障，由相应部门进行管理。

其三，失地失业的富裕农民。尽管仍然需要对他们实施积极的人力资源开发(罗拾平,2007),但这是另外一个研究课题,不列入本书的研究范围之中。

(二) 研究内容界定

在明确界定本书的研究对象之后,还需要明晰的一个重要问题是征地农转非人员"就业促进及其管理"的具体内容是什么,也就是本书所述的研究内容。本书研究"征地农转非人员就业促进及其管理",主要侧重征地农转非人员的非农就业促进方略和就业促进管理方略。在研究内容界定方面,有四点需要特别说明。

第一,关于"征地农转非人员非农就业",主要是进入城市二三产业就业,也包括现代农业的生产经营就业。就业是一种经济现象,是市场条件下劳动要素获取收益的主要形式,也是劳动者生存和发展的基础;就业既是劳动者个体的微观行为,也是一个国家的宏观经济行为。征地农转非人员的非农就业既包括在非农产业领域被雇佣的从业,也包括自主创业。

第二,关于"征地农转非人员就业促进管理",主要是基于征地农转非人员失去土地、进入城市面临的各种困难,通过政府调动最广泛的资源与力量参与其中,帮助征地农转非人员实现非农就业,它要求政府着力建立健全征地农转非人员就业促进机制,采取相应管理措施以促使机制运行正常有序。从一般意义上讲,管理是引导人力资源和物质资源进入动态的组织以达到组织目标,亦即使服务对象获得满意,并使服务提供者获得一种高度的士气感和成就感的活动过程。管理是一种基础国力,是"摸得着的手"(席酉民,1998)。由于征地农转非人员实现非农就业是涉及区域经济社会发展的综合性事务,是一个重大的经济问题和社会问题。因此,地方政府和相关利益主体应当充分运用“管理”这只“摸得着的手”，充分、有效地调动各种资源，实施征地农转非人员就业促进及其管理，使征地农转非人员“搬得出、安得稳、逐步能致富”，如此方能获得他们的满意，进而使全体社会成员满意，实现社会的稳定与进步。

第三，从时间范围看，从征地补偿开始，到进入城市“住下来”、“有工作”，再到“生活得好、发展得好”，征地农转非人员的就业促进是一个持续的系统过程，不同阶段有不同的特点，农转非人员有不同的需求，就业促进有不同的重点。因此，征地农转非人员就业促进需要系统设计、全面安排，而不能“见子打子”、“头痛医头”。本书的研究首先立足于被征地进城初期的“转”，因为以“转”为就业促进的核心，有利于把当前征地农转非人员的各种问题区分出轻重缓急，避免头痛医头、脚痛医脚的弊病；同时着眼于长远，发展中的问题用发展的办法来解决，把“征地农转非人员就业促进”放在更大的社会系统中，用更多社会资源来解决，从而更有利、更有效、更持续地促进非农就业。

第四，从地域范围看，本书的研究总体上是针对全国范围的城市化建设中对城郊征地引起的农转非分析，微观上采用一些典型案例分析。征地农转非人员数量规模已经很大，将来还会更大，其就业问题已经不仅是一个简单的经济问题，而是演变为社会问题和政治问题。因此，必须从更大的空间范围来认识和研究。各地的经验与创新需要很好地整合、提炼，然后在全局推广，并形成政府、社会和农转非人员共同努力的良好局面，如此方能最好地解决问题。

因此，本书的研究目标是：从宏观上阐述征地农转非人员就业促进及其管理的全局性与战略性，明晰农转非人员城市生存发展与就业实现的内在机理，建构征地农转非人员就业促进机制，实施对应有效的就业促进管理，最终帮助征地农转非人员顺利实现就业和城市发展。

二、研究背景

研究“征地农转非人员就业促进及其管理”，是因为中国正处于城市化进程加快的历史时期，这将使征地农转非人员的数量规模越来越庞大，而征地农转非人员的非农就业问题已经成为其进城生存发展的根本障碍。本书之所以选择“征地农转非人员就业促进及其管理”这一议题进行研究，主要基于其严峻的实践背景和独特的理论背景。

（一）实践背景

从实践背景方面来看，主要包括两个层面：一是城市化进程不断加快与征地农转非人员日益增多，二是征地农转非人员就业问题日渐凸显，因此，征地农转非人员就业促进及其管理问题就显得必要且迫切。

1. 城市化过程加快形成庞大的征地农转非人员

关于中国城市化进程，国内外学者普遍认为，我国正处于城市化快速发展时期，其主要依据有以下五点。

第一，世界城市化发展规律表明，城市化发展呈横S形轨迹运行（Ray，1975），即城市化水平在30％～70％之间是一个国家城市化发展最为迅速的时期，这是世界业已完成工业化的国家所证明了的“国际曲线”。中国1996年城市化率迈过30％（30.48％），因此中国正处在城市化快速发展阶段(图 4)。

第二,城市化发展的另一个国际经验亦显示中国城市化的快速发展时期已经到来,即城市化率在一国内的增长速度随着世界城市化率的增长而加快(肖海霞,2008)。1800 年世界城市化水平还只有 3.2%,1900 年达到 14%,到 1950 年上升为 29.7%,1982 年达到 42%,2003 年达到 48.5%,2007 年达到 50%(顾文选,2008),预计到 2050 年将将达到或超过 70%(表 1)。世界城市化正以前所未有的速度和规模向前发展,中国城市化进程将进入快速发展时期。

表 1　1950～2050 年世界城市化趋势

年份	1950	1970	1990	2010	2030	2050
城市化水平(%)	29.7	36.7	43.2	52.0	61.1	70.0

资料来源:World Population Prospects,1998;沈建国,2000。

第三,历史证明,城市化是人类经济社会发展的客观要求和必然产物,是实现现代化的必要手段和现代化发展水平的综合标志,是推动一个国家或地区的经济社会快速发展的原动力。在中国,改革开放 30 年来 GDP 的增长与城市化率的提高呈现出同步变化的趋势(表 2)。世界银行专家尤素福认为,20 世纪 80 年代以来,中国经济增长有 10%是从城市化进程中获得的,展望未来,中国至少可以取得同样的城市化对经济增长的贡献率(闵捷,2002)。因此,中国经济社会的发展需要加快城市化进程。

第四,中国城市化的环境条件正在优化。尽管有学者认为近十多年我国城市化进程出现了冒进态势(陆大道,2007),且面临着环境(顾朝林,1999)、交通(阎小培、毛蒋兴,2005)、就业(刘勇,2004)等诸多问题的严重挑战,但大多数学者普遍认为,随着科学城市化战略的确定与实施、产业结构的不断优化(胡荣涛,2007)、基础设施建设显著加强(孟祥林,2005)等,在今后较长一段时间内,中国城市化仍将保持较快发展势头。

表 2 1978～2007 年我国城市化率与 GDP 的变化

年份	城市化率(%)	GDP(亿元)	年份	城市化率(%)	GDP(亿元)
1978	17.92	3 645.2	1993	27.99	35 333.9
1979	18.96	4 062.6	1994	28.51	48 197.9
1980	19.39	4 545.6	1995	29.04	60 793.7
1981	20.16	4 891.6	1996	30.48	71 176.6
1982	21.13	5 323.4	1997	31.91	78 973.0
1983	21.62	5 962.7	1998	33.35	84 402.3
1984	23.01	7 208.1	1999	34.78	89 677.1
1985	23.71	9 016.0	2000	36.22	99 214.6
1986	24.52	10 275.2	2001	37.66	109 655.2
1987	25.32	12 058.6	2002	39.09	120 332.7
1988	25.81	15 042.8	2003	40.53	135 822.8
1989	26.21	16 992.3	2004	41.76	159 878.3
1990	26.41	18 667.8	2005	42.99	183 867.9
1991	26.94	21 781.5	2006	43.90	210 871.0
1992	27.46	26 923.5	2007	44.90	249 529.9

资料来源:中华人民共和国国家统计局,2008。

第五，美国著名经济学家、诺贝尔经济学奖得主斯蒂格利茨曾断言，21 世纪将有两件事对世界影响最大，一是美国的高科技产业，二是中国的城市化（元露丰，2005）。

城市化进程的加快使征地农转非人员数量增多，大量农村人口转变为城镇人口，农民转变为市民，农村劳动力就业从涉农产业向非农产业转移。而农民大规模进入城市的方式不外乎两种：一是由于城市经济的吸力和农村劳动力剩余的推力而造成的“民工潮”，即通常所称的农民工或流动农民；二是政府行政命令主导的征地所造成的征地农转非人员进城（杜今锋、王芸芸，2008）。

关于征地农转非人员的数量，学者们多是从我国耕地数量的减少进行推导的。笔者在前文已论到，征地农转非人员是失地农民的大部分，因此，从失地农民的数量变化可以看出征地农转非人员的数量变化。学者们认为，目前全国失地农民的人数可能已经超过 2 400 万（卢海元，2003），或 3 400 万（目前各界多引用此数据）（宁国玉，2008），或 3 500 万（崔砺金，2003），或 4 000 万（高勇，2004），或 4 700 万（宁国玉，2008），或 5 000 万（赵蓓蓓、韩俊，2005），或 5 093～5 525 万（周中林，2007），或 5 100～5 525 万（黄祖辉，2007），或 6 000 万（廖小军，2005），或 6 500 万（武玲娟，2006）；到 2030 年将超过 7 800 万人（王新亚、潘海平，2003），或 1.1 亿人（韩俊，2005），或 1.3 亿人（宋斌文、荆玮，2004）。之所以出现多种不同的数字，一是由于学者们计算的依据不一，二是随着时间的推移学者们对土地占用及农民失地的认识加深（如违法占用耕地）。本书无意评判这些数字的正误，但从中可以看到，我国城市化已经产生了大量的征地农转非人员，在未来还会增加更多。

2. 征地农转非人员的就业问题日渐凸显

征地农转非人员安置，是一个庞大的系统工程，包括初期的住房补偿与安置、土地利益补偿，中期的就业促进与就业实现，后期的城市融入，这些问题相互交织在一起，尤以就业问题为核心。

从现实情况看，征地农转非人员的就业状况极不乐观，就业问题已经凸显，就业促进与就业实现正在成为征地农转非人员安置中最核心最根本的关键问题。

其一，征地农转非人员的总体就业水平很低。近年来国内不少学者从各自不同的角度均谈到了征地农转非人员就业情况极其不好，但是由于各自调研范围的局限，因而没能充分足够地说明问题，也没能引起足够的全局的重视。笔者搜集2002～2009年学者们的调研数据（附件1），整理后发现，各地征地农转非人员的失业率多数集中在25%～65%或20%～60%，其中，最低为19.00%，有1/10的地方征地农转非人员的失业率在70%以上（表3），表明征地农转非人员被征地后再次就业困难，失地又失业成为普遍现象。

表3　2002～2009年国内学者征地农转非人员失业率调研数据汇总

失业率比例(%)	25以下	25～35	35～45	45～55	55～65	65～75	75～85	85以上	合计
总体	2	3	2	2	1	0	0	0	10
东部10省	4	11	5	3	1	1	1	0	26

续表

失业率比例(%)		25以下	25～35	35～45	45～55	55～65	65～75	75～85	85以上	合计
中部6省		0	1	5	3	0	2	0	0	11
西部12省		1	3	6	6	8	2	2	3	31
东北3省		目前失地农民相对较少,在未来将会凸显								
合计	数据个数	7	18	18	14	10	5	3	3	78
	比例(%)	8.97	23.08	23.08	17.95	12.82	6.41	3.85	3.85	100.01
失业率比例(%)		20以下	20～30	30～40	40～50	50～60	60～70	70～80	80以上	合计
总体		0	4	3	2	1	0	0	0	10
东部10省		3	3	12	4	1	2	0	1	26
中部6省		0	0	1	7	1	1	1	0	11
西部12省		0	3	4	5	11	2	2	4	31
东北3省		目前失地农民相对较少,在未来将会凸显								
合计	数据个数	3	10	20	18	14	5	3	5	78
	比例(%)	3.85	12.82	25.64	23.08	17.95	6.41	3.85	6.41	100.01

资料来源:根据附件1的数据统计而得。

其二,征地农转非人员就业不足已经带来严重问题。就业是民生之本,是人民改善生活的基本前提和基本途径。古人云:“民以生为本，以业为基”，“无恒业者无恒产，无恒产者无恒志”，“有业为乐，无业为祸”。在中国，由于社会保障和社会福利制度还不健全，对许多老百姓来说，失去工作就意味着失去生活来源、面临生存危机（林红，2008）。征地农转非人员就业不足，使其收入减少或相对减少，而进城后固定消费支出增加较多，形成失地后消费增长的幅度大于收入增长的幅度，致使征地农转非人员生活水平下降，在城市生存发展非常艰难（附件2），“他们处在工业文明与农业文明的中间，是个边缘群体……仍带有典型的农民特征，不能被城市文明所接纳，同城市格格不入”（张汝立，2004）。“那些被征地的农转工人员……，成为边缘群体中的边缘者”（陈立新，2004）。“一些失地农民沦为种田无地、就业无岗、低保无份的‘三无游民’，生活在城市的边缘”（葛金田，2004）。

显然，如果找不到相对稳定的工作，就没有相对稳定的收入，也就不可能有相对稳定的心态。时间久了，人数多了，这么一个弱势群体就完全可能会产生不平衡的心理，甚至会发生一些意想不到的事情；如果对大量出现的征地农转非人员视而不见，漠不关心，不千方百计、竭尽全力去妥善安置，将可能形成社会稳定的巨大隐患和经济发展的重大难题（潘科、朱玉碧，2005）。

这不仅是我国现实问题（附件3），也是“拉美陷阱”、法国农民起义等国外历史教训的启示（谢圣远，2007）。据统计，在18世纪60年代法国有几十万人讨饭度日，当时总人口60万人的巴黎约有1/5是乞丐，16～18世纪，法国农民多次举行起义，而且规模越来越大，最终导致了法国资产阶级革命后重新均分农业土地的局面，抑制了工业革命的进程和市场经济的发育速度（樊亢、宋则行等，1984）。

（二）理论背景

在理论背景方面，本书主要从国外相关研究和国内相关研究两个角度进行阐述。

1. 国外相关研究

国外对失地农民安置的研究，集中在对因工程项目建设而引起的非自愿移民和因城市建设征地而引起的失地农民两大类人群的安置和保障的研究与探索中。失地农民的合法土地利益受损以及由此引发的土地冲突和矛盾，曾经或正在成为欧美、亚洲、非洲和拉丁美洲等地区的一些国家社会矛盾的焦点。国外学者的研究已经转向了与土地相关的各种关系的系统研究，重视弱势群体的合法土地利益，重视从多视角解决土地冲突，着手优化政府土地管理，遏制土地腐败等（沈关宝、王慧博，2008）。其中，国外学者在如下方面的研究成果值得借鉴。

其一，失地农民的安置取向。早在1980年，作为最具有权威性和代表性的国际研究机构——世界银行就颁布了第一个移民政策“世界银行资助项目中的非自愿移民所产生的社会问题”（世界银行，1980）（其后不断修改完善），其核心是倡导以“社会公平”的原则来对待移民安置，基本目标是恢复移民的生活和收入水平，并在可能的情况下使之有所提高。世行还为恢复移民的生活提供了完全保障体系，包括安置规划与政策措施的落实，全面的补偿，在过渡期内提供诸如整地、信贷、培训或就业方面的发展援助（World Bank，2001）。这成为世界各国安置非自愿移民和失地农民的重要参考依据。

国外学者呼吁要对移民成本进行准确计算并使之全部内在化

以对受影响的人群进行合理补偿(Pearce,1999),指出特定的补偿机制和普遍的安全网将缓减保护脆弱群体和支持产生整体净收益的项目之间的冲突。尽管各国的土地征用补偿制度不尽相同,但都已建立了较为完善的土地征用补偿制度。

其二,警惕"拉美陷阱"。众多学者认为,城市化进程的推进必然带来农地的流转,农地流转无论是在发达国家还是不发达国家都是城市发展的正常部分(杜伟、黄善明,2007)。因为土地是人类赖以生存和发展的物质基础,更是农民的重要资产,所以土地利益分配和土地征用补偿的不合理容易导致土地冲突。

在拉美国家就形成了"拉美陷阱",这是应当高度警惕的。20世纪60～70年代,在人均GDP跨越1 000美元后,拉美国家开始高速发展城市化,由于不平等的土地分配制度与城市化的过度发展,产生了大量的失地农民,他们蜂拥挤入大城市,在就业机会严重不足的情况下,引发了严重的社会问题。低收入的失地农民很难在城市获得建房用地和住房,又不能返回农村,于是就非法强占城市公有土地如山头、城乡结合部的公地和私人土地,搭建简陋住房,这就形成了拉美国家城市特有的景观——贫民窟。政府为承担失地农民的养老、卫生、社会保障等费用精疲力竭,两极分化十分严重,阶层矛盾日益激化,最终导致社会失控,国家陷入动荡,经济发展停滞不前,学术界称之为"拉美陷阱"(张桂梅、李中东,2007)。

学者们认为,土地冲突将严重破坏农业经济效率甚至整个国家的经济,政府当局必须慎重解决区域和全国性的土地冲突问题(Kironde,2002)。拉美失地农民问题启示我们,应科学有序地发展城市化、妥善安排失地农民的就业,切实保障失地农民的利益。

其三，通过市场机制对失地农民进行补偿。一般来说，国外政府征地的目的必须是出于维护公共利益的需要，而且要在充分尊重和保障农民合法权益的前提下，以平等、自愿、互利的原则，在征地双方平等协商基础之上，按照土地的市场价格进行补偿，并对失地农民以后的生活问题作出一系列保障安排。

在美国，土地征用被称为“最高土地权的行使”，通过一系列的制度安排，充分保障土地所有者的利益。美国土地征用补偿标准是根据土地被征用时的市场价格为基准，加上土地可预期的未来价值，并充分考虑土地所有者的利益而加以补偿。美国还考虑到附近的土地所有者因此而蒙受的损失，也一同对其给予补偿。政府还对土地被征用者给予一定的税收优惠，而出售土地者会被课以高额的税收，所以愿意土地被征用的人比打算在市场上出售土地的人多（伍冠玲，2008）。

在英国，对土地征用的补偿作了更为详尽的规定，包括土地征用补偿原则、补偿范围和标准、土地征用补偿的估价日期、补偿争议的处理等，较好地解决了国家、征地机构和个人的利益关系（周中林，2007）。

在运用市场机制中，应尊重土地产权，明确、公平和合理的土地产权将会促进土地的合理利用和相应技术的进步，刺激对土地的投资，增加土地交易机会，减少贫穷，有利于整个社会经济的发展和稳定（Berry，2001）。

其四，以法律形式规范政府征地行为。在国外，许多发达国家都制定了比较完善的以土地征收法为核心的一系列法律体系，对土地征收程序、征地补偿都有明确的规定，在议会、法院、新闻媒体、民间组织的严格监督下进行，并建立以审查土地征用目的和处理土地赔偿纠纷为核心内容的司法保障机制（伍冠玲，2008）。在英国政府和职能部门依据《强制征购土地法》征用土地，不仅要证明该项目是“一个令人信服的符合公众利益的案例”，而且征地必须经过议会的批准才可以进行。在美国，宪法规定：“非依正当法律程序，不得剥夺任何人的生命、自由或财产；非有合理补偿，不得征用私有财产供公共使用。”这就意味着，土地征用必须具备三个要件，即正当的法律程序、合理补偿、公共使用。在法国，土地征收的申请单位、被征收土地的所有者和利害关系人以及与土地征收有直接利益的人，若对土地征用目的发生争议，不服批准决定的，可以在批准决定公布后两个月内，向行政法院提起诉讼。

城市蔓延式发展造成了包括农业用地的流失、从中心区到郊区之间的闲置土地及城市边缘区域土地价值下降等一系列问题（Harvey，Robert and Clark，1965）。因此，国外学者还指出，为了土地资源安全和全人类的持续发展，政府应该履行土地利用管制的权利（Brandao，1995）。政府必须明确自己的职责，严格约束自身行为，通过合法、透明和有效的手段对土地利用进行管制，且不能侵犯土地市场的独立性和公民个人的土地产权（Butler，2002）。在 20 世纪 70 年代的非洲，土地产权的国有垄断导致了较多的土地管理错误和腐败事件的发生；在加纳，40％的市区和郊区被征用土地都处于闲置和未开发状态（Mabogunje，1992）。20 世纪 90 年代东欧和独联体地区一些国家的土地私有化改革，不仅使农民失去了集体或公共的社会服务，并面临着生存的风险，而且形成了土地法律政策实施和土地市场运作的各种困境（Amelina，2000）。

拉美国家的土地无序开发，还带来了环境的严重破坏(Fearnside，2001)。因此，政府实施合理的土地利用管制，以效率和公平为价值导向，并紧密结合本国的政治经济背景，提高土地生产率和增加社会财富，是土地利用应坚持的基本战略(Herring，1999)。

其五，将失地农民纳入社会保障体系。发达国家除了给付失地农民大体等于土地价值的土地征用费外，还将失地农民纳入社会保障体系，他们提供的社会保障主要有失地农民最低生活保障、失地农民的养老保障、失地农民的医疗保障、为失地农民提供法律援助等。

在英国，为缓解圈地运动引起的严重社会问题，1601 年出台了第一部《济贫法》，此后几经修改，奠定了英国乃至欧美各国现代社会救助立法的基础，承认了社会救济是公民应该享有的合法权利，成为欧洲社会保障制度的起源。在德国，根据 1957 年 7 月颁布的《农民老年救济法》，建立了投保资助型"养老保险制度"。该法规定所有农民都有义务参加养老保险，强调养老的"个人责任"。农民养老首先是个人的义务，然后才是国家和社会的义务，国家只起到辅助、补充作用。这种模式较好地适应现代市场经济和竞争的需要，越来越受到众多国家的推崇(伍冠玲，2008)。

同时，国外高度重视失地农民的教育与培训。美国、日本等国家颁布了许多关于职业教育和技能培训的法令，期望通过职业培训，提高劳动者素质，有利于劳动者就业，在一定程度上缓解了失业问题，职业教育和技能培训成为社会保障不可缺少的重要组成部分(陈平，2001)。

2. 国内相关研究

国内学者对征地农转非人员就业问题的研究是在失地农民问

题的研究中逐渐展开的。大约在 2003 年以前,学者们的研究主要集中在对征地农转非人员的利益补偿问题上,2003 年以后,对征地农转非人员就业问题的研究逐渐多起来,但总体上不深入、不系统,对征地农转非人员可持续发展的能力培育关注尚处于起步阶段。其实,早在 1998 年费孝通先生针对上海浦东新区的开发,就提出“认真解决征地农民的就业问题”(费孝通,1998),但也许是由于此后几年里征地农转非人员集体上访及相关问题太过严重和急迫,所以相应的研究和政策集中在对征地农转非人员的补偿问题上。大约在 2003 年后,国内学者们对征地农转非人员就业问题的研究逐渐多起来(表 4)。

表 4 国内 1989～2008 年以“失地农民就业”为名的论文统计

搜索时间	年份	2002	2003	2004	2005	2006	2007	2008	合计
2009 年 2 月 20 日 8:20～8:40	CNKI 网	0	1	16	22	36	43	38	156
	维普网	1	1	6	16	20	28	25	97
2009 年 10 月 5 日 11:30～11:40	CNKI 网	30	27	20	15	6	1	1	100
	维普网	42	43	36	22	16	1	0	160

综观近年来的文献,学者们在强调应高度重视征地农转非人员就业权基础上,从征地农转非人员的就业现状、就业难的原因、促进就业的路径与措施等方面形成了一定的研究成果。

其一,应当高度重视征地农转非人员的就业权。土地赋予了农民一种特殊情感和神秘价值,这是全世界农民特有的态度(Redfield,1956)。“农民的土地恋是文学经常重复的主题……总而言之，整个技术的、经济的、社会的、法律的和政治的系统赋予土地一种崇高和价值，使它成为一种独特的、无与伦比的财产”（孟德拉斯，1991）。

从法律的角度上看，我国《宪法》第 42 条规定，“中华人民共和国公民有劳动的权利和义务”，失地农民作为我国公民，应当平等地享有就业权；作为中国政府，则负有保障失地农民就业权得以实现的义务（张雷，2008）。但是，由于政府对就业权的重要性认识不足，我国实体法和程序法中对此部分的规定也不尽明确，对侵犯就业权的行为也缺乏专门的机构来监管，以致失地农民的就业权目前仅处于一种应然状态，没有在社会实践中得到很好的维护（魏定仁、甘超英、付思明，2004）。因此，应从战略高度充分认识并力争实现征地农转非人员的就业，并将其作为各级政府的考评指标之一（张琪，2003）；应让征地农转非人员享有充分就业权、平等竞争权、自主择业权、自由流动权、自我维护权等多方面的就业权利（白书祥，2004）。

从经济社会发展的角度看，政府能否妥善统筹失地农民就业，无疑是中国社会转型成功与否的关键；城市发展和新农村建设，首要的是解决失地农民就业，这已经为中国社会改革成功所昭示（陈兴锐，2008）。

其二，征地农转非人员就业困境及原因。近年来国内不少学者从各自不同的角度均谈到了征地农转非人员就业情况极其不好，不仅表现在总体就业水平低，就业不充分或失业（附件 1），而且已经就业人员的就业起点低、打零工和个体经营是主要方式、就业稳定性差、尚有不少人员不愿意就业。这样的就业现状使失地农民的收入减少或相对减少，而进城后固定消费支出增加，形成失地后消费增长的幅度大于收入增长的幅度，致使失地农民生活水平下降(附件 2)。但是由于各自调研范围的局限，因而没能充分足够地说明问题，也没能引起足够的全局的重视。

之所以如此，原因有三大方面。一是农转非人员自身的原因，包括文化素质不高(附件 4)、非农技能欠缺、就业观念落后(武玲娟，2006)、社会资源不足(陆飞杰，2006；聂洪辉，2008)等。二是农转非就业促进不力，包括：①征地补偿不合理、水平偏低(李世平，江美丽、孙寒冰，2006)、社会保障制度不完善；②对征地农转非人员就业安置思想认识不足、重视程度不够、责任不到位；③对就业安置问题采取“等”、“看”、“模”的办法去应付；④就业培训效果不佳(培训内容的针对性不强、培训措施不全不力、培训管理引导缺失等，使就业培训的吸引力不足、效果较差，农转非人员不满意)等。三是中国就业环境总体压力大，包括：①用城镇建设代替城镇化的误区没能带动经济增长从而带动就业增长(孙绪民，2006)；②在产业结构升级和技术创新中，技术和资本对劳动的替代优势日趋强化(李培林，2000)；③我国正处在城镇下岗再就业(目前为 1 400 多万)、农村剩余劳动力转移(其中农民工 2008 年 11 月 20 日统计数据为 2.25 亿多)、新生劳动力就业(2008 年全国高校毕业生达 611 万)三碰头的就业压力巨大的特殊时期；④城乡劳动力市场不统一、不完善、就业信息不充分、农转非人员流动性差、就业范围小；⑤城市社会对弱势的征地农转非人员歧视和对其合法权益的侵犯，如未签订劳动合同，劳动安全卫生条件不符合标准，工伤死亡事故时有发生；劳动强度高，生活、卫生条件恶劣；劳动报酬的获取得不到保障，克扣工资，恶意拖欠工资等。

其三，征地农转非人员就业安置的路径模式。近十多年来，在各地的实践探索与学者们的理论总结中，我国形成了货币安置、招工安置、农业生产安置、划地安置（置地安置）、异地移民安置、住房安置、土地入股分红安置、区位安置、社会保障安置、创业安置等多种失地农民就业安置的基本路径模式（潘科、朱玉碧，2005；郑风田、孙谨，2006；钱凤魁、王秋兵，2006；孙永军，2007；牛雅妮，2008）。在这些就业安置路径中，招工安置、农业生产安置、异地移民安置等是直接提供就业岗位进行安置，货币安置、住房安置、划地安置（置地安置、区位安置）、土地入股分红安置、社会保障安置等是提供基本的生活保障后让失地农民自谋职业，创业安置在强调失地农民自谋职业的同时也提供一些就业帮助。

从发展趋势看，学者们开始强调就业安置的市场化路径，即从直接提供就业岗位转向提供就业机会和就业帮助，让征地农转非人员自己去寻找就业机会和就业岗位。尽管这仍然存在诸多的问题与困难，但相对于直接提供就业岗位之路越来越狭窄的境况，总要有希望得多，而且这与市场经济体制的要求亦是相吻合的，当征地农转非人员的就业竞争力提高后，其就业的空间范围亦会越来越宽广。

其四，征地农转非人员就业安置的措施。基于就业安置路径的发展趋势，张汝立提出“有发展的安置”的新思路（张汝立，2006），认为“有发展的安置”的政策目标不应仅被定义为支付赔偿，而是应当被视为“复杂的社会—经济重建过程”（麦克·M. 塞尔内亚，2004）；学术界和实践界提出了一些促进征地农转非人员就业的思路和建议，主要有以下几个方面。

一是努力提高失地农民的自身素质。由于长期实行的城乡隔离政策和二元社会结构，导致居住在农村的居民通常文化素质和知识技能相对较低，这使其在激烈的就业市场中处于明显的劣势（梁伟、袁堂明，2003）。为此，《国务院办公厅转发劳动保障部关于做好被征地农民就业培训和社会保障工作指导意见的通知》（2006年4月10日）明确要求把做好被征地农民就业培训和社会保障工作作为征地制度改革的重要内容（周中林，2007）。要根据失地农民的年龄、性别、文化程度、求职意愿等，开展多层次培训，政府要强化对培训单位的考核与监管，促使培训单位提高培训质量（周林树，2008）。转变失地农民的就业观念，树立工作不分高低贵贱、职业平等和劳动光荣的观念（邢月梅，2006）。

二是发展经济，创造就业空间。工农业发展的不平衡以及城乡之间的差异应由市场来解决，解决失业率问题的前提和关键在于解决农村剩余劳动力的出路（戴林，2002）。工业化是带动就业的基础，工业化及其对服务业的衍生需求都将增加社会对劳动力的需求（葛红岩、吕彦儒，2006）。创办集体企业或股份制企业，为征地农转非人员就近就业创造条件，如苏南模式（沈关宝，1993）、用现代工业经济的“新”皮对农村经济的“旧”皮进行再生（费孝通，1998）、扶持乡镇企业（李友梅，2004）。

三是为征地农转非人员创造良好的就业环境。包括实现城乡户籍制度、就业制度、社会保障制度的统一（姜作培，2003）；成立创业服务中心机构、建立责任心强业务能力好的职业指导员队伍、构造有效畅通的信息服务网络（张珙，2003），为失地农民收集用工信息，定期举办征地农转非人员专场招聘洽谈会，为有就业愿望和就业能力的失地农民免费提供就业信息和职业介绍服务；公共职介机构要为失地农民进行培训、求职登记、职业介绍、社会保险等“一站式”免费就业服务(周中林,2007)。

四是加快社区管理制度改革以及社区文化建设,加强对征地农转非人员的社区心理服务和文化知识及业务技能的培训,维护失地农民的心理健康,提高其素质和在城市就业竞争中的能力(姜作培,2003;陈传锋等,2005)。

五是鼓励失地农民自主创业。

综合国内外学者们的相关研究,我们可以得出如下结论。

第一,随着城市化进程的加快,农地流转是十分正常的现象;土地不仅是一种重要的资产,而且已经成为经济活动和市场功能发挥的基础,成为影响经济和政治活动的重要因素;失去土地的农民天然地失去了其赖以生存与发展的保障资源,征地农转非人员的合法土地利益受损以及由此引发的土地冲突和矛盾,曾经或正在成为欧美、亚洲、非洲和拉丁美洲等地区的一些国家社会矛盾的焦点,越来越多学者开始关注土地冲突、土地的可持续利用和征地农转非问题。

第二,尽管征地农转非引发了一些社会问题,但农民失地为解决城乡二元结构开了个好头,对于促进农村劳动力的积极流动、促进城市化进程和经济社会发展,对于建立全国性的社会保障体系等都有积极的意义。因此,应以积极的态度去关注征地农转非人员的长远生计,实施积极的就业促进和就业促进管理。

第三,在包括政府征地形成非自愿移民的安置中,倡导以“社会公平”的原则来对待移民安置,要把“恢复移民的生活和收入水平，并在可能的情况下使之有所提高”作为基本目标，这是世界的共识。主要发达国家解决失地农民已经形成三个方面的主要做法：一是通过市场机制对失地农民进行补偿，二是将失地农民纳入社会保障体系，三是重视失地农民的教育与培训。

第四，国外学者对土地问题和征地农转非问题的研究已从单一的土地产权、土地交易市场、土地产权模式、土地改革、失地农民问题等点线研究转向了系统研究，开始重点研究与土地相关的各种关系和各个系统（汤志林、陈芳，2007）。

第五，国内学者从各自的角度对征地农转非人员安置问题进行了多方面的研究，但对征地农转非人员非农就业问题的研究总体还尚不深入、不系统，还没有从战略高度来认识。特别是尚缺乏基于“人和社会的全面发展”视角和构建和谐社会的高度而进行内在逻辑的深入系统研究，缺乏将征地农转非问题作为城市化和工业化的内在矛盾予以解决的研究，对征地农转非人员的可持续发展能力关注的培育才刚刚开始。

第六，不同国家和地区的征地农转非人员安置有不同的背景、优势与不足，有必要对发达国家与发展中国家、发达地区及欠发达地区、大中小类型城市的征地和征地农转非人员安置与发展问题进行比较研究，在有针对性地提出解决措施的基础上，进一步对此问题进行更为全面、系统的剖析。

三、研究设计

（一）研究假定

就业问题是劳动力与生产资料的结合问题，两者结合就实现了就业，两者没有结合就没有实现就业。对征地农转非人员来说，在被征地前他们的劳动力与土地结合，依托土地实现就业；在被征地后他们与土地分离，其劳动力需要寻求新的生产资料与之结合，由于他们的劳动力供应与非农产业生产方式变化下生产资料对劳动力需求在数量、品质上的差异，使征地农转非人员劳动力与新生产资料结合的寻求之路变得不那么平坦。因此，解决征地农转非人员非农就业问题需要从两个方面入手，一是改变劳动力存量、提高劳动力品质以适应非农产业中生产资料对劳动力的需求；二是赋予征地农转非人员以足够的生产资料，促使其劳动力与生产资料共同对应非农产业发展或共同开拓非农产业发展空间。

应当说，第二条路径是比较理想的。在这种路径下，城郊农民可以通过土地转让获得资本收益，将土地为其提供的保障转化为现金保障（周志雄，2007），帮助征地农转非人员实现城市化转变，劳动力与生产资料实现新的结合与配置优化，就业问题就迎刃而解了；同时，政府也可以从目前征地农转非人员安置、保障的具体事务中退出来，更多地着力于城郊土地交易的公平性及征地农转非人员安置的机制建设。

然而，要达到第二条路径，其基本的要求是“在法律上允许农民享有对土地的无限期的永久使用权或者是有条件的续期使用”（闫刚平，2008），“赋予农民长期而有保障的土地财产权利”（王景新，2008），农民成为土地转让的真正主体参与转让谈判，使土地承包经营权可以获得与其他物权一样的市场交换价值，包括通过土地的流转、入股、委托经营等获得相应的货币化的价值（顾吾浩，2008）。显然，要达到最基本的要求，这需要一系列的制度设计创新与制度实践创新，绝非一朝一夕的事情。

因此，本书以现有制度框架为既定前提（即制度创新设计不是本书的主体内容），以上述第一条路径为中心，着力于征地农转非人员现有劳动力存量、劳动力品质渐次提高等与非农产业对劳动力需求的对应研究和这种对应发展过程中征地农转非人员生产资源积累形成的新的就业空间的拓展研究。

在进行研究之前，首先要对本书的内容做一些假定，以保证研究内容的持续进展，本书的研究主要基于以下五个前提假定。

假定1：征地农转非人员对城市化存在着良性预期。

为了国家的建设和城市的发展，城郊农民愿意作出牺牲，尽管有些无奈，但他们的行为是理性的。同时，中国经济社会30年的快速发展与进步，也给予征地农转非人员以良好的未来预期，他们期望以自己诚实、勤奋的劳动获得更好的生活、更大的发展。只要有条件许可，他们会在理性预期的指引下拼搏、奋斗。近年来一些地方出现的“农转非事件”，根本原因还是由于社会为其创设的条件不够；而一些农转非人员过渡较快较好，其根本原因正是当地政府为其创设的条件较好。

假定2：征地农转非工作的宏观条件正在优化。

随着中国经济社会转型的深入推进，各级政府对社会经济的管理正在优化，征地农转非人员实现就业的社会基础正在优化与坚实，诸如征地制度的改革、占地补偿的提高、城乡统筹的试点与推进、全国劳动力市场的建设与优化、就业政策的提档等，这些工作在着力于全社会的和谐发展、持续进步和城市化、工业化健康推进的同时，也为征地农转非人员破解就业困境奠定了良好的社会条件。

假定 3:征地地方政府促进征地农转非人员就业的理性增强。

征地是为了地方建设与发展,征地带来的"农转非问题"是发展中的问题,地方政府亦在积极着力解决。"为官一任,造福一方",是中华民族的优良传统;妥善解决"征地农转非问题",积极促进地方经济社会发展,是各级政府、部门的理性选择。多年来,各地政府和部门为征地农转非人员所作出的努力、提供的帮助,就是证明。当前,"征地农转非人员就业问题"已经引起各级政府部门的高度重视,并在各自的领域进行积极的探索。我们有理由相信,征地地方政府对征地农转非人员就业促进将作出理性的选择。

假定 4:征地农转非人员的城市融入随城市就业而自然演进。

征地农转非人员的城市就业与城市融入是其在城市生存与发展的两大关键制约因素。从更深层次分析,城市就业比城市融入更为重要,是更为先决的基础条件。一方面,城市就业是城市融入的基础与载体,城市就业的缺失或弱化,将直接限制城市融入的广度与深度,缺少就业的城市融入将虚无缥缈;另一方面,城市就业是城市融入的动力与归宿,城市就业为城市融入打开了新的空间,城市融入最终是为了在城市更好地就业发展。基于此,本书假设征地农转非人员的城市融入是随城市就业而自然演进的过程。

假定 5:社会各界对征地农转非工作有相应的参与积极性。

中国还是一个农业人口占大多数的农业大国,征地农转非人员的长期存在使征地农转非工作成为一项长期的事业。在这项事业中,既有为国家服务、为社会尽力的社会效应,亦有促进农转非人员生存发展和地方经济发展的经济效应,更可从中发掘和壮大事业、产业的机会。因此，社会各界应当对征地农转非工作形成日渐强烈的参与积极性，政府也有必要将更多的有识之士引入征地农转非工作中，共同推进征地农转非工作健康、高效运行。

（二）资料来源与研究范式

本书的研究起源于笔者承担的重庆市国土房管局委托课题“征地农转非人员居住小区管理现状及对策研究：以高新区为例”，在该课题的研究中，笔者获取了丰富的第一手资料，并深深地感到征地农转非人员进城后生存的艰难。于是，笔者通过文献检索，搜集到大量有关“征地农转非人员”和“失地农民”的研究成果和调研数据，这构成本书的研究基础。

笔者发现，这些资料与数据一方面反映出各地积极的探索实践和新鲜的经验，另一方面因为各自局限于当地的狭小范围而没能反映出总体的情况，一些有价值的经验与创新也未能得到很好的提升与推广。本书旨在从全局范围来观察和分析“征地农转非人员就业问题”，希望通过这些资料的对比与整合体现出更好的使用价值。

本书的分析范式是：从微观入手，从宏观着眼。从微观入手，即从征地农转非人员进城就业和发展的具体情况入手，分析其面临的困难与可能的走向、突破的路径与需要的帮助、就业的实现与职业的发展等，从而为就业促进指明方向。从宏观着眼，即从全局的高度看待农转非人员非农就业问题，既需要征地农转非人员自身做出积极的努力，又需要政府及社会各界实施积极的帮助，多方联动形成征地农转非人员就业促进机制。

作出这样的范式设定，主要是基于以下两个方面的考虑。一是征地农转非人员就业促进的特殊性。要让征地农转非人员顺利进城、平稳过渡，必须着眼于征地农转非人员这一特殊群体，根据他们的具体情况实施具体的对策措施、方式方法。征地农转非人员的具体情况，既有农转非人员自身个体的差异，也有不同地域、不同城市的具体情况，甚至地方文化、开放意识等，都会使征地农转非人员的就业促进呈现出不同的特点，必须根据这些具体情况实施有针对性的帮助，方能有效。因此，需要从微观入手，进行有针对性的探索与创新。二是就业促进的共同性。我国正处于就业形势日趋严峻的新时期，随着经济结构的转轨变型与和谐社会的建设，实施就业促进的经济发展战略已经势在必行。同时，我国是一个农业人口占绝大比重的国家，国家的现代化必然要将更多的农业人口转换为非农业人口，征地农转非人员（农民被动进城）和农民工（农民主动进城）是两个将持续出现和并存的群体，对征地农转非人员就业促进的探索，需要放在国家城市化、工业化和现代化的大背景中去研究和整合。因此，应当从宏观着眼，既促进征地农转非人员非农就业，又对其他就业弱势群体形成启示与借鉴。

（三）研究方法

理论和研究理论的方法是理论发展的两个轮子，只有两者同时合理运转，方可进步和发展。因此，方法及方法论十分重要。本书的研究方法主要有以下五种。

一是规范分析。本书从征地农转非人员就业促进的内在逻辑分析入手，建构征地农转非人员就业实现的理论框架和研究基础。

二是实证分析。实证分析主要是通过对具体经济现象及其产生过程进行分析研究，来深化对理论观点的认识。本书通过笔者的实证调查和相关学者的实地调查，形成征地农转非人员的就业现状与背景原因的系统分析，为促进其就业提供背景基础和实践验证；通过对各地实践探索的经验教训的总结借鉴，形成本书研究的基础与成果。

三是比较分析。比较是鉴别的基础，同时也是提供创新和启发的重要手段。比较分析是将两个或多个同类或相近的事物用同一法则进行对比分析，寻找它们的相同点与差异点。近年来学者们对征地农转非人员（失地农民）问题进行了广泛的研究，但限于各自的地点不同、时间不同、研究目的不同等而没能形成共同性认识。本书在全面搜索国内学者实地调研的基础上，进行比较分析，从中发现共同性问题与规律性认识。

四是归纳分析。归纳是比较的延伸与提炼，是在比较的基础上结合事物发展的趋势判断与规律把握而进行的理性分析与推导。本书在比较分析基础上，结合农转非人员城市生存发展的机理分析，推导其非农就业的发展趋势，为就业促进及其管理奠定基础。

五是系统分析。随着经济发展和社会分工的深入，经济社会运行越来越成为一个大系统，任何经济社会问题的产生过程都不可能是孤立的，研究征地农转非人员就业促进问题及其管理，也不可能孤立进行，必须与社会经济发展的各种影响因素综合起来研究，将其纳入整个社会经济运行系统来研究分析，如此方能最终找到解决问题的正确途径。

（四）技术路线与篇章结构

在技术路线的设计方面，本书从实践发展（选题背景）和理论背景(文献综述)两个方面阐述本研究的重要性与必要性后，在全面收集学者们对各地征地农转非人员的“失业情况”(附件1)、被征地后“生活水平”状况(附件2)、征地农转非人员“初中及以下文化程度人员占比”(附件5)等文献数据和近年来全国因征地而引起的社会问题(附件3)、关于“征地农转非人员就业困难障碍”(附件4)等文献资料及比较分析基础上，集中讨论了非农就业在征地农转非人员安置中的极端重要性，说明需要把征地农转非人员的非农就业问题放到更加重要的战略高度，实施积极的就业促进和就业促进管理；基于征地农转非人员非农就业的理性认识，建构了征地农转非人员就业促进逻辑框架。然后以征地农转非人员非农就业现状与原因分析及其非农就业的发展取向判断为依据，从社区管理与服务、就业培训、农转非集体经济发展、地方经济发展、农转非人员创业等方面详细地研究征地农转非人员非农就业的促进机制，然后讨论政府的就业促进管理。其技术路线如图4。

在篇章结构的设置上，全书共分三个部分，第一部分为“研究背景和研究设计”篇，即“导言”，重点阐述了对象界定、研究背景和研究设计。

第二部分为“机制构建与基础研究”篇，即第1、2章。在较为全面地收集整理学者们对征地农转非人员研究的有关数据与观点(附件1、2、3、4、5)基础上，第一章讨论了征地农转非人员的安置现状与就业促进的核心地位，然后建构了征地农转非人员就业促进逻辑框架；第二章是基础研究，包括现状描述、原因分析与发展取向，为就业促进的展开提供基础依据。

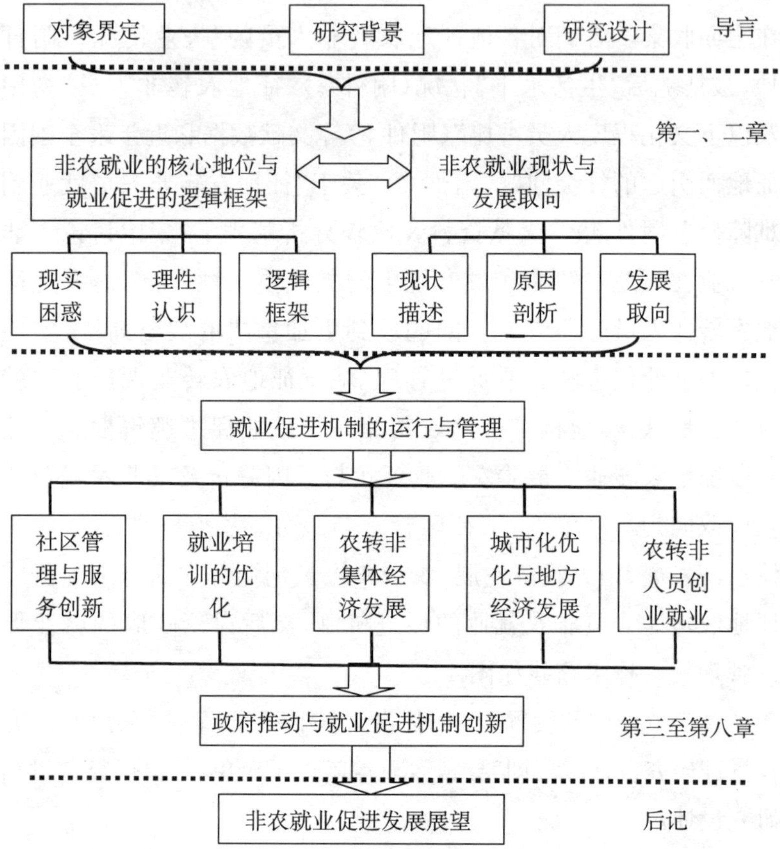

图4　技术路线

第三部分是“机制运行及管理研究”篇，即第三至第八章。分别从社区管理与服务（第三章）、就业培训（第四章）、农转非集体经济发展（第五章）、地方经济发展（第六章）、农转非人员创业（第七章)和政府的就业促进管理(第八章)讨论征地农转非人员非农就业的促进运行机制及相应管理。

本书最后的"后记",是基于新的拆迁条例的出台带来的发展环境变化而对征地农转非人员就业促进及其管理发展展望的说明。

第一章　就业促进与征地农转非人员安置

征地农转非人员的安置，是一个系统转换的过程。其中，职业的转换是核心，通过职业转换，实现非农就业，征地农转非人员就有了可持续生计的基本保障，从而不仅可以相对淡化离开农地时对补偿的计较，而且可以较快地获得城市社交网络，积累城市社会资本，从而顺利地融入城市。

第一节　征地农转非人员安置的系统转换与实践困惑

一、征地农转非人员安置的系统转换

征地农转非人员被征地而进入城市的非农化，是生产方式向非农产业的转换及其衍生的生活方式、社会交往方式、思维方式等的系统转换。这个系统转换有三层含义。

其一，征地农转非人员安置是从一个系统到另一个系统。我

们可以将其分为“离开土地的系统失去”和“走向城市的系统进入”两大子系统。从“离开”看，因为土地是农民的基本生产资料和生活资料，失去土地就意味着同时失去了劳动对象、工作场所，失去了赖以生存的资本和持续生计的能力。因此，从本质上讲，征地农转非人员失地，失去的不仅仅是土地，还有土地所附加的诸多权利和相关利益。学者们普遍认识到，征地农转非人员离开土地的损失包括经济权利的渐进性缺失（农地流转中的权利缺失、农地非农化中的权利缺失、农业生产经营的人力资本损失）、政治权利的剥夺性丧失和社会权利的弱化性消失等诸多方面（梁伟、袁堂明，2003）。从“进入”看，征地农转非人员走进城市，绝不仅仅是身份的简单转变，而是一个包含着经济活动由农业活动向非农产业活动的转变，生活方式由农村生活的单一性向城市生活的复杂性和多样性的转变，以及文化活动方式、思维方式、各种价值观念的转变和再社会化等复杂内容的庞大系统工程。

其二，征地农转非人员的非农化是一个新系统内容的重构。叶继红认为，征地农转非人员进城需要面临生产方式、生活方式、社会交往方式等方面的重构与适应（表1—1）（叶继红，2008）；同时，城市已经形成自身特有的城市心理，与乡村心理迥然不同，城市人的思维方式是因果论的、理性方式的；而农村人的思想方法则是自然主义的、幻想式的（帕克等，1987）。显然，从农村到城市、从农民到市民的转换，是一个庞大的系统内容的重构与适应。

其三，征地农转非人员的非农化是一个长期的系统过程。由于征地农转非人员的非农化是一个新的系统内容的重构，因此这将是一个漫长的系统过程，绝非一蹴而就。

表 1—1 征地农转非人员的生存发展转换

		农转非前	农转非后
生产方式	生产组织形式	以家庭为单位的农业生产，一个家庭就是一个独立的经济主体，从事着独立的生产劳动。家庭内部虽然有劳动分工，但分工程度较低。	以企业为单位的工商业经营，采用专业化的作业方式，企业内部与外部分工日益细化。
	生产工具与技能	使用犁、耙、锄、刀等传统农具，农业生产技能靠手把手传授和实践摸索。	使用新型机具与现代科学技术，上岗之前需要接受一定的专门培训。
	生产要求	根据自然（作物、气候、土壤等）的要求安排生产过程，日出而作，日落而息，形成了比较悠闲和慢节奏的生活方式，也造成了农民时间观念不强和自由散漫的性格特点。	根据市场需求安排生产，实行流水线作业，讲求时间和效率，必须具备严格的时间观念和学会在生产上如何与人协作。
生活方式	食品供应	农作物提供了食物来源，食品采购仅限于日常的盐、醋、糖、茶等，农民基本上过着自给自足的生活，对市场的依赖程度较低，食品支出较少。	生活必需品完全依赖以货币支付各类消费品的外部市场，生活消费支出大增。
	居住方式	一家一户的分散居住，相对独立和分散。	在高密度的楼房和住宅区集中居住，空间距离被骤然压缩，邻里关系需要调适。
社会交往	交往对象	囿于血缘群体和地缘群体，中国传统农民的交往圈狭小，社会关系单一，归属于相对同质性的共同体。	先前与亲友、乡邻等同质性群体进行交往逐渐让位于与同事、雇主和市民等异质性群体进行交往。
	交往范围	在传统的农业社会，受交通和地理条件的限制，农民的交往空间极其狭小和有限，相对封闭。	在城市的生产生活使其需要不断重构新的社会联系和社会关系网，其社会交往呈现出开放性和现代性的特征。

二、征地农转非人员安置的实践困惑

如何安置征地农转非人员，这是关系到城市建设能否获得一个稳定环境的根本所在。在各地的实践探索中，形成了征地农转非人员的多种安置模式（“征地制度改革研究”课题组，2000；胡宏伟、唐莉，2005；赵继新、裴新岗、丁娟娟，2009；潘科、朱玉碧，2005），笔者通过比较分析，将其分为货币补偿安置、社会保障安置和就业开发安置三大类模式。其中，货币补偿安置是基于对征地农转非人员的土地使用权及其相关权利丧失而进行相应的补偿，旨在通过补偿让征地农转非人员获得新的生产要素的转移与重建；社会保障安置是对征地农转非人员非农就业的有益补偿；就业开发安置是基于征地农转非人员在新的劳动领域劳动所需要的条件而进行的帮助与促进，旨在通过开发让征地农转非人员进入新的生产要素系统。笔者发现，货币补偿安置随着时间的推移而呈现出局限性，社会保障安置在社会发展的长期里表现出过渡性，因而需要进行积极的就业开发安置。

（一）货币补偿安置的局限性

货币补偿安置是征地部门依法将土地补偿费、安置补助费以及地上附着物和青苗补偿费（中华人民共和国土地管理法，2004）以货币的形式支付给失地农民，让失地农民自谋生路和自找职业。土地征用补偿是国家或政府行使权力征用土地，对于土地所有者和使用者发生损失，由国家或政府对受损失的人履行补偿的义务（廖小军，2005）。显然，对于所有的征地农转非人员，“离开”农用土地时，足够的利益补偿是必要的。

货币补偿安置是当前对征地农转非人员所普遍采用的安置模式，这种模式表面上看是市场公平交易，即农民交出其承包土地，政府给予货币补偿。同时，货币补偿让征地农转非人员得到了一笔不菲(相对于其早期的存款或农业收入)的资金，可以暂时解决他们的生活问题，短期里也不会去找政府的麻烦。在操作上，征地农转非人员从眼前利益出发愿意接受货币补偿安置或迫于其他原因(如先拿到补偿款再说的心理)而只能接受，地方政府因操作简单、减少了一些不必要的矛盾、短期里也不必承担安置劳动力的压力等好处而乐于采用。

但是货币安置是一种生活指向性安排，而非就业指向性安置，不能对征地农转非人员形成长久的保障机制。特别是征地农转非人员失去的不仅仅是土地，还有就业岗位、居住房屋、生活保障以及集体资产等，更重要的是失去了难以以金钱计算的低成本的生活方式和发展方式(陈晓宏，2005)。一次性货币补偿模式存在着诸多的缺陷，主要表现在以下几个方面。

其一，由于征地农转非人员的人力资本集中在农业生产经营，缺乏非农领域生产经营的素质能力，理财能力和投资能力不足，大部分征地农转非人员不能将有限的征地利益补偿费有效地投入到创业致富上，其货币补偿金难以增值。而进入城市后的生活成本增加，有相当一部分的补偿费被用于生活消费，特别是在物价上涨的背景下，有限的货币补偿金很快就会坐吃山空。

其二，随着地方经济社会的发展，征地补偿的标准在不断地提高(表1—2)。政府应根据经济发展水平和农民生活水平，及时调整对农民的征地补偿标准，保障失地农民的利益；基于GDP与征地补偿标准之间明显的正相关关系，GDP 值每增加 1 个亿，每亩征地补偿标准应提高 49.98 元（张瑛、周国新，2008）。从城市化建设与发展的全局范围看，对农地的征用是一个持续不断的“长期”的过程，“利益补偿”是一个逐步增加的变数；从具体的单个城郊农民看，失地及获得利益补偿却是一个“瞬间”的事件，某个具体的被征地农转非人员不可能等到“利益补偿标准最大化”的时候。因此，我们很难要求征地地方政府用一个“相对完善”的补偿标准来适用一个“较长时期”的征地行为。

表 1—2　重庆市主城区农转非补偿标准变化

时间	重庆市主城区		重庆市渝北区人和镇	
	文件依据	安置补助费	开发费标准	16 岁以下的农转非人员
1992～1994 年	市政府 31 号令	10 000 元/人	10 000 元/人	分文没有
1995～1998 年	市政府 64 号令	17 500 元/人	17 496 元/人	分文没有
1999～2007 年	市政府 55 号令	21 000 元/人	21 000 元/人	皆有
2008 年 1 月 1 日起	市政府 45 号令	28 000 元/人	28 000 元/人	皆有

其三，征地补偿费用是静态的、刚性的，而生活成本是弹性的、动态上升的，因此即使某个时期的征地补偿标准表面上看已经足够的高，在经过一定时间之后，失地农民最基本的生活水平保障仍然可能会面临困境。

于是，一次性货币补偿模式在某些地区的实践中逐渐被改良，形成了多种新的探索。

一是分期货币补偿模式。即将征地补偿费用在征地后若干时期里分期发放。这似乎缓解了征地农转非人员“坐吃山空”的风险,但又有一些新的问题需要解决。其一是土地征用的货币补偿金如何妥善保管,并能实现保值增值,政府在此的“监管职能”不可或缺,这无疑又增加了政府的监管事务与监管难度;其二是随着时间的推移和通货膨胀因素的影响,后期支付的补偿金额将相对不足,这依然会影响征地农转非人员的生存与发展。

二是区别区位,同地同价补偿。一方面,根据征用农地的地段、利用类型、生产能力、升值潜力等诸多因素,制定“片区综合价”,对不同区位、不同地段的土地实行有区别的补偿;另一方面,让农民成为土地流转过程的真正参与者,成为土地价值升值的利益相关者,使其最终分享一份土地增值的收益。这是一个理论上合理、实践操作上困难的探索,比如区位段的划分、地价的确定等,常常受到诸多非理性因素的制约。

三是鼓励征地农转非人员进行多向的理财性投资。即征地农转非人员通过自主经营和理财等方式,使自己所拥有的财产得到保值增值,并开辟更多的财产性收入源泉。显然,这有待于征地农转非人员的理财意识与理财能力的增强。

四是入股分红。即在农户自愿的前提下,以经批准的建设用地的土地使用权或以征地补偿费用入股,成为用地单位的股东,征地农转非人员通过合同约定以优先股的方式获取收益。土地入股,让征地农转非人员拥有一份可预期的财产性收入,照顾到了征地农转非人员的长远利益,也缓解了征地成本;特别是当用地单位经营有方,股息年年升高时,征地农转非人员的长远保障就得到了保证。但是,在市场竞争中,谁也难保企业的生产经营长胜不衰,企业一旦倒闭、破产,农民的“养命钱”将化为泡影;企业的逐利性还可能出现虚造报表而降低分红,或者为追求发展而减少分红,这无疑与失地农民的生存保障需求形成矛盾。因此,入股分红模式的实践,应坚持因地制宜、自愿选择的原则,最好优先考虑一些较具赢利性的水电、交通、能源等工程项目,以消除农民的后顾之忧。同时,要建立限定最低补偿制度以保证农民每年分得最低红利,要适当给予入股企业在税收等方面的优惠政策。

五是留地安置。即在规划确定的建设用地范围内,预留一定面积的土地给被征地的农村集体经济组织,进行建设和开发经营,发展生产,如建为仓储用地或建造工厂、商铺等。这就能使征地农转非人员稳定地获取长期收益,确保了征地农转非人员的生活有长远保障。实行留地开发安置,也是解决被征地农民补偿安置和就业的一种有效方式。留地安置使征地农转非人员可以分享土地增值收益、迫使企业承担部分社会责任、政府充当了调节人角色。但这一做法也面临一些困难:一是适用范围小,仅限于经济较发达地区和城乡结合部;二是安置留用地的用途与规划的协调难度大,不利于城市土地的合理利用、集约利用;三是权属交叉、交易频繁、管理难度大;四是部分征地农转非人员有了可靠的生活保障,可以不再选择其他就业途径而游散于社会,不思进取,成为社会潜在的不稳定因素。从历史来看,留地安置似乎并不能成为解决征地农转非人员问题的主流对策,产业革命过程中的英国曾经就采取过这种方式,但并不能从根本上解决问题。因此,对留地安置模式,还需要进一步探索与优化。

综上所述，在征地时，给予征地农转非人员科学、合理与较高水平的利益补偿是必须的，这既是法律规定的落实，也是征地农转非人员放弃土地、平稳过渡的基本保障。但是，“财富的生产力比财富本身更重要”，仅有货币补偿，总有坐吃山空的时候；而且必须看到，任何一级政府和征地单位都无力用利益补偿的方式将征地农转非人员后几十年的生活全部兜起来（张海波、童星，2006）。我们必须同时着力培育征地农转非人员的“生财”能力。事实上，理财投资、入股分红、留地安置等补偿安置的变型已经开始触及“生财”问题，只不过限于征地农转非人员自身素质的局限，这些尚不能成为其“生财”的核心。

（二）社会保障安置的过渡性与基础性

现代社会保障制度是现代国家以政府为主体，经过立法程序，多渠道筹集资金，以对贫者、弱者实行救助，对工资劳动者暂时或永远失去工资收入后给予一定程度的收入补偿，以及为全体居民举办福利措施，以实现安定社会、促进经济成长和增进人民生活福利的一种制度（陈绍友，2005）。社会保障制度的基本功能是通过储蓄和再分配等机制，保障公民的基本生活，以维持社会公平和稳定，促进经济发展和增进公共福利，是一个国家经济社会发展的“安全网和稳定剂”，是市场经济运行的一个重要补充，是社会发展的重要基础和建立和谐社会的重要保证。

社会保障安置是在征地农转非人员获得征地补偿金的同时，配以一定的养老、医疗等保障措施，使其获得一定生活保障而平稳地进入城市。赵继新等指出，应对失地农民实施“2＋N”多模式补偿（赵继新、裴新岗、丁娟娟，2009），即在“货币性补偿＋社会保险安置＋就业安置＋留业安置＋土地入股＋土地(或物业置换)”中进行多方面考虑，其中货币性补偿和社会保险是必须做的，其他补偿可以根据当地经济发达程度、被征用土地的实际用途、当地农民利益诉求等分别考虑。

我国被征地农民失地缺保现象从改革开放以来就存在，中央政府在2004年开始关注这个问题(国发[2004]28号文《国务院关于深化改革严格土地管理的决定》、国土资发[2004]238号文《关于完善征地补偿安置制度的指导意见》)；2004年以来，部分地方政府开始将失地农民纳入城市低保体系，这是一个好的开始(王如渊、孟凌，2005)。2006年4月10日国务院办公厅转发劳动保障部关于做好被征地农民就业培训和社会保障工作指导意见的通知(国办发[2006]29号文)要求做好被征地农民就业培训和社会保障工作；2006年8月31日《国务院关于加强土地调控有关问题的通知》(国发[2006]31号文)指出要切实保障被征地农民的长远生计，要求“征地补偿安置必须以确保被征地农民原有生活水平不降低、长远生计有保障为原则；各地要认真落实2006年国办发29号文件的规定，做好被征地农民就业和社会保障工作；被征地农民的社会保障费用，按有关规定纳入征地补偿安置费用，不足部分由当地政府从国有土地有偿使用收入中解决。社会保障费用不落实的不得批准征地”。以国办发[2006]29号文为标志，我国失地农民社会保障制度建设，进入中央政府立法宏观指导阶段(刘迪香，2008)。到2007年7月，全国已有17个省级政府或部门出台了被征地农民社会保障文件，1 000多万被征地农民被纳入基本生活或养老保障制度，筹集养老资金2 000多亿元(卢海元、卢敏，2008)；从2008年8月28日起，武汉居民医保接纳失地农民等三大群体，三类人群若未参加政府主办的其他形式的医疗保险，均可在自愿的原则下，按照《武汉市城镇居民基本医疗保险试行办法》参保（严珑等，2008）。

但是，单纯的社会保障安置征地农转非人员并不能解决其基本生活问题，这是因为城市社会保障的水平中由政府承担责任的部分不足以保障城市居民的一般生活水准。根据《国务院关于完善企业职工基本养老保险制度的决定》（国发[2005]38）号文件精神，职工“退休时的基础养老金月标准以当地上年度在岗职工月平均工资和本人指数化月平均缴费工资的平均值为基数，缴费每满一年发给1%”。这表明如果一个地方的月平均工资为1 000元，一位工人只缴费15年，那么退休时获得的基础养老金每月为150元，显然这么一点收入根本达不到最基本的生活保障。

将失地农民纳入社会保障体系，是世界主要发达国家对失地农民安置的主要做法（周中林，2007）。我国社会保障制度改革正在朝着开放、统一、有序的方向迈进，随着我国城市化进程的不断深入，征地农转非人员必然要纳入到城市社会保障体系当中。因此，无论是征地农转非人员的养老保障制度还是医疗保障制度，都只是为缓和当前由于征地带来的尖锐社会矛盾而出台的过渡性政策，是权宜之计（田睿寰、侯婷，2009）。当前我国社会保障制度建设正处在十字路口：或走向大一统，或走向碎片化；我们应以法国为鉴，尽量避免其“碎片式”社保的痼疾；要以民族前途为重托，摒弃任何部门利益和局部观点；要将务农农民、失地农民和务工农民的改革与机关事业单位的改革以及城镇社保制度的改革统筹兼顾起来，向“大一统”的制度方向迈进；而不应有单纯政策性地处理社会问题，头痛医头、脚痛医脚，局限于暂时维持社会秩序与和谐。基于此，党中央提出到 2020 年实现“覆盖城乡居民的社会保障体系基本确立，人人享有基本生活保障”的目标（卢海元、卢敏，2007）。

此外，在城市社会保障体系中，社会保障资金来源于国家、集体和个人三方，个人持续积累是其基本特征，这就要求征地农转非人员失地后有稳定的收入来源，就需要他们能就业或自主创业。

第二节　就业促进在征地农转非人员安置中的核心地位

就业是人类从农业社会进入工业社会以后普遍存在的社会和经济问题。国际劳工组织将就业定义为一定年龄阶段内的人们所从事的为获得报酬或赚取利润所进行的活动。征地农转非人员失去土地的同时也失去了在土地上的传统就业，因此必须进行就业的转换，即实现非农就业。帮助征地农转非人员实现非农就业既是“离开土地”时的补偿内容之一，也是“进入城市”后的持续发展要求。在征地农转非人员安置的系统转换中，“离开土地”时应注意利益补偿与就业促进并重，并逐渐以就业促进为重；“进入城市”后应着力提高发展能力与生活能力，并以城市发展能力为重。此外，对征地农转非人员的就业促进还有更广泛的意义。

一、就业促进比利益补偿更重要

其一，调查显示，全世界 95%的人通过自己的就业劳动而获得养家糊口的生活资料和劳动资料，只有不足3%的人通过继承家产不劳而获地过着舒坦的生活，不足2%的人靠资金借贷获得生活必需品（张克俊、李瑛，2008）。也就是说，绝大多数人要靠劳动就业获得民生之本，通过劳动改变和提高他们的生活水平和生活质量。在一定程度上讲，就业状况直接影响了人们的生活水平和生活质量。因此，对征地农转非人员的安置，既要考虑“利益补偿”，更要考虑“就业促进”（图1—1）；在实施利益补偿的同时，必须及时加强征地农转非人员创造财富的能力培养与运用，即必须实施积极的就业促进，帮助征地农转非人员实现就业，通过劳动为社会和家庭及个人创造新的财富。

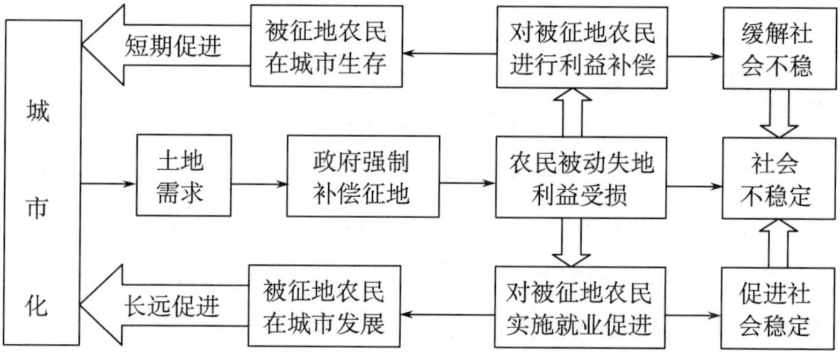

图1—1　征地农转非人员安置中的利益补偿与就业促进

其二，套用管理学的经典理论——赫茨伯格的“双因素论”，我们亦可发现，就业促进比利益补偿更重要。①对征地农转非人员的“利益补偿”是“保健因素”，应当做到合理、足够，尽可能减少和消除他们对征地、对城市建设的不满。②“就业促进”是“激励因素”，可以让他们对找工作很有信心并很快就能找到工作，很快就会有新的收入、有好的收入,他们便会淡化利益补偿是否足够的关心与争执,他们就会对征地、对城市建设更包容、更支持(这是十分有助于缓解在利益补偿中的诸多矛盾与不如意的)。③如果引导征地农转非人员辩证地看待"失地"的后果,让他们认识到,发展中国家工业化和城市化的过程就是农村人口相对减少进而绝对减少的过程,征地农转非使他们从土地中游离出来,很可能是这些农民实现其职业转化和身份转变的重要契机;伴随着土地开发,当地经济迅速发展,基础设施不断改善,可以给予他们新的发展机会和更多更好地接触和享受城市文明的机会,而且通过积极的就业促进、顺利实现非农就业也确实是拥有新的发展机会。这样,征地"利益补偿"就从"保健因素"转化为"激励因素"。征地农转非人员可以从中认识到:如果能够抓住机遇,在自身努力和政府帮助下成功地完成自己在生产方式和生活方式方面的跃迁,那么,"失地"对他们而言不仅不是灾难,相反是一种幸运(刘乐、杨学成,2009)。"务农职业的失去并非坏事"(李佐军,2000),"我们不仅得到了相应的补偿,我们更获得了新的发展机会",我们当然应支持城市建设。这样,就可以在很大程度上转移他们的注意力,并在新的工作岗位上通过吸收新的信息、建立新的关系网络,调整心态,实现价值,从而有效遏止潜伏在心理的不满情绪的爆发,促进征地农转非人员的非农化与城市融入的顺利实现。

二、非农就业是融入城市发展的关键所在

征地农转非人员进入城市后,其生存与发展受到两个能力的交互影响。一是城市发展能力,二是城市生活能力,两者的共同提

高可以推动征地农转非人员在城市一步一步地走向美好的前景（图1—2）。

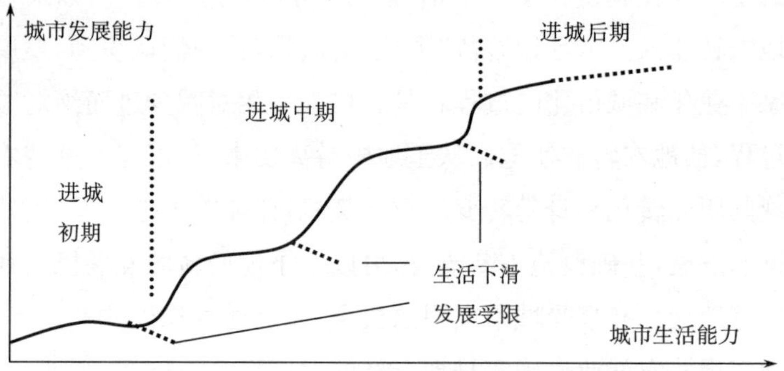

图1—2 征地农转非人员城市生存发展理想走向模型

城市发展能力是指征地农转非人员在城市经济发展大系统中获取就业岗位、发展事业的能力。城市发展能力主要指的是职业发展能力，表现为职业技能、职业道德、职业品质和职业判断、职业竞争、职业选择等能力与意识。城市发展能力的提高，使其拥有更宽的发展空间，一方面获得更高的经济收入，直接为其改善城市生活提供经济基础；另一方面获得更大的成就感、增强城市生活的信心，从而促进其城市生活的品位。

城市生活能力是指征地农转非人员在城市社会关系大系统中建构交际网络、获得人脉支持的能力。城市生活能力主要表现为社会交往圈的拓展与优化的能力，表现为与城市人的交往并获得尊重、帮助城里人并获得帮助、建设城市文明并享受城市文明等能力与意识。城市生活能力的提高，一方面获得城市生活与交往方式，直接促进其适应和改善城市生活；另一方面获得良好的心理支持、身心恢复，从而促进其城市发展的推动。

在城市发展能力与城市生活能力的相互影响下，征地农转非人员在城市的生存与发展呈现出“台阶式上升”的基本走向。

在进城初期，在征地补偿政策下征地农转非人员获得相应的利益补偿，走进城市达到一定的生活水平。但是，由于自身文化素质与非农技能的欠缺，在城市的就业面临诸多压力，经济收入的补充有限，如果不能尽快改善则其城市生活水平将逐渐下降，甚至有沦为城市“贫民”的危险，此时就谈不上在城市的发展了。

在进城中期，伴随着对就业问题重要性的清醒认识，征地农转非人员采取积极的行动，提高职业技能、转变就业意识、获得职业岗位，其收入开始补充、生活开始维持；同时，通过就业促进，填补其职业地位的缺失，为农转非人员城市适应找到一个合理的社会支点，进而为其在城市生存与持续发展奠定基础。因此，进一步运行下去，征地农转非人员的城市发展能力与城市生活能力逐渐提高，两相促进，其城市生存与发展获得理想的推进。这是一个相当长的渐进过程，在这个过程中，依然存在“生活下降、发展受限”的危险，只不过这时的生活水平相对进城初期要高。

在进城后期，征地农转非人员在城市的生存与发展进入理想状态。他们拥有良好的生活条件与生活环境，职业发展稳定、收入稳定，真正实现“安居乐业”；或者在较好的城市生活中，一心发展自己的事业，为城市、为社会作出更大的贡献。

从上述分析可以看到，征地农转非人员的城市发展能力与城市生活能力的培育与提高非常重要，没有城市发展能力的提高，城市生活的适应与改善将无从谈起；没有城市生活能力的提高，城市发展将受到诸多的限制。从更深层次上分析，城市发展能力比城市生活能力更为重要。一方面，城市发展能力是城市生活能力的基础与载体，城市发展能力的缺失或弱化，将直接限制城市生活能力的培育与提高，缺少发展能力的城市生活能力将没有施展的平台与发挥的空间；另一方面，城市发展能力是城市生活能力的动力与归宿，城市发展能力的提高为城市生活打开了新的空间，城市生活能力的提高最终是为了在城市更好地发展。

国际劳工组织在《全球就业议程》里指出：工作是人们生活的核心，工作是人们融入社会、实现自我以及为后代带来希望的手段（郑沪生、张林祥，2009）。吴丽等对杭州经济技术开发区失地农民的“生活质量”研究发现：失地农民的生活质量水平与征地年份、区域、婚姻状况、职业状况及性别、年龄有着密切联系，其中，征地年份早的村具有相对高的生活质量水平，外出打工、流动劳动者、无工作者生活质量水平相对较低（吴丽、吴次芳，2009）。因此，征地农转非人员在城市拥有较为稳定的工作，是其融入城市、提高生活质量、获得发展的坚强保障。

三、就业促进对征地农转非人员意义广泛

（一）实施就业促进实现非农就业，有助于缓解征地农转非人员不满情绪、促进和谐社会建设

必须承认，农民对土地具有很深的感情，对以土地和农业生产为基础而形成的农业文明、原有社区关系和人际网络存在很强的依赖性，土地征用后这些关系均有可能被削弱或破坏，对于这些变

异，农民是很不适应、很不情愿的，并且这种不满情绪不是在短时间内就可以消除的。当他们进城后不能在一定的时间内实现就业，其生活条件将难以改善，生活质量将难以提高，其不满情绪就会产生并逐渐积累。如果他们的不满情绪与征地过程中的补偿标准过低、补偿分配不公、安置不合理、失地后失业等相结合，在外界影响和从众心理的作用下，就极有可能产生过激行为，从而酿成不良社会事件。因此，实施积极的就业促进，解决征地农转非人员的就业危机，是缓解不满情绪、促进社会稳定与和谐社会建设的基本要求。

（二）实施就业促进实现非农就业，是推进城市化及工业化进程的内在内容

工业化、城市化是经济社会发展的必然趋势，工业化与城市化水平是体现一个国家和地的区社会文明程度的重要标志。农转非人员的就业问题已经不是一两个或者是少数人员的问题，而是多数人员的问题。随着城市化进程的加快，还会涉及更大规模的征地农转非人员。解决好征地农转非人员的就业问题，不仅与“恢复移民的生活和收入水平，并在可能的情况下使之有所提高”的世界移民安置的基本价值取向相吻合，而且与城市化及工业化发展的内涵一致（世界银行，1980）。

衡量一个国家或地区城市化程度的主要指标是城镇人口占总人口的比重。这里的“城镇人口”不仅指其数量，更要强调其质量。就业和劳动也是一个人融入社会、扩展眼界、提高自身素质、转变行为方式、促进社会文明程度提高的重要方式，是社会物质财富和精神财富不断积累的主要来源。如果征地农转非人员没能实现在城市的非农就业，就难以达到城镇生活水平，难以真正融入城市，就不能算作真正的“城镇人口”，城市化就没有真正实现。目前，征地农转非人员“被边缘化”已经成为一个不争的事实。因此，实施积极的就业促进，帮助征地农转非人员实现非农就业，不仅有利于其获得在城市生存发展的基础，而且有利于其城市融入，进而享受和发展城市文明，推进和谐社会的建设与发展，这是城市化及工业化发展的题中应有之义。

相反，如果征地农转非人员的就业问题解决不好，他们不能分享本应享受的城市化、工业化和现代化的成果，被迫“沦为”城市居民的农民，便会引起一系列令人头疼的城市问题和社会问题，如城市基础设施负担过重、城市“贫民窟”、犯罪率上升等（于建嵘，2004），我国的城市化建设就会重蹈南美等发展中国家贫民窟的覆辙，陷入城市化陷阱中（郑风田、孙谨，2006），社会稳定和持续发展将面临长久的威胁。

（三）实施就业促进实现非农就业，是改善民生、拉动内需的重要措施

所谓民生，即民之生存，也就是有关国民的生计和生活问题。改善民生不仅有助于社会公正，更有助于经济持续、健康发展。外贸、投资和内需是一个国家经济发展的三大直接动力，民生问题和内需拉动直接相关。民生问题不好，则意味着社会存在大比例的低收入者和中低收入者；民生问题的改善，则直接形成我们国家经济持续发展的推动力量（吴忠民，2008）。有研究表明，每1%的农村人口转移到城镇，将使全国居民消费额提高0.19%～0.34%；每1%农业劳动力转移到非农业，将使GDP增加0.50%～0.85%

（王菲，2008）。征地农转非人员的就业困境，正在加大我国社会低收入者和中低收入者的比例。因此，实施积极的就业促进，帮助征地农转非人员实现非农就业，有助于改善民生、拉动内需。

（四）实施就业促进实现非农就业，符合国际上“可持续生计”和我国促进就业的战略取向

一方面，在20世纪80年代末，世界环境和发展委员会的报告最早提出“可持续生计”概念；1992年联合国环境和发展大会将“可持续生计”概念引入行动议程，主张把稳定的生计作为消除贫困的主要目标；1995年哥本哈根社会发展世界峰会和北京第四届世界妇女大会进一步强调了可持续生计对于减贫政策和发展计划的重要意义（刘晓霞、汪继福，2008）。1995年《哥本哈根宣言》对“可持续生计”概念的解释为：“使所有男人和妇女通过自由选择的生产性就业和工作，获得可靠和稳定的生计”（谭开翠，2008）。在我国经济社会的转轨变型中，征地农转非人员的就业安置、市民化与城市融入、社会保障等方面还落后于城镇化发展的制度变迁，还存在各种各样的生计不可持续问题。

另一方面，就业问题正在成为中国经济社会发展的新问题而被提到更高的高度，千方百计扩大就业率、减少失业率，已经成为我国在新的发展时期的重点战略。2002年11月8日，中国共产党第十六次全国代表大会的报告强调指出：“就业是民生之本，扩大就业是我国当前和今后长时期重大而艰巨的任务”。党的十七大报告第八部分“加快推进以改善民生为重点的社会建设”中，提出了就业、教育、分配、社保、医疗、社会稳定六大民生问题。2008年1月1日，《中华人民共和国就业促进法》正式实施；2008年10

月底，国务院办公厅转发人力资源社会保障部、发展改革委、教育部、工业和信息化部、财政部、国土资源部、住房城乡建设部、商务部、人民银行、税务总局、工商总局等11部委《关于促进以创业带动就业工作的指导意见》。近年来我国各级政府对下岗职工、农民工、大学毕业生等的就业问题予以了高度重视和积极推进。

因此，无论是着力于实现"可持续生计"国际趋势，还是促进就业的国内战略实施，都将为征地农转非人员的非农就业提供良好的政策环境。实施就业促进，实现征地农转非人员非农就业，亦是对国际国内战略的响应。

（五）实施就业促进实现非农就业，将形成一定的理论借鉴意义

就业问题是一国经济发展中的重要问题之一，充分就业始终是各国政府的宏观政策目标之一。研究征地农转非人员的就业促进实现非农就业，不仅直接为正确认识和评价我国农转非人员非农就业的矛盾和困境提供理论借鉴，为正确地调整和优化农转非人员非农就业政策提供理论依据和指导；而且可以为我国城市下岗职工、农村剩余劳动力转移、社会新增人口等的就业再就业提供新鲜内容，拓展研究范围，丰富研究内容，特别是为农村剩余劳动力转移就业提供直接的理论支持。

综上所述，从长远看，非农就业是征地农转非人员安置的核心。只有构建补偿、就业和社会保障"三位一体"的安置体系，积极培养可持续生存和进一步发展的能力，才能从根源上解决征地农转非人员的安置问题（叶仁荪、曾国华，2008）；只有给征地农转非人员提供一种发展机会，维护其发展权才能彻底解决问题；当前的焦点应放在创业和就业上，以创业促进就业，由从前的一条腿走路

(生存——补偿和保障)改为现在的两条腿走路(生存和发展——创业和就业)(郑风田、孙谨,2006)。

第三节 征地农转非人员就业促进的理论框架

一、征地农转非人员就业问题的理性认识

(一)征地农转非人员就业问题既是经济问题又是社会问题

就业问题,是经济问题的关键与中心。西方经济学者认为,作为经济学家所要研究和解决的问题很多,但归纳起来主要有两个:一是如何才能获得充分就业,二是如何在充分就业经济中合理地配置资源(许经勇,2000)。同时,从马克思的就业理论到西方就业理论,都可以看到就业对经济增长和经济发展的高度重要性。形成于19世纪60年代的马克思就业理论,主要是分析资本主义生产方式发展初期发生的失业问题。马克思认为,失业是资本主义制度和资本主义生产方式发展的产物;治理资本主义失业,唯一的选择是改变资本主义制度,这也是促进经济发展和社会进步的唯一出路。西方就业理论是依据资本主义经济运行的特征来分析的,即失业是因为经济运行中出现失衡,或者是由价格或者是由需求而引起。早期的就业理论认为失业是暂时的、短期的现象,市场机制的自发力量总能引导劳动力市场趋于均衡(厉以宁、吴世泰,1988),因此充分就业是市场经济的内在前提。但是,20世纪初期的经济大危机改变了“市场万能”的神话,凯恩斯认为,要实现合理地

配置资源，促进经济增长和经济发展，首先必须解决失业问题，实现充分就业。就业问题，同时也是一个重大的社会问题。就业问题也是世界性难题，世界各国都把“实现充分就业”作为经济社会发展的重大战略，出台促进就业的法律法规。在中国，2008 年 1 月 1 日施行的《中华人民共和国就业促进法》第一条是：“为了促进就业，促进经济发展与扩大就业相协调，促进社会和谐稳定，制定本法。”

同理，中国征地农转非人员的非农就业问题，既是经济问题更是社会问题。其经济意义在于使征地农转非人员拥有可持续生计、促进城市化与工业化发展、拉动内需促进整个社会经济发展等；其社会意义在于缓解征地农转非人员的不满情绪及其社会不安定因素，促进征地农转非人员平稳进入城市、快速融入城市、享受和建设城市文明，推动和谐社会建设。

（二）征地农转非人员就业问题既是局部问题又是全局问题

征地农转非，是地方政府根据各自的城市（城镇）发展需要而实施的，其征地规模、时间节奏、转非人员数量与个性特点、配套措施等各有差异，因此，征地农转非人员就业促进问题似乎是局部问题。同时，我们还要鼓励各地根据实际情况进行创造性地工作，在各地实践中也确有诸多的创新性举措，这似乎使征地农转非人员非农就业问题更加“局部化”。

但是，必须清醒地看到，中国的征地农转非人员数量规模已经很大，随着城市化进程的加快将会更大，征地农转非人员失地失业问题已经比较严重，近年来各地征地农转非人员群体性事件此起彼伏已经使征地农转非人员非农就业问题“全局化”。即使在一个具体地区的城市化建设中，随着其城市化进程的加快，旧的征地农转非人员尚未安置妥当，新的征地农转非人员又不断出现，其就业问题的叠加也影响到了局部地区的全局，形成局部问题“全局化”。

事实上，征地农转非人员非农就业问题正在变得更加急迫。对应我国失地农民的数量则有 2 400～3 600 万征地农转非人员需要就业。对比现有的 1 400 多万城镇下岗失业人员、2.3 亿农民工(2008 年 11 月 20 日)和 611 万高校毕业生(表 1—3)，说明征地农转非人员的就业问题已经非常急迫。同时，从数量变化趋势看，城镇下岗失业人员和农民工的数量已呈相对稳定态势，且农民工因为农村政策趋好和经济大环境(如近年来全球金融危机)而有减少之势；高校毕业生今后几年年均增加 50 万左右，而征地农转非人员则以几百万增加，学者预测到 2030 年将增加到最多 1.3 亿(宋斌文、荆玮，2004)。这无疑使征地农转非人员的就业问题变得更加急迫。

表 1—3　2000～2009 年我国高校毕业生人数

年份	2000	2001	2002	2003	2004	2005	2006	2007	2008	2009
毕业生(万人)	107	115	145	212	280	338	413	495	559	611

资料来源：郑之，2008；http://www.gov.cn/fwxx/content_1232835.html。

(三) 征地农转非人员就业问题既是微观问题又是宏观问题

在征地农转非人员安置中，各地因地制宜地采取相应的对策措施，取得了一定的成效。早期的安置较少安置就业，也有不少的征地农转非人员走进市场自主择业，实现了非农就业，解决了生计，较为平稳地进入城市获得发展。近年来各地开始加强了对征地农转非人员非农就业的关注，加大了就业促进工作力度，面对特定的征地农转非人群采取特定的措施，取得了相应的实效。具体问题具体分析，微观措施微观实效，使征地农转非人员非农就业问题表现为微观问题。

另一方面，也要看到，在各地还有不少的征地农转非人员尚未实现就业，全国各地未就业征地农转非人员数量加起来将是一个较为庞大的规模，形成了全局问题，需要吸收、整合各地的微观经验，从经济发展战略、城市化发展理念、劳动力市场优化到征地农转非人员自身观念转变、素质提高，企业对征地农转非人员用工等等，形成系统化的宏观指导意见，再返回到各地的实践，促进各地征地农转非人员非农就业的创新，进而实现全国征地农转非人员非农就业压力的缓解。特别是在当前及今后征地农转非人员越来越多，其非农就业压力越来越大，这种宏观指导更加迫切。因此，征地农转非人员非农就业问题更是宏观问题。

二、征地农转非人员就业促进的逻辑框架

（一）征地农转非人员就业促进的着力点分解

征地农转非人员非农就业的实现，受多种因素的影响。既有经济增长与经济发展、城乡劳动力市场的统一与公平、对城市建设征地进行改革（包括土地制度的变革与优化、占地补偿的科学合理等）等宏观因素，也有城市社区管理与服务、农转非集体经济组织的建设与发展等中观因素，还有农转非人员自身素质能力的提高和观念意识的转变等微观因素。随着中国经济社会转型的深入推进，各级政府对社会经济的管理正在优化，征地农转非人员实现就业的社会基础正在优化与坚实，诸如征地制度的改革、占地补偿的

提高、城乡统筹的试点与推进、全国劳动力市场的建设与优化、就业政策的提档等，这些措施在着力于全社会的和谐发展、持续进步和城市化、工业化健康推进的同时，也为征地农转非人员破解就业困境创造了良好的社会条件。因此，本书将“城乡劳动力市场统一”和“征地制度的改革与优化”视为既定的前提，于是，征地农转非人员就业促进应充分关注如下着力点。

1. 强化城市社区管理与服务

征地农转非人员进入城市，首要的问题是居住问题，正所谓“安居”才能“乐业”。居住问题直接与城市社区管理与服务相连，不管是各地普遍建设的农转非小区还是城市商品房小区，社区管理与服务都构成征地农转非人员非农就业的基础。

2. 加强征地农转非人员就业培训

当前征地农转非人员就业从“传统农业”向“非农产业”转移出现困难，既有中国经济社会转型时期城镇新增劳动力就业、农民进城务工和下岗失业人员再就业三碰头的就业形势严峻等宏观原因，也有就业供求的技能与空间的结构性差异的中观原因，更有农转非人员自身素质能力不足、思想意识落后等微观原因。其中，微观原因是关键。因此，加强征地农转非人员的就业培训，是突破就业困境的根本措施。

3. 发展农转非集体经济组织

发展农转非集体经济组织，是近年来各地实施“留地安置”的成功经验的启示。征地农转非人员非农就业的困境，有其自身素质能力的局限和就业路径的狭窄，也有我国经济社会转轨过程中就业岗位不足的问题，所以要加强就业培训、实施社区管理与服务、大力加强地区经济发展。但是，仅有这些而让农转非人员独立、分散面对城市劳动力市场，还是不能完全解决问题。一个重要的补充是发展农转非集体经济组织，把农转非人员组织起来，实现快速直接的就业，并为今后的创业和职业变换奠定基础。显然，良好的农转非集体经济组织，成为农转非人员在城市生存与发展的一个新基础，它应该成为征地农转非人员就业促进的重要着力点之一。

4. 推进经济增长与经济发展

经济发展是解决失业问题的根本措施。奥肯定律认为，失业率与国民生产总值增长率之间呈反向变化，即经济的高增长与低失业相伴，低增长与高失业相伴。据对美国经验研究显示，当经济增长率高于2％～2.5％时，经济增长率每增加一个百分点，失业率就会下降半个百分点；当经济增长率低于2％～2.5％时，经济增长率每减少一个百分点，失业率就会上升半个百分点。而失业率与其带来的国民生产总值缺口（损失）之比率是1∶2.5，即失业率每增加1％，实际国民生产总值会减少2.5％左右。这一经验性规则揭示了经济增长和失业率之间的内在关系。尽管各国经济增长率和失业率之间的数量变动关系不尽相同，但经济增长与就业同向变动、与失业反向变动的关系，以及高增长率与低失业率相随的关系，已为许多国家的经济实践所证实。通过促进地区经济发展，开发更多的就业岗位，促进和实现征地农转非人员的非农就业。

5. 鼓励征地农转非人员创业发展

通过创业指导与创业支持，鼓励征地农转非人员创业发展，不仅有助于征地农转非人员自身从城市工资低、工作环境差、就业不稳定、管理制度不规范、职位升迁机会渺茫的次要劳动力市场，进入工资高、工作环境优良、就业稳定、劳资权利平等、管理制度规范、具有较多可升迁机会的主要劳动力市场；而且通过发展适应市场的新企业，有助于带动更多的人实现就业和转移就业，有利于推动产业结构的优化与升级。

6. 加强征地农转非人员就业促进机制的优化与推进

征地农转非人员的安置，是一个系统的转换过程，其顺利转换还有赖于地方政府一方面实施多种有利于就业及创业的促进措施，如降低税收、增加投资、放宽开办条件；另一方面还要借助政府的权威以调动最广泛的社会力量参与征地农转非人员就业促进。

（二）征地农转非人员就业促进的系统框架

基于上述分析，笔者将上述六个着力点整合在一起，构建出征地农转非人员就业促进系统框架："五星模型"（图 1—3）。该模型以各级政府对征地农转非人员就业促进的推动与管理为中心，沿着农转非社区管理与服务、农转非人员就业培训、农转非集体经济发展、地区经济增长与经济发展、农转非人员创业发展五条路径展开，在各级政府的推动与管理下，调动最广泛的社会资源与力量，形成征地农转非人员就业促进的合力，实现征地农转非人员非农就业。五条路径相互联系形成一个"五角星"，在宏观上具有指导意义和启示价值，它引导全国各地在征地农转非人员就业促进工作中去探索、创新；五条路径又可以相互独立，在征地农转非人员就业促进中发挥独特的作用，在地方政府的充分关注与大力推动下，各自独立成为一个"星"。因此，"五星模型"在全国各地不同地方均具有较强的实用价值，各地区均可以从"五星模型"的总体框架中找到适合本地区的征地农转非人员就业促进之路，或一条路径，或二三条路径结合。

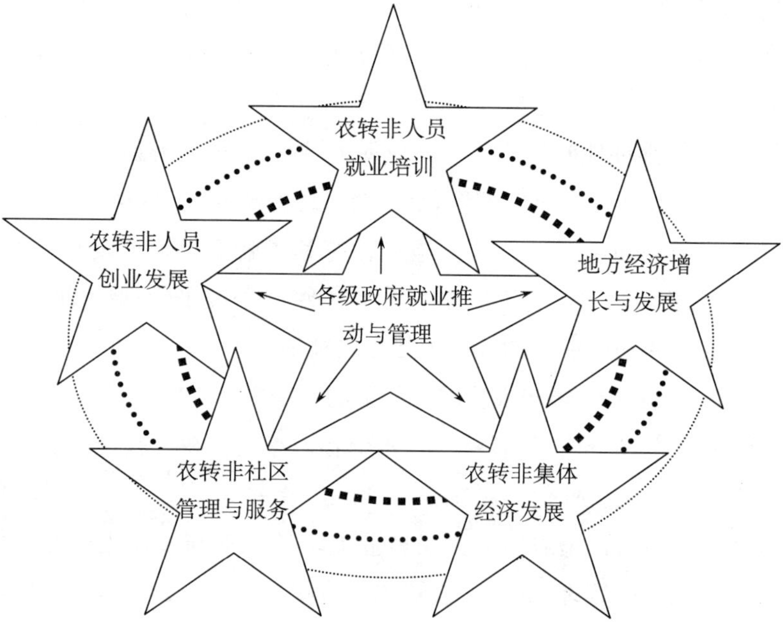

图 1—3　征地农转非人员就业促进系统框架

在征地农转非人员就业促进的"五星模型"中，农转非社区是征地农转非人员"真实的家"，从最初的农转非小区"有地方住"到将来在城市更高级的商品房小区"住得舒适"，社区管理与服务都提供着积极的帮助。同时，伴随着城市社区服务业的快速发展，社区还是征地农转非人员非农就业的一个大有潜力的载体。农转非集体经济组织是征地农转非人员进城后"心中的家"，它不仅可以为其非农就业提供一定的经济收益，更能提供直接的就业岗位。

就业培训与地区经济发展是征地农转非人员非农就业的两大动力，前者为从业创业提供智力、能力及心智模式等多种动力补充；后者通过就业岗位开发，从就业机会、事业发展空间等提供技能的展示平台，进而通过岗位训练补充发展动力。征地农转非人员的创业发展是其就业的高级形式，它不仅解决自己和他人的就业问题，而且直接推动经济发展，为城市化建设注入新的活力。上述五条路径以各级政府的推动和就业促进机制建设为中心，政府的作用处于首要地位，政府起着主导作用。因此，征地农转非人员就业促进的“五星模型”又可以概括为“一个调控、两个基础、两大动力、一个升华”的“1221”模型。

我们还可以把“征地农转非人员就业促进的五星模型”进一步细化为“社区拉动—个人行动—政府推动”的就业促进机制（图

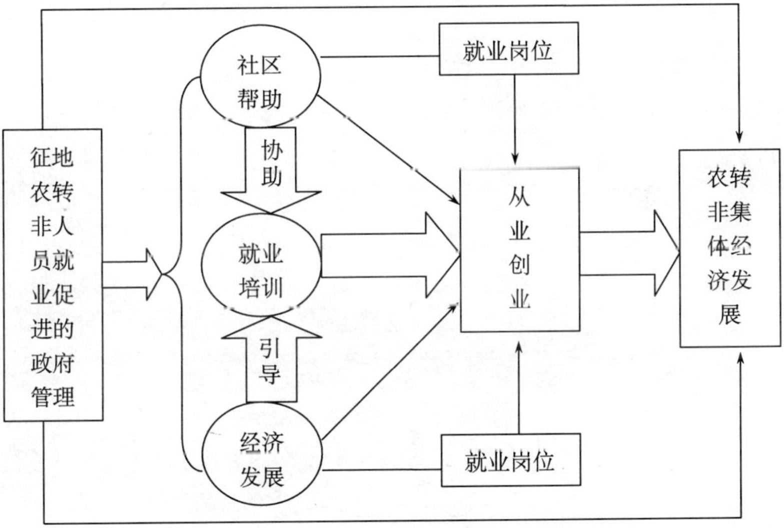

图 1—4 征地农转非人员就业促进机制

1—4）。其中，社区拉动包括城市社区管理与服务和农转非集体经济组织为征地农转非人员非农提供的帮助；个人行动包括征地农转非人员主动接受就业培训与创业指导，在素质能力提高与观念转变中去拓展非农就业空间；政府推动包括政府对地区经济发展的推动以提供更多的就业岗位和政府对就业促进机制的建设与优化来实现征地农转非人员就业促进系统的良性运行。征地农转非人员的个人行动是内因，政府推动与社区拉动是条件，三者有机协调、相互促动，促进征地农转非人员较快较好地实现非农就业。

第二章　就业现状与征地农转非人员就业发展取向

问题与解决问题的方法总是同时出现的。发现问题并找出问题出现的原因，也就找到了解决问题的办法。讨论征地农转非人员的就业促进及其管理，必须首先明确其非农就业现状及其背景原因，同时还要明确其未来的发展走向。

第一节　征地农转非人员就业现状描述

一、就业形式多样化

城市化进程的推进、城市规模的扩大、征用农民的土地必然导致农民失去土地。问题的关键是如何对待失去土地的农民，使他们的就业与生活得到较好的安置。我国在计划经济体制下，在强调就地安置征地农民主要从事农业生产主要思路的同时，实施了“农转工”的安置方式，即安置征地农民进城农转工当大集体工人的办法。例如，1988 年 12 月 29 日经全国人大修正的《中华人民共和国土地管理法》第 31 条规定："因国家建设征用土地造成的多余劳动力，由县级以上地方人民政府土地管理部门组织被征地单位和有关单位，通过发展农副业生产和举办乡(镇)村企业等途径，加以安置；安置不完的，可以安排符合条件的人员到用地单位或者其他集体所有制单位、全民所有制单位就业。"在计划经济时代，由政府安排被征地农民就业，一经分配劳动岗位就不存在失业压力，其生活可以得到长久保障。

进入 20 世纪 90 年代以来，伴随着社会主义市场经济体制的逐步建立与完善，一方面，城市许多企事业单位面对市场的冲击，难以继续提供体面的工作；另一方面，已安置的农转工人员往往率先成为下岗或失业者，生活陷入困境，于是农转工的安置政策不得不终结。

在农转工的安置政策逐渐面临困境的同时，"农转居"作为一种新的安置方式开始在实践中探索施行，而大规模的行动则是以北京市石景山区在 2003 年将余下的 15 000 多名农民整建制地全部转变为非农业户籍为标志。"农转居"就是将被征地农民转为城市居民，其前提是给予被征地农民适当的利益补偿，然后让他们面对市场自主择业、自谋职业(张汝立，2004；姚从容，2008)。

在"农转居"的政策框架下，征地农转非人员的非农就业由原来单一的政府安排在二、三产业就业向政府购买岗位援助就业、自主创业带动就业、异地种养当农业工人就业等多种形式就业转变，呈现多渠道、多途径的特点。其中，在二、三产业非农就业仍是主要取向，自主创业带动就业、异地种养、劳务输出就业正在成为征地农转非人员接受和探索的新的就业形式(沈志兰,2006)。从近年来的实践看,"农转居"政策框架下征地农转非人员多渠道、多途径的非农就业,依然存在诸多的不足与困境。

(一) 政府安置就业少,回流率高

在市场经济条件下,劳动力资源由市场进行配置,被征地农民就业不再由国家统一安置,被征地农民必须自谋职业。于是,农民在土地被征用的同时而获得就业安置的比例甚小。

◎ 2003 年国家统计局农村社会经济调查总队在全国 28 个省、自治区、直辖市的 7 187 名失地劳动力的调查显示,征地时安置就业 197 人,约占劳动力总数的 2.7%(国家统计局农调队,2004)。

◎ 浙江省宁波的北仑区和余姚市,台州的路桥区和温岭市,嘉兴的秀州区和桐乡市,绍兴的越城区和绍兴县,衢州的柯城区和龙游县等 5 市 10 个区的 20 个街道 20 个村(居委会)200 户农民(居民)调查,征地时招工安置的比例为 9.36%(马弛、张荣、彭霞,2005)。

◎ 元露丰根据相关省(市区)农调队调查资料整理得知,失地农民在土地被征用时获得就业安置的占失地农民的比例,广西为 0、江西为 0.4%、湖南为 1.2%、安徽为 1.4%、甘肃为 1.5%、广东为 1.6%、云南为 2.5%、天津为 4.7%、浙江为 10.1%(元露丰,2005)。

◎ 陈晓宏根据相关资料统计发现,在广东、辽宁、江西、云南、宁夏等省区,失地农民在土地被征用时获得就业安置的占失地农民的比例分别为 1.6%、4.5%、0.4%、2.5%、0.4%(陈晓宏,

2005)。

◎ 甘肃省农凋队调查了100户农户270名劳动力,计划内安置人员占1.48%(杨雪,2006)。

◎ 1983年1月1日至2005年6月30日,南汇区芦潮港、周浦、祝桥、泥城、航头5镇36 820名失地劳动力,由政府购买岗位援助就业1 423人,占3.86%(沈志兰,2006)。

◎ 在安徽芜湖市22个村(居委会)190户征地农转非人员再就业途径调查中,招工安置仅有9人,占比为4.36%(李祥兴,2007)。

◎ 在云南省曲靖市麒麟区白石江街道征地农转非人员中,征地时安置就业人员占3.7%(尹忠槐、丁春艳,2007)。

◎ 2007年上半年,杭州市城郊10个行政村征地农转非时,招工安置的人员比重为4.9%(高君,2008)。

◎ 2004年国家统计局农村社会经济调查总队在全国28个省、自治区、直辖市开展了调查。调查主要以人均耕地面积在0.3亩以下的农户为主要对象,总共调查了2 942户。在7 187名劳动力中,征地时安置就业197人,约占劳动力总数的2.7%(汪小红,2008)。

◎ 文晓波从广西、四川、宁夏、甘肃、云南五省农调队公布的调查报告发现,被调查农户征地时政府安置就业人数占征地农转非劳动力人数的比例依次为0、0、0.42%、1.48%、2.51%,五省区平均为不到1%(0.91%)(文晓波,2009)。

◎ 康岚2008年夏天对上海、河南商丘、辽宁沈阳、广东湛江四地失地农民调查发现,被征地后有工作的139人中,只有8人

(5.76%)是通过征地安置就业的，其余人或自已找或通过亲朋或通过中介才找到工作(康岚，2009)。

在新的体制中，随着劳动力市场逐步由单纯的体力型向专业型、技能型转变，即使是政府计划内安置，也因为他们多为一般管理人员、工人和杂工，在企业改革深化和经济结构调整下，他们往往首先被列为精简对象，成为优先下岗的对象。

◎ 据浙江省人民政府研究室课题组统计，杭州市江干区历年征用土地招工安置4 916人(只占应招工安置人员的72.67%)，目前已有80%失业回村(刘希平、施利民，2003)。

◎ 北京市丰台区卢沟桥乡太平桥村，1993年土地被征用时，实行招工安置的有3个队1 100余人，从目前了解的情况看，除少数安排在环卫、公交和房管部门的人员外，其他农转工人员90%以上都已下岗、失业(朱京燕、王尤贵，2005)。

◎ 浙江省225户农户自1990年以来获得统一安排劳动力的33户，2002年有22户的劳动力因下岗或解除劳动合同，下岗回流率达66.67%(马弛、张荣、彭霞，2005)。

◎ 上海市已安置进各单位的征地劳动力中，有近30%的人实际处于离岗状态。绍兴县北海街道塘南村因土地征用有750个劳动力农转非后被安排在瓷厂、面粉厂、丝绸炼染厂等企业，到目前为止已有70%人员先后下岗(林惠玲，2006)。

◎ 据四川省劳动和社会保障厅的调查，在全省历年征地过程中已得到就业安置的42.94万人中，到2003年年底处于失业状态的有24.46万人，占征地时已得到就业安置人数的56.96%(陈美荣，2007)。

(二)市场化就业路径狭窄,渠道不畅

目前,征地农转非人员非农就业的路径主要是通过亲友、熟人介绍等人际关系通道来谋求就业岗位,而正规的劳动力市场上用人单位招聘和职业中介组织介绍没有多大的作用空间,政府发挥的作用比较微弱。这与我国农村劳动力转移就业的路径方式基本一致(图 2—1)。

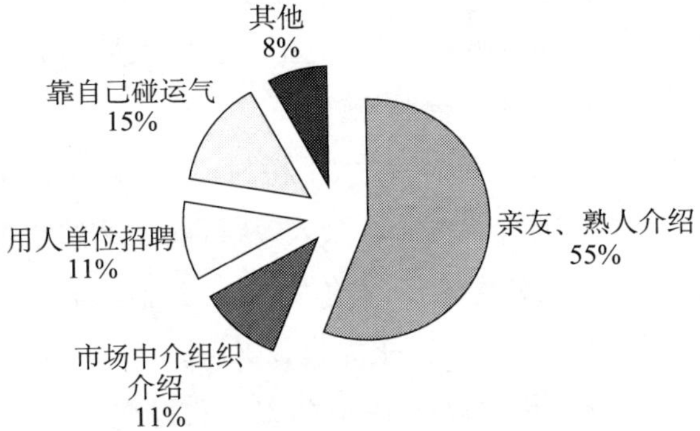

图 2—1 2005 年我国农村劳动力转移方式

(资料来源:中国农业年鉴编委会,2006)

尽管这种人际关系通道或非组织化方式在职业介绍中可信度高、成功率高,但是从社会学的角度上看,决定一个劳动力是否找到工作,主要因素是人力资本和社会资本;随着社会竞争的激烈,求职信息的复杂程度进一步提高,社会资本显得更为重要。而征地农转非人员的社会资本在劳动力市场上不具备比较优势。2002年,社会学家陆学艺在《当代中国社会阶层研究报告》中以组织资源、经济资源和文化资源的占有状况为标准,将当代中国社会阶层

分为十个，农业劳动者阶层和城乡无业失业半失业者阶层分列第九和十层（前八层依次为国家与社会管理者、经理人员、私营企业主、专业技术人员、办事人员、个体工商户、商业服务业员工、产业工人）（陆学艺，2002）。显然，征地农转非人员在失地前的组织资源、经济资源和文化资源处于完全弱势地位。

从现实运行看，失地前的农民身份决定了与之交往的大多是具有共同背景、职业类别与经济条件差异不大的同质群体，他们的亲戚、朋友少，社会关系网络相当狭窄，且主要分布在农村而非城市，使他们获得的就业帮助相当有限。同时，由于介绍人很少对流入地的就业整体情况有比较全面、系统的了解，从而使征地农转非人员的再就业呈现出盲目性与无序性，进而延长了其再就业的求职时间和求职成本。因此，征地农转非人员从关系网络中获取的信息也比较单一，对于他们找工作的帮助并不大（胡伟、王晓敏、查吉德、王雪莲，2008）。征地农转非人员非农就业的路径狭窄，渠道不畅通，在某种程度上也是由于劳动力市场还没有充分发挥其对劳动力资源进行有效配置作用导致的。

资料 1：黄祖辉等对浙江省 210 户未进城农民、182 户近几年进城而还未农转非的居民户以及 146 户已进城并农转非的居民户“进城农民在找工作”的调查显示，55％的人员依靠自己到企业一家一家地找，22.6％的人员靠在城镇工作的亲戚朋友介绍，仅有5％的人员是通过劳务市场等渠道找到工作（黄祖辉、毛迎春，2004）。

资料 2：陈世伟等 2005 年 2～4 月对 J 市近郊 JX 村 100 户失地农民家庭“非农岗位的获得途径”的调查显示，59％通过亲朋好友介绍，11％的农民是自己到企业应聘，11％通过职业介绍所，10％是自己投资办厂或做小生意，6％为土地征用安置，3％通过其他途径找到工作(陈世伟、王志雄，2005)。

资料3：张海波、童星2004年12月到2005年1月对南京市失地农民比较集中的浦口区和江宁区的调查显示，在失地农民的就业网中，亲缘关系占63.6％(李文星、朱凤霞、何代忠，2007)。

资料4：西部某大城市周边六个乡镇失地青年农民依靠亲戚、朋友介绍就业的比重占31.4％，靠企业到村里招工解决就业的占26.2％，靠乡镇(村)党组织、政府部门及共青团组织介绍解决就业的占27.3％，靠中介组织或劳务市场找到工作的占4.9％，靠招聘广告找到工作的占7.8％，其他和未填者占2.4％(李文星、朱凤霞、何代忠，2007)。

资料5：孟祥林的调查数据是，失地农民的求职途径主要有亲友介绍22％、职业介绍机构的介绍17％、各种媒体的职业广告15％、自己创业5％、不想就业12％、偶然机会4％以及其他方式25％，说明"亲友介绍"是失地农民求职的第一路径(孟祥林，2008)。

二、本地二、三产业就业起点低

(一)就业岗位初级，稳定性差

调查表明，已经就业的征地农转非人员，绝大多数也是从事脏、累、苦、险和低收入的产业，以及拾遗补缺性质的生活服务业等城里人不愿干的职业，诸如清洁工、保洁员、钟点工、驾驶员、保姆、保安、门卫、物管、宾馆服务员、建筑工、绿化工、装修工等技术含量不高、对文化素质和劳动技能要求较低的职业和岗位，或从事开办各种店面、街头巷尾的摆摊设点、各种小手工业等个体经营（吴子力，2000；马弛、张荣、彭霞，2005；沈小红，2007；叶继红，2007；陈美荣，2007；王晓君，2007；章辉美、易帆，2008；杜今锋、王芸芸，2008）。

（二）打零工和个体经营是主体

◎ 2003 年国家统计局农村社会经济调查总队对全国 28 个省、自治区、直辖市的 2 942 农户 7 187 名失地农民的调查显示，外出务工、经营二三产业、从事农业是主要选择，三者的比例分别占到 24.8%、27.3%、25.2%（表 2—1）（国家统计局农调队，2004）。

表 2—1　2003 年中国失地农民就业情况

就业形式	征地时安置	外出务工	经营二三产业	从事农业	赋闲在家失业	合计
人数（人）	197	1 784	1 965	1 807	1 434	7 187
比重（%）	2.7	24.8	27.3	25.2	20.0	100.0

◎ 浙江失地农民（居民）调查，实现就业的征地农转非人员目前从事的职业，企业工人、个体户（做小生意）和外出打工居前三位（表 2—2）（马弛、张荣，2004）。

表 2—2　浙江失地农民实现再就业途径调查

就业途径	去企业应聘	做小生意	外出打工	招工安置	继续搞农业	找不到工作	未回答	合计
人数（人）	33	30	20	16	10	49	13	171
比例（%）	19.23	17.54	11.70	9.36	5.85	28.66	7.60	99.94

◎ 截止到 2004 年 4 月底，北京朝阳区来广营乡已就业的 4 693人中，从事绿化工作的有 1 037 人、从事卫生保洁工作的有 427 人、从事治安联防工作的有 355 人，三者合计 1 819 人，将近全部就业人员 40%。丰台区卢沟桥乡太平桥村就业人员 1 300 人，其中仅卫生保洁人员就有 300 余人，占全部就业人员的 23%（朱京燕、王尤贵，2005）。

◎ 2006 年西南交通大学人文学院经济系学生利用暑期对成都市龙泉驿区、郫县和都江堰市三地失地农民的就业调查显示（表 2—3），征地后，传统种植和养殖业已不再是失地农民的主业，打零工或从事个体经营成为他们常态的被动选择（朱冬梅、方纲 2008）。

表 2—3 成都市失地农民失地前后就业岗位

就业岗位	(1)种植或养殖	(2)打工	(1)(2)兼有	个体经营	闲居	其他	合计
征地前	72.2%	9.5%	7.1%	6.5%	1.8%	2.9%	100.0%
征地后	2.4%	24.9%	2.4%	24.9%	26.0%	19.4%	100.0%

◎ 对南京市江宁区和浦口区失地农民就业的调查表明，已经实现就业的失地农民大体上以个体经营或在私营民营企业和集体企事业单位就业为主，三者分别占总体的 40.7%、19.2% 和 15.6%，合计 75.5%（叶继红，2007）。

◎ 在 2007 年上半年对杭州市城郊 10 个行政村（这 10 个行政村均在五年内被政府征用过土地）200 户居民的就业情况调查，结果显示，38.8%的人选择了出外打工、做小生意、到企业工作；在已经实现就业的失地农民中，三者占到了 72.83%(67/92)的高比例(表 2—4)(高君，2008)。

表 2—4　2007 年上半年杭州市城郊 10 个行政村失地农民就业情况

就业情况	招工安置	外出打工	做小生意	到企业工作	继续务农	找不到工作	其他	合计
人数(人)	9	23	19	25	16	63	18	173
比重(%)	4.9	13.3	11	14.5	9.2	36.4	10.4	99.7

◎ 章辉美等的调研数据显示，打工者(城市打工者和乡村各类打工者)和个体工商户是失地后最主要的就业职业类型(表 2—5)(章辉美、易帆，2008)。

表 2—5　失地后农民职业转变情况

职业类型	频数	有效百分比(%)	职业类型	频数	有效百分比(%)
城市打工者	197	28	运输业人员	22	3.1
失业无业者	194	27.6	农民	7	1.0
个体工商户	100	14.2	私营企业主	5	0.7
乡村各类打工者	63	9.0	普通工人	3	0.4
技术人员	39	5.6	其他	13	1.8
管理人员	37	5.2	缺失样本	14	
物业管理人员	23	3.3	合计	717	100.00

◎ 王洪元对江苏省徐州市云龙区、泉山区、鼓楼区和九里区的 20 余个行政村失地农民就业状况的调查显示(表 2—6)，土地

被征用后，除了没有工作的人大量增加以外，打短工者明显增加亦是一个重要特征（王洪元，2008）。

表 2—6 江苏省徐州市失地农民失地前后职业变化

职业	务农	有固定工作	打短工	没有工作	合计
失地前	48.1%	7.2%	26.9%	17.8%	100.0%
失地后	6.4%	7.0%	38.8%	47.8%	100.0%
变化量	−41.7%	−0.2%	+11.9%	+30%	0.0%

就业岗位层次偏低和打零工较多，使征地农转非人员隐性失业大量存在。

（三）异地就业可探索

1. 异地以农就业探出一条新路

多个数据表明，还有不小比例的征地农转非人员继续在农业（第一产业）生产领域获得就业与发展（表 2—7）。这是因为征地农转非人员拥有一定的农业生产技能基础、更习惯于农耕生活的心理、较为熟悉本地农产品市场等，因此，继续从事农业生产，是一个不错的就业选择（曾海鹰，2006）。特别是在地方政府的积极帮助下，异地以农就业不仅解决了他们的就业问题，还带来了多方面的积极效应。如为“接纳地”农村带去了新的农业生产模式和新的生产经营理念，有助于带动当地农业生产经营模式的转变和农业经济结构调整优化。同时，“接纳地”的有关农业发展的促进政策亦可为移入的农转非人员及其生产经营所用，如“新型农民创业培植工程”（宁启文，2005）、现代农业发展政策、新农村建设政策，从而为征地农转非人员异地就业提供了良好的切入口。

表 2—7　关于征地农转非人员就业产业领域的调查

<table>
<tr><th rowspan="2">作者及年份</th><th rowspan="2" colspan="2">调查对象</th><th colspan="4">就业产业领域</th></tr>
<tr><th>第一产业</th><th>第二产业</th><th>第三产业</th><th>其他</th></tr>
<tr><td>国家统计局农村社会经济调查总队（2004）</td><td colspan="2">全国 28 个省、自治区、直辖市的 7 187 名失地劳动力</td><td>25.20%</td><td colspan="2">52.10%（含外出打工 24.8%和经营二三产业 27.3%）</td><td>22.70%</td></tr>
<tr><td>沈志兰（2006）</td><td colspan="2">南汇区 1983 年 1 月 1 日至 2005 年 6 月 30 日 36 820 失地劳动力</td><td>1.32%</td><td colspan="2">57.02%（含自主创业带动就业 5.91%和经营二三产业 51.11%）</td><td>41.66%（含政府购买岗位援助就业 3.86%、其他闲散人员或季节性临时就业 37.81%）</td></tr>
<tr><td>杨雪（2006）</td><td colspan="2">甘肃省农调队 2003 年对全省五个县区十个乡镇的 100 户失地农户 270 名劳动力</td><td>55.19%</td><td colspan="2">42.59%（含外出打工 17.78%和经营二三产业 24.81%）</td><td>2.22%（含征地时安置 1.48%、赋闲在家 0.74%）</td></tr>
<tr><td>徐岳平等（2006）</td><td colspan="2">宁波市鄞州区征地农转非人员</td><td>25.00%</td><td>45.00%</td><td>19.00%</td><td>11.00%</td></tr>
<tr><td rowspan="2">胡同泽等（2006）</td><td colspan="2">东部地区</td><td>20.02%</td><td colspan="2">61.00%</td><td>18.98%</td></tr>
<tr><td colspan="2">西部地区</td><td>30.46%</td><td colspan="2">50.36%</td><td>19.18%</td></tr>
<tr><td>尹忠槐等（2007）</td><td colspan="2">曲靖市麒麟区白石江街道 108 名失地农民</td><td>28.33%</td><td colspan="2">51.7%（含外出打工 20.0%和经营二三产业 31.7%）</td><td>19.97%（含征地时安置就业 3.3%、赋闲在家 16.67%）</td></tr>
<tr><td rowspan="4">李富田等（2008）</td><td rowspan="4">全国 28 个省（市、区）失地农民就业情况调查</td><td>全国</td><td>9.05%</td><td>28.75%</td><td>62.20%</td><td></td></tr>
<tr><td>东部地区</td><td>13.78%</td><td>12.60%</td><td>73.62%</td><td></td></tr>
<tr><td>中部地区</td><td>9.01%</td><td>33.48%</td><td>57.51%</td><td></td></tr>
<tr><td>西部地区</td><td>7.19%</td><td>33.44%</td><td>59.37%</td><td></td></tr>
</table>

续表

作者及年份	调查对象	就业产业领域			
		第一产业	第二产业	第三产业	其他
杜今锋等(2008)	湖北、湖南、江西、河南、安徽、福建、广东、广西、海南、辽宁、吉林、黑龙江、山东、四川、云南、江苏、浙江等省1 468名失地农民	40.20%	42.30%(含企业职工10.4%、商业人员10.7%、经营业主和个体户15.7%、服务人员5.5%)		17.50%(含机关事业单位职工1.2%、上学0.5%、无职业1.8%、其他14.0%)
张晓伟(2009)	内蒙古失地农民	22.00%(主要养奶牛)	50.00%(含开商业店铺的约占15%、搞运输及出租车的约占19%、在私企打工的约占16%)		28.00%

在异地以农就业中，要注意相关方面的照顾与扶持。一是资金扶持。征地农转非人员异地以农就业，不能再走“小农经济、小规模经营”的老路，而应着力发展现代农业，因此，创业初期，所需启动资金较多，需要相关部门的照顾与扶持。二是技术支持。重庆市高新区高新园征地农转非人员廖兴福，2005年在重庆彭水县鹿角镇鹿角村租地300余亩、投入20多万元先后种植青蒿和高冷地大白菜，当年购买到劣质种子以至于200余亩大白菜全部无收，损失惨重(邓小虎，2008)。由此可知，技术支持与保障对征地农转非人员异地以农就业是多么重要的需求。三是市场支撑。现代农业是市场农业，市场信息十分重要，征地农转非人员需要培育自己的市场营销队伍、建构市场营销网络，相关部门亦当对其进行积极

的扶持与帮助。

2. 输出就业也是一种选择

征地农转非人员生活在城市边缘，受市场经济的影响较大，其中不乏“走出家门闯世界”的人员。在我国劳动力市场分割、区域劳动力市场供求不平衡的环境中，固守当地市场就业有诸多的艰难。因此，在安全稳妥的前提下，有组织、有计划地输出征地农转非人员到区外、省外、境外就业是解决征地农转非人员就业问题的思路之一（陈小英，2007；周中林，2007）。特别是跨国输出劳务，还有较大潜力可挖，有资料显示，印度、巴基斯坦等国的劳务输出收入占到本国进出口贸易的10％～15％，而中国仅占到1％（武玲娟，2006）。在经济欠发达地区，地区经济社会的劳动力容量相对有限，劳动力供给相对充裕，这种方式具有更大的现实性。

对外输出劳务以实现就业，在初期需要政府部门的大力扶持与积极帮助，如政府可以利用产业、产品、资本的输出带动劳动力的向外转移，对劳务输出的培训费、中介费、交通费给予适当补助等；随后逐渐衍生到劳务中介机构介入运行，调动多方面的信息优势与资源优势，提供外出就业的专业服务。如陕西西安宝塔区按照“政府引导扶持、专业化培训、企业化运作、品牌化经营、市场化输出、一体化服务”的总体要求，成立“米脂女子”家政服务中心和“圣地保安”培训中心，重点培训“米脂女子”家政服务员和“圣地保安”人员，培训后向区外输出服务员和各类保安人员，不仅解决了征地农转非人员的就业问题，也获得了良好的社会评价（惠晓峰、马伸义，2006）。

第二节　征地农转非人员就业困难原因剖析

综观近几年关于“征地农转非人员就业困难障碍”的研究，学者们从不同的角度得出了多方面的结论(附件4)。应该说，学者们各自的分析是比较深入的，但限于各自的分析视角和研究对象的不同，因而未能形成系统的认识，尤其是未能把众多的原因或障碍分解出层次。笔者从农转非人员自身原因的微观层面和宏观背景及政府的制度安排、社会支持等外部环境原因两个方面进行分解讨论，以期明白各自应努力的方向与重心和相互努力的整合途径与步骤。

一、农转非人员自身原因

(一) 文化水平低

笔者收集学者们对征地征地农转非人员文化程度的调研数据，汇总发现，初中及初中以下文化程度的人数占相应调查征地农转非人员总数的比例绝大多数在60.00%以上(表2—8、附件5)，这与我国目前农村劳动力的文化素质总体情况(初中及初中以下文化程度的人数占87.50%)相吻合(图2—2)。在重庆市农村劳动力中，初中及初中以下文化程度的人数占87.78%也印证了此结论(夏涛，2008)。显然，征地农转非人员的文化程度普遍偏低，这正是其就业困难的主要原因之一，也是需要加强就业培训的原因所在。事实上，征地农转非人员自己也认识到了这个问题，有调查显示，征地农转非人员对求职过程中遇到困难的认识，首要的是文化水平和技术能力低(表2—9、表2—10、表2—11)。在重庆市渝北区回兴镇原果园村的某征地农转非居民(编号4,女性,月收入八百)也说:像我们这样天天忙清洁,一个月辛苦下来也就拿个七八百块钱,也不算多。当然,自己没啥文化和本领也不敢希望工资有多高(贺建平等,2008)。

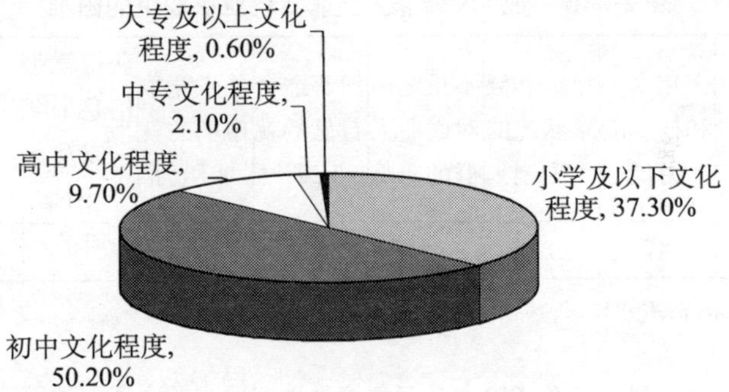

图2—2　我国农村劳动力的文化素质结构

(资料来源:国家统计局农业社会经济调查总队,2004)

表2—8　失地农民初中及以下文化程度所占比例调研数据汇总

区域	40%～50%	50%～60%	60%～70%	70%～80%	80%～90%	90%～100%	数据合计(个)
全国				1	3	1	5
东部10省	1	1	2	7	6	2	19
中部6省			2	2	1	2	7
西部12省			4	3	5	4	16
东北3省					1		1

资料来源:根据附件5整理而得。

表 2—9　J 市近郊 JX 村失地农民对影响求职因素的认识

影响因素	文化程度低	缺乏劳动技能	年龄偏大	竞争不过外来劳动力	性别	其他	合计
比例(%)	48	26	15	6	4	1	100

资料来源:陈世伟、王志雄,2005。

表 2—10　征地农转非人员非农就业求职中的困难

困难	文化水平和技术能力低	年龄和健康状况的限制	不正之风对就业人群的影响	没有适合自己的就业岗位	外来竞争市场的就业压力	获得就业信息难度大以及其他困难	合计
比例(%)	47	22	8	2	2	19	100

资料来源:孟祥林,2008。

表 2—11　广东省电白县三角墟失地农民求职中遇到的障碍

障碍	文凭不高	没有相应的技术技能	年龄大与健康问题	外来工的冲击	获得就业信息的困难	其他	合计
比例(%)	17.54	29.62	14.01	12.44	8.63	17.76	100.00

资料来源:余秀江、崔国校,2006。

(二) 非农技能差

技能越高越容易就业,这已成为不争的事实。由于历史原因和农村客观条件的限制,征地农转非人员普遍非农技能缺乏,掌握非农技能的人员比较少,获得非农技能证书的人员更少。面对城市非农就业,他们在职业获得、职业适应、职业稳定方面都面临严重的技能障碍(谢俊贵、曾笑丽,2007),他们中绝大多数只能进入

“次属劳动力市场”。因此，加强非农技能培训，是促进征地农转非人员实现非农就业的关键；让每一个失地农民都能掌握一门以上的实用就业技术，以提高征地农转非人员的就业竞争力，是各级政府解决失地农民就业的工作重点。

数据 1：截止到 2004 年 4 月底，北京朝阳区广营乡劳动年龄人口共计 4 943 人中，无技术人员占 73.4%（朱京燕、王尤贵，2005）。

数据 2：陈世伟等对 J 市近郊 JX 村失地农民就业的调查显示，仅有 13%的人掌握某种劳动技能，87%的调查对象没有掌握劳动技能（陈世伟、王志雄，2005）。

数据 3：中共郫县县委课题组抽样调查 21 014 名失地农民的数据显示，掌握工业、建筑业一项或一项以上技术、有技术证书或曾经被聘请的占 1%；从事工业、建筑业等劳动有较长经历、技能熟练的占 6%；掌握一项或一项以上服务业技能的占 7%；掌握驾驶技术并领有相应执照的占 2%；掌握农业专门技术的占 15%；无特别技能的占 69%（中共郫县县委课题组，2006）。

数据 4：余秀江等 2005 年 2 月调查广东省电白县三角墟 300 名失地劳动力中，有 226 人没有任何技术技能，占被调查者的 75.33%（余秀江、崔国校，2006）。

数据 5：宁波市鄞州被征地农民中有技术特长占 20%，无技术的占 80%（徐岳平、陆国咪、刘智，2006）。

数据 6：成都市失地农民无特别技能的占 84%（含掌握农业专门技术的 15%）（孙秋明、叶海平，2006）。

数据 7:江苏省常州市湖塘镇劳动力中,掌握职业技能的仅占劳动力总数的 0.47%,具有技能等级的就更少,仅占 0.097%(欧杏春、李纪顺、王文华,2006)。

数据 8:武汉市江夏区、汉阳区、武汉经济技术开发区的无业者中,有 84%的人认为自己没有专业技能,无法胜任一些企业的工作要求(苏楠、胡静,2007)。

数据 9:长沙市雨花区洞井镇、黎托乡等五个单位的失地农民,完全无非农职业技能的 10 762 人,占 39.64%(周云华、谈玉坤,2007)。

数据 10:辽宁铁岭市 18 853 名失地农民中,掌握工业、建筑、农业技术一项或一项以上技术,有技术证书的仅为 113 人,占失地农民总数的 0.6%,普遍无技能的失地农民占失地农民总数的 80%以上(陈平、郭辉,2007)。

数据 11:屈晓娟对渭南市征地农转非人员的调查显示(表 2—12),在性别上,无论是男性还是女性,其"无职业技能者"均达到 60%以上;在年龄上,年龄越大"无职业技能者"越多(屈晓娟,2008)。

数据 12:2006 年 7 月底,咸阳市秦都区陈杨寨街道办事处八个村 9 001 名失地劳动力,技术缺乏或无技术专长所占比重为 88.20%(唐爱玲,2008)。

由于文化素质低和非农技能差,一方面加重了征地农转非人员的失业问题,另一方面又使一些原本想招收征地农转非人员的企业无法如愿以偿,从而形成突出的征地农转非人员结构性失业。《嘉兴日报》曾报道,浙江永丰馀纸业有限公司有 200 个用工需求,最后只招到了100名工人，公司老板也愿意在当地招工，可是由于失地农民没有技术不能适应工作需求，所以不得不招收一些流动性较大的农民工（王俊，2006）。

表2—12 渭南市征地农转非人员总体技能结构

技能情况		无职业技能	有一技之长	已获技能证书	其他	合计
性别分类（%）	男	64.26	36.91	7.46	1.37	110.00
	女	60.25	34.02	4.3	1.43	100.00
年龄分类（%）	16～30岁	36.30	41.02	15.46	6.19	98.97
	31～40岁	55.53	39.9	4.57	0	100.00
	41～50岁	70.20	29.41	0.39	0	100.00
	51～60岁	77.67	18.45	3.88	0	100.00

注：上表数据系直接转引"屈晓娟：'渭南市失地农民就业能力研究'，《中国乡镇企业会计》，2008年第7期"的数据，其中男性和16～30岁征地农转非人员的技能结构比例加总不是100.00%，笔者无法进行修正，但仍然可以看出基本态势。

（三）思想观念落后

征地农转非人员就业思想观念落后，是导致他们再就业困难的又一重要原因。一是存在"等、靠、要"的思想，认为土地是被政府强制征用，自己的困境是政府造成的，于是把心思和精力用在如何才能给基层组织、领导施压，使其给自己提供好的就业机会和就业岗位，而很少自己主动找工作。2006年6月至9月，中南财经政法大学公共管理学院和湖北省就业与再就业研究中心对湖北、湖南、江西、河南、安徽、福建、广东、广西、海南、辽宁、吉林、黑龙江、山东、四川、云南、江苏、浙江等省份的部分市县失地农民的调查显示，在“就业安排形式”问题上，征地农转非人员要么“不想找工作了”(63.60%)，要么希望“政府帮忙”(27.10%)，愿意通过自己的办法找工作的人员不到10%(9.30%)，在“你最希望解决的就业问题”上，有60%以上的人员希望政府直接“提供工作岗位”(表2—13)(杜今锋、王芸芸，2008)。

表2—13 失地农民就业安排形式

就业安排形式		样本数	有效百分比(%)	你最希望解决的就业问题	样本数	有效百分比(%)
政府着力	被征地单位吸收为职工	148	10.2	提供工作岗位	894	61.0
	有组织地外出打工	101	7.0	就业培训	185	12.6
	政府组织安置到企业	98	6.8	提供用工信息	98	6.7
	进机关或事业单位	45	3.1	就业指导	67	4.6
自己努力	通过自己的办法找工作	136	9.3	其他	195	13.3
不作为	不想找工作了	921	63.6	未选择	26	1.8
合计		1 449	100.0	合计	1 465	100.0

二是片面追求固定的工作单位，追求所谓的“单位国有性”，对现实中急需的各种灵活就业方式不予重视。

三是一些人以就业为借口谋求其他要求的满足，各级部门组织的招聘会，参加的少，成功的更少，如2006年4月，东坝乡组织了一次就业招聘会，参会企业带着1 400多个就业岗位参会，当天签订劳动用工意向300多人，而最后正式到企业工作的仅有7人(肖志锋、杨宝玲、于良佐，2007)。

四是早期生活在城郊收入较高，被征地后又有一笔补偿款，在社会总体进步的大趋势下，相较于农民工等人员，农转非人员的就业预期相对较高，客观上也限制了其再就业的劳动力供给（图2—3）。“强烈的地域优越感和生活优越感使城乡结合部的失地农民不愿屈身于一般性就业，从而错失了大量的就业机会”（张媛媛、贺利军，2004）。

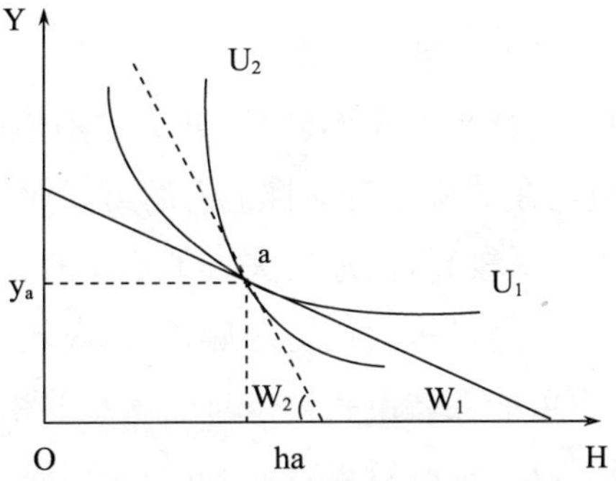

图2—3　就业预期不同下的个人劳动力供给

图2—3显示，在工资率为 W_1 时，人们的效用曲线是 U_1，与预算线相切于a点，提供haH的劳动时间。在相同的工资率水平下，由于农转非人员效用曲线 U_2 比 U_1 陡峭，与预算线YH不再相切，此时的边际替代率大于工资率，即 $MRS > W_1$，意味着农转非人员在权衡是否工作时，认为工作“划不来”；只有当工资率达到 W_2 时，他们才愿意提供相同时间的劳动时间haH。

受上述思想观念的影响，征地农转非人员的就业存在“五不干”现象，即：钱少了不干，工作时间长了不干，重活脏活不干，离家远了不干，管理太严了不干。如宁波市鄞州区无就业意愿者占到了被调查总数的7%（徐岳平、陆国咪、刘智，2006）；胶东地区城郊村 1 043 户村民家庭中有外出打工的仅占 26.2%(陈纵,2008);湖北省江夏区、汉阳区、武汉经济技术开发区 116 名年龄在 18～55 岁失地农民中,有 56.2%认为是自己年龄偏大,22.4%认为工资太低,缺乏吸引力(苏楠、胡静,2007)。这些都反映出征地农转非人员就业上的思想观念问题。

(四) 尚有不少人不愿意就业

一方面,由于对征地工作不满意,认为政府应该对他们负责,征地农转非人员还在期待政府安排他们的再就业;另一方面,因为早期在城郊收入水平较高,征地后失去了早期的收入来源,现实又没有更好的路径,在经过多次挫折之后,征地农转非人员认为凭他们自身的条件,不可能在城市找到令自己满意的相对稳定的工作。于是怨恨、消极、等待、不愿意再就业、过一天算一天的人数也不少(林民书、李文溥、林枫,2002)。这一方面反映征地农转非人员主动求职的思想观念还需强化,另一方面也说明应对征地农转非人员非农就业实施积极的扶持。

◎ 中共郫县县委课题组抽样调查 15 415 名失地农民,在未就业的 3 352 人中,无求职意愿的有 1 076 人,占未就业劳动力 32.1%(中共郫县县委课题组,2006)。

◎ 曲靖市麒麟区白石江街道 108 名被调查失地农民,未就业的 41 人中,无求职意愿的有 13 人,占 31.71%。认为征地补偿金能维持生活,有的认为连大学生找工作都很难,自己就更难找了(尹忠槐、丁春艳,2007)。

◎ 2006 年 6 月至 9 月,中南财经政法大学公共管理学院和湖北省就业与再就业研究中心对湖北、湖南、江西、河南、安徽、福建、广东、广西、海南、辽宁、吉林、黑龙江、山东、四川、云南、江苏、浙江等省的部分市县的1 468份有效问卷调查结果显示,“不再想找工作了”的被调查者的比例竟高达63.60%(表2—13)。

(五) 年龄偏大

征地农转非是被征地区域整体转移到城,因此征地农转非人员既有青年,也有中老年,其平均年龄偏大。这既区别于我国新增劳动力、大学毕业生、农民工等年龄相对偏轻,也区别于城市下岗职工年龄相对更大;而且征地农转非人员几乎涵盖了所有年龄阶段的劳动人口,其年龄落差大,也区别于上述人员相对集中于某一年龄段。这些特点使征地农转非人员的就业促进面临新的要求与困难。

数据1:在宁波市鄞州区91 623名征地农转非人员中,“4050”人员合计33 290人,占36.34%(徐岳平、陆国咪、刘智,2006)。

数据2:玉屏侗族自治县大部分失地农民的年龄都在37～60岁(刘云友,2006)。

数据3:西南科技大学经济管理学院学生2005年寒假对我国28个省(市、区)失地农民的调查显示,东部、中部、西部及全国失地农民的平均年龄分别为44岁、41岁、43岁和43岁(李富田,2009)。

一般来说,征地农转非人员年龄偏大,特别是较大的适龄劳动力,其非农就业将出现更多困难。因为他们的技能主要是农业生产技能,在年龄、文化、体力、非农技能等因素限制下转业较难。

◎ 武玲娟的调查表明，35 岁以上征地农转非人员未就业者占所有未就业人员的 67.1%，占该年龄段人员的 34.8%，就业比例不高(武玲娟，2006)。

◎ 西南科技大学经济管理学院学生 2005 年寒假对我国 28 个省(市、区)失地农民的调查显示，34 岁以下、35～44 岁、45～54 岁、54～60 岁的失地农民就业率依次为 80%以上、78%、71%、61.65%，说明征地农转非人员非农就业率随年龄的增大而降低(李富田，2009)。

当然，也应当承认，年龄稍大的征地农转非人员在特定的条件下，也有一定的就业优势。如他们心理承受能力较强、职业稳定性较高、更容易给人以“稳重、可信”之感等。相反，中青年劳动力却缺少这种优势，因而其就业比重可能降低。如中共郫县县委课题组抽样调查 15 415 名失地农民发现，已就业的劳动力 4 547 人中，应该具备年龄优势的中青年劳动力的就业比重反而较低(中共郫县县委课题组，2006)。这既反映出他们自身就业意愿不足，也说明年纪轻在某些时候也有劣势，从而从反面证明征地农转非人员年龄偏大也不一定都是问题。

二、外部环境原因

(一) 宏观背景的诸多制约

在宏观背景上，制约征地农转非人员就业的因素主要有如下几个方面。

其一，经济社会转轨变型。一是我国正处于城市下岗职工再就业、农村剩余劳动力转移、新增人口就业三碰头、就业压力巨大的特殊时期。有资料显示，到 2010 年，我国劳动力供过于求在 1 000万人左右，就业形势十分严峻（林治波，2007）。二是经济发展方式的转变客观上形成“技术排挤劳动力”效应。随着改革与发展大环境的变化，企业已走过粗放经营的数量型扩张时期，并伴随着经营机制的全面改制，企业经营者把过去的“就业最大化”改变为追求利润最大化，不仅招收员工的数量减少，而且对专业、年龄、文化素质等提出了更高的要求。

其二，城乡劳动力市场分割。目前，我国城乡劳动力市场分割的状况尚未发生根本改变，许多城市仍保留着一些对农民进城就业的限制性规定，如必须办理各种繁杂的证件，使农转非人员遭受就业歧视，不能享受和市民同等待遇，进城成本过高，农转非人员流动性差就业范围小，在城市处于弱势群体地位。2000 年北京颁布的《北京市外来人员务工管理规定》第四条规定，使用外地人员的行业、工种，以本市城乡劳动力不能满足用工需要为原则确定。如今，北京市不允许外地人员进入的工种已经由最初的 10 多个发展到 100 多个。这种就业歧视使得征地农转非人员外出就业变得更加困难（张雁荣、史正保，2008）。

其三，城市建设快于城市经济发展。随着城市化进程的加快，征地农转非人员群体会继续扩大，不久就会远远超过城镇下岗失业人员的数量（刘先莉、蒋志强，2007）。而城市经济的发展相对于就业需求而言，本就存在城市下岗再就业、大学毕业生就业的严峻压力，在征地农转非人员日渐增多的新形势下，城市吸纳劳动力的能力更为有限，就业承载力更为不足。

（二）制度安排的若干缺失

其一，征地补偿制度的缺陷导致就业基础不牢。目前，我国的土地征用制度不完善，对农转非人员的征地补偿标准不够合理、补偿水平偏低。征地农转非人员进城后生活开支将大大增加，领到的土地安置补偿费将大多用于家庭日常生活开支。因此，征地农转非人员所获得的土地安置补偿费用于自己和家庭发展及非农就业所剩不多，一些有创业精神又有好的致富思路的人员也因为资金的约束而难以实现其创业理想。此外，征地农转非人员的社会保障制度建设相对滞后，使他们对未来的预期相对悲观。

◎ 尹忠槐、丁春艳调查发现，曲靖市麒麟区白石江街道征地农转非人员真正将土地安置补偿费用来发展和投资从事个体经营的只占10%（尹忠槐、丁春艳，2007）。

◎ 于浩淼、陈绍军调查发现，征地农转非人员将经商作为第一收入来源的比例在失地前为4%，失地后为3.50%；将经商作为第二收入来源的比例在失地前为2.20%，失地后为1.90%，说明将经商作为收入来源第一、二位的比例不大，在征地前后的变化也不大。这是因为征地农转非人员掌握的资金属于“救命钱”，惧怕“经商”风险（于浩淼、陈绍军，2007）。

其二，对征地农转非人员就业促进的制度缺失。在宏观上尚未将征地农转非人员的就业纳入我国现行的就业政策体系，没有有针对性的政策和措施。目前，国家强调扩大就业和再就业，主要是针对城镇居民和城市下岗人员，近年来亦有针对大学生、农民工的政策和措施，而征地农转非人员几乎享受不到城市居民的就业待遇。现在国家提出“统筹城乡就业”，失地农民却因为尴尬的身份——既不是城市居民，也不再是农民，很难纳入相关政策的框架范围之内。一些地方政府即使出台了一些针对征地农转非人员就业的相关政策和帮扶措施，但由于没能很好地区别征地农转非人员相对于城市普通职工存在的众多特殊性，而在具体实施过程中往往流于形式，实效性差。

（三）就业促进的相对不足

其一，对征地农转非人员就业安置问题重视不够。通常的观念是以一定的安置补偿费去征用土地是公平交易，对解决征地农转非人员长久的生活保障问题就可以回避；一些地方政府领导未能从全局出发认识解决征地农转非人员就业问题的重要性、严肃性和紧迫性，重经济效益轻社会效益。于是，在实践操作中，既不进行广泛的宣传，也鲜有切实的措施；一些地方采取"等"、"看"、"模"的办法去应付（喻萍，2004）。"等"就是人家干我也干，等政策出台我再干；"看"就是看周边友邻干没干，他干我再干；"模"即模仿人家做的事情，别人如何办我就如何办。

其二，对征地农转非人员的就业服务不足。尽管各地在征地农转非工作中开展了就业培训工作，但是总体说来，培训内容的针对性不强、培训措施不全不力、培训管理引导缺失等，使就业培训的吸引力不足、效果较差，农转非人员不满意。

（四）社会支持的力度不够

其一，农转非居住小区及社区管理与服务的不足。农转非居住小区是大多数农转非人员走进城市的第一站，小区及社区管理与服务的状况对农转非人员的城市融入和就业发展具有重要的作用。但是，目前大多数农转非居住小区在硬件与软件上存在着诸多的问题，社区管理与服务相当薄弱，其结果不仅没能对农转非人员城市生存发展形成有效的拉动，反而因其问题而成为农转非人员爆发问题的导火索。

其二，城市社会对征地农转非人员帮助不够。从总体上看，征地农转非人员属于人才市场的低端人群，其就业谈判能力相对较弱，这客观上造成许多企业对其合法权益的侵犯，如未签订劳动合同，劳动安全卫生条件不符合标准，工伤死亡事故时有发生；劳动强度高，生活、卫生条件恶劣；劳动报酬的获取得不到保障，克扣工资，恶意拖欠工资时有发生。杭州市滨江区的调查发现，有 63.3%的失地农民没有签劳动合同（高君，2008）；重庆市高新区高新园农转非人员就业后未签合同的占 64.82%（邓小虎，2008）。用工单位不签劳动合同，征地农转非人员以沉默的方式想保住来之不易的工作机会，结果用工单位常常可以随意辞退征地农转非人员。

第三节　征地农转非人员就业发展取向

一、征地农转非人员就业发展的理性认识

面对目前就业的现状及诸多限制障碍，征地农转非人员非农就业似乎无路可走，或有路难走。对此，我们应该有充分的理性认识。

其一，征地农转非人员是愿意就业的。我们应当看到，除了极少数人今朝有酒今朝醉，拿到征地补偿款后就大手大脚地挥霍外，

大多数征地农转非人员还是有希望、有梦想、肯吃苦、能奋斗的人员，他们还是不安于现状，并对自己的未来非常忧虑。因此，只要有可能，他们就会往前冲。有调查显示，征地农转非人员急切地希望政府有关部门为他们提供诸如工作岗位、用工信息、就业指导和就业培训等许多帮助(表2—14)(杜今锋、王芸芸，2008)。

表2—14　征地农转非人员对政府部门提供就业支持的希望

你最希望解决的就业问题	提供工作岗位	就业培训	提供用工信息	就业指导	其他	未选择	合计
样本数	894	185	98	67	195	26	1465
有效百分比(%)	61.0	12.6	6.7	4.6	13.3	1.8	100.0

其二，贴近现实，追求发展。一方面，由于中国当下低技术劳动力几乎无限供给、当前大学毕业生对首份工作薪酬的期望值已经降到千元左右等多方面的环境因素影响，由于文化素质、非农生产技能、再就业意识等多方面的自身因素制约，征地农转非人员就业起点相对较低，只要能够获得稳定的收入来源，就业的种类已经不再是其考虑的重点，征地农转非人员的就业意识已经贴近实际(朱冬梅、方纲，2008)。另一方面，进入一个好的行业，选择一个好的岗位，这是人们就业意愿的普遍心理。随着经济社会的转型及其带来的思想意识的变化，人们的普遍就业意愿已经从“进入国有企业、事业单位或者国家机关就业，成为一名体制内全民固定工”变为“到那些工资高、福利好、工作轻松的部门或单位就业，追求的是实惠、轻便、面子上又好看的工作”(杨河清，2002)。征地农转非人员也不例外，我们从其对再就业的收入预期可以看到。朱冬梅

等(2008)组织学生对成都市失地农民的调查发现,失地农民最高期望月收入为5 000元,平均值为1 031元。这一期望值大致相当于2006年年底我国城镇居民的年可支配收入11 759元(农村3 587元)(中华人民共和国国家统计局和社会发展统计公报,2007),但明显高于征地前的平均月收入572.85元和征地后现有的平均月收入392.60元(朱冬梅、方纲,2008)。

其三,先就业再发展是征地农转非人员非农就业的基本心态。有调查数据显示,征地农转非人员在接受目前工作后,其心理状态呈现出两种情况,一是努力适应现在的工作,从中获得成就;二是积极储备力量,准备寻找和抓住新的机会培训(表2—15)(章辉美、易帆,2008)。我们从失地失业富农的择业标准也可以得到启示。失地失业富农是指在劳动年龄内、有劳动能力而暂时没有从事任何职业,但在经济上较为富裕或生活上短时期没有压力的失地农民。由于没有了生活的压力,失地失业富农的择业标准相对征地农转非人员目前的就业岗位,其层次要高些(表2—16)(罗拾平,2007)。据此我们可以看到,当征地农转非人员通过进城后初级岗位就业而逐渐有了相对稳定的生活,特别是获得更多的城市社会网络支持时,他们对较高层次就业与发展的需求就会逐渐强烈起来。

表2—15 征地农转非人员就业后的心理状态

心理状态	努力适应工作	希望工作后接受继续教育和职业培训	接受目前工作,但准备跳槽	其他	总计
频数	339	200	37	141	717
有效百分比(%)	47.4	27.8	5.2	19.6	100

表 2—16　失地失业富裕农民的择业标准

职业类型	最希望的职业	管理人员	技术人员	自主创业	其他职业		合计
	比例(%)	60	20	13	7		100
单位类型	最希望的单位	党政机关	国有企事业	三资企业	个体、私营和民营企业	集体企业	合计
	比例(%)	40	30	13	10	7	100
工资标准	期望月工资(元)	3 000	2 500～3 000	2 000～2 500	1 500～2 000	1 000～1 500	合计
	比例(%)	10	13	23	37	17	100

二、征地农转非人员就业发展的理想路径

基于上述认识，笔者建构了“征地农转非人员非农就业发展的理想路径模型”(图 2—4)。

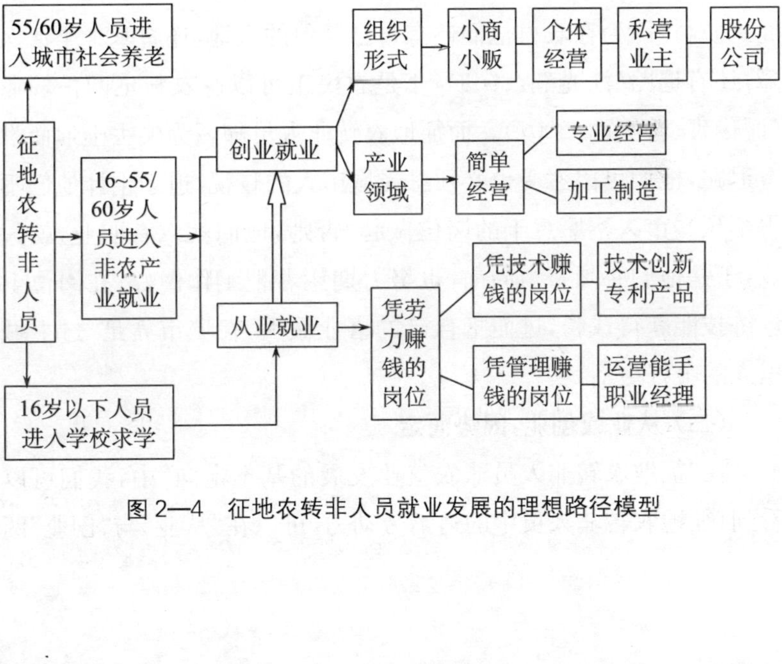

图 2—4　征地农转非人员就业发展的理想路径模型

（一）从拾遗补缺的岗位起步

调查显示，征地农转非人员把“清洁工、保洁员、钟点工、驾驶员、保姆、保安、宾馆服务员、建筑工和绿化工作等”技术含量不高的工作岗位作为他们目前就业的主要选择；或者从事开办各种店面、街头巷尾的摆摊设点、各种小手工业等个体经营（吴子力，2000；叶继红，2007；杜今锋、王芸芸，2008）。这使他们区别于大学毕业生和城市下岗职工的就业，前者因其良好的文化素养使其可能从较高的职位开始自己的职业生涯，后者因其产业工人的基本技能和城市文明的熏陶而受到用人单位的青睐。

征地农转非人员的城市就业起点类似于农民工进城求职，而两者背景基础的差异又带来职业走向的差别。农民工可以忍受城市人的歧视在城市人不愿意就业的岗位上就业，因为他们还可以梦想着回家的美好生活，同时一旦在城镇谋生遇到困难，他们可以回到农村，因为在农村他们还有自己承包的土地，还有基本生活保障，还有退路（汪光焘，2003），于是农民工可以有农与工两份职业（谢俊贵、曾笑丽，2007）。而征地农转非人员却因为失去土地而没有退路，他们可以忍受也必须忍受城市人的歧视，迫于生计他们不得不从城市人不愿意干的岗位做起，否则，他们就没有职业，就失业，于是他们必须努力向前，也努力期望着把工作做好、在岗位上训练技能获得成长，进而把自己的事业做大，在城市立足，过上城里人的美好生活。

（二）从业或创业，因势而定

在“征地农转非人员非农就业发展的基本走向”中，我们可以看到，征地农转非人员中的适龄劳动力，可以在“从业”与“创业”两个路径上选择就业，或者先“从业”后“创业”。到底如何走，一般当考虑如下具体情况。

一是经济基础。创业需要一定的创业资金，对于早期在城郊有较好的经济收益和一定资金积累的征地农转非人员，可以考虑创业发展；而经济基础较为薄弱的人员，可以选择先从业。

二是创业意识。如果有强烈的创业意识，对市场机会有敏感的判断与把握，能寻找到良好的创业项目，有一定的筹资能力，可选择创业发展；反之，则当立足于先从业发展，待到有一定的技术能力和管理能力时，再考虑创业。

三是经济环境。当地区经济快速发展，呈现出诸多的市场机会时，创业的人就会多些；反之，则当努力从业。

四是创业支持。当政府对创业的支持力度较大，政策优惠较多，创业的社会风气浓厚，则创业者多，反之则从业者多。

（三）沿着自己的目标，把事业做大

征地农转非人员初进城时，的确面临着就业的巨大压力，迫于生计，不得不干一些城里人不愿意干的工作。这是不得已的事，但这不能是长久之计。问题的关键是心中还有梦、还愿意“从头再来”、还会用心与努力去把事业做大，如此，就有希望，就能逐渐走出困境、获得发展。为此，征地农转非人员自身及其家庭当特别注意如下三个方面。

一是强化成才意识。目前到处打零工或做小贩，最根本的目的是为了挣钱为了生活，但在解决温饱问题时，千万不能仅限于挣钱，还要逐步增强成才意识，把自身的素质能力提高纳入生活的内容系统。短期内可能会失去多挣钱的机会，但长远看却能挣更多的钱。

二是立足岗位成才。实践出真知,岗位练技能。所谓人才,具有一定的岗位指向性,人才一定是某一具体领域的人才,绝不是空泛的人才。征地农转非人员,文化知识基础本就薄弱,也不可能再进学校去补课。因此,一定要逐渐找到适合自己的岗位,尽量不要过于频繁地变换岗位,特别是不要变换差异太大的岗位,应立足于特定的岗位,积累知识、经验、技能,以求新的发展。美国普通工人温斯顿被总统授予的“世纪员工”特别嘉奖、洛杉矶交通局用他的名字命名了他所在的车务段,就是一个很好的启示。因为这样一位不起眼的负责给汽车清洁、维修和加油工作的工人,在他的岗位上一干就是 70 多年,直到他因心脏衰竭猝死于睡梦中那一天为止,在这 70 多年的工作中,他只请过一天假,那是他妻子去世的时候,除此之外,他从没迟到早退过(谢胜瑜,2006),这说明即使是美国这样的发达国家仍歌颂那些卑微如尘埃但在自己的工作岗位上一丝不苟工作的员工。因此,当征地农转非人员找到适合自己的工作岗位后,吃苦耐劳、持之以恒,即使不起眼也能干得有声有色,亦能成就一番事业。

三是总结感悟自修。征地农转非人员最初干的大多是苦累脏的活,因为累,所以容易白天出门干活,晚上倒床便睡,这样就会年复一年,在低层次岗位上干下去,不升迁,仍然累,挣钱也不多。相反,如果能挤出一些时间和精力,总结、反思工作实践,感悟其中的运行成败,同时强化相应理论知识的补充学习,则很快会对工作有改进、有创新,从而获得自身素质能力的提高,或在从业的岗位上把事业做大,或在合适的时机自己创业做大事业。

综上所述，我们不仅要下大力气帮助征地农转非人员在城市实现就业，走好第一步；我们更要时刻关注征地农转非人员在城市就业的良好发展，促进他们获得更稳定的工作岗位，成就更好的事业，获得更好的生活。这才是“征地农转非人员就业促进管理”的题中之意。

第三章　就业促进与征地农转非社区服务

安居乐业，一直是中国传统社会人们的生存梦想。住房安置是征地农转非人员安置的首要内容，妥善的住房安置是征地农转非人员进城的生存之所、就业之基。征地农转非社区的管理与服务的优化，可以为征地农转非人员非农就业提供直接的帮助。

第一节　农转非小区的出现与存在

一、农转非小区的出现

（一）住房安置是征地安置的首要内容

孟子曰："居者有其屋。"杜甫呼："安得广厦千万间，大庇天下寒士俱欢颜?"住房问题自古以来一直是一个重要的社会问题。对于征地农转非人员来说，土地被征用后，他们失去的不仅仅是土地，还有附着在土地之上的住房。新土地管理法规定：农用地征用补偿范围主要包括土地补偿费、劳动力安置补助费、地上附着物和青苗补偿费(陈江龙、曲福田,2002),住房补贴成为“地上附着物”补贴的一部分。因此,解决征地农转非人员的居住问题应该是征地时首先要考虑的最基本的问题(吴玉兰,2005;叶仁荪、曾国华,2008),住房安置成为征地农转非人员安置的首要内容(李朝玉,2008)。

(二) 住房安置实践:集中建设农转非小区

农转非小区的出现,是在被征地人员“招工安置”终结后出现的。在“招工安置”模式中,征地农转非人员被安置到城市企事业单位及相关机构,其住房随单位住房分配而安置,不存在单独的征地农转非住房安置问题。伴随着“招工安置”模式的终结,在城市化进程快速推进中,一批又一批农民被征地而离开原来的住宅,再没有相应的企事业单位和机构来承担其住房的建设与分配。于是,各地政府纷纷采取“集中建设还建房”的住房安置模式,从而形成征地农转非人员居住小区。调查显示,全国87%的征地农转非人员选择了集中安置住房,97%的征地农转非人员被安置在同一居住小区(《我国城市化过程中农民的社会保障与农村土地制度改革研究》课题组,2006);在成都、南昌、广州等特大城市,以及苏州、杭州、无锡、东莞等大城市,征地农转非人员住宅小区被赋予“世纪苑”、“花港苑”、“和平花园”、“蜀星花园”等城市住宅小区名称,作为为征地农转非人员住房安置的推荐模式予以推广(吕维平,2007);在四川成都市,13个区(市)县共建立基础设施配套的农民公寓式社区190余个(周建瑜,2008);在重庆市高新区,从1986年到2006年,共建有征地农转非人员安置小区23个,安置征地农转非家庭11 890户(陈绍友等,2009)。2009年,四川德阳人民政府投资4.8亿元,为失地农民统一规划设计修建1 700户电梯公寓,2010年竣工,可安置1 683户

7 000多名征地农转非居民(李玉萍,2009)。

(三) 住房还是征地农转非人员发展的资本

从一般意义上讲,住房是人们休养生息、遮风挡雨的"家",住房对于人们具有多种积极的功能。对于征地农转非人员而言,住房还可能是他们在城市生存发展的资本。在浙江、安徽芜湖市等地,房屋出租成为征地农转非人员收入的重要来源(表 3—1、表 3—2)(马弛、张荣、彭霞,2005;李祥兴,2007);在成都市,甚至有70%的征地农转非人员"以房生存"(表 3—3)(曾海鹰,2006)。

表 3—1 浙江征地农转非人员主要收入来源调查

	二三产业	房子出租	农业	集体补助	入股分红	其他	未回答	合计
人数(人)	101	33	25	9	0	23	7	198
比例(%)	51.01	16.67	12.63	4.55	0	11.62	3.54	100.02

表 3—2 安徽芜湖市征地农转非人员主要收入来源调查

	二三产业	农业	房屋出租	集体补助	其他	未回答	合计
人数(人)	87	24	32	9	41	7	190
比例(%)	46.01	12.63	11.67	4.55	21.62	3.54	100.02

因此,住房安置政策不应简单地视为支付赔偿或置换原有资产,而应保证征地农转非人员合理整合资本,重新建立生产力(李燕琼、吕维平,2007)。妥善解决征地农转非人员住房拆迁与安置问题,不仅关系到社会公平和这一特殊群体的生存发展,更关系到构建和谐社会、促进经济社会可持续发展。

表 3—3　成都市城南征地农转非人员生存就业状态

人员比例(%)	生存方式		具体情况
70	以房生存	宽房窄住	将被拆迁安置时分得的四人居或五人居硬挤出一定的面积来出租，以支撑日常生活费用，然后四五个人挤住在一两个人的房内。
		分甲住乙	将分得的住房全部租出去，回到其他郊区甚至农村租房居住，以租赁房屋的差价维持基本生活。
		卖房	将分得的安置房一次性卖掉，过一天算一天，这种“杀鸡取卵”的比例虽然较小，却极其危险。
20	靠体力活为生	勉强就业，靠体力挣钱	擦鞋或打短工，每天出外找事做，最有代表性的是蹬“偏三轮”。
10	靠技能或经商	靠商业店铺或一技之长做生意	有以理发、裁缝、行医、驾驶等一技之长相对固定就业的；有在农贸市场经营一两个摊位的；也有极少数为较好单位长期聘用的。

二、农转非住宅小区的存在

在征地农转非人员的住房安置实践中，先后经历了统建分购型、统管代建型和统管自建型、其他型等住房安置模式，并逐渐接受“统建分购型模式适合于正处在急速扩展、土地级差地租变化迅速的国家级、省级和区域中心城市”的结论（吕维平，2007），于是在全国各地形成了一个又一个大大小小的农转非小区。然而，征地农转非人员集中居住在农转非小区，也伴有诸如集中居住易使农转非人员不满的情绪蔓延，一旦有别有用心者煽动，个别事件可能变成群体上访，小事可能酿成大事；农转非小区的小环境、小气候延缓了农转非人员的市民化进程等负面影响（钟瑶奇，2005），于是一些学者提出参照城市房屋拆迁的"货币化安置住房"模式。笔者2009年1月在重庆市高新区调查时，少数征地农转非小区管理干部甚至认为"建设农转非小区安置农转非人员本身就是一个错误"。于是，随着城市化进程的进一步推进及新的征地农转非人员的大量出现，"征地农转非小区"今后还会不会出现，或者还要不要出现，这是当前必须回答的一个重大的理论问题与实践问题。

笔者认为，"货币化安置住房"的确有诸多的好处，但相对于征地农转非人员的具体情况，"集中建设、集中安置"具有更好的针对性与现实性；征地农转非人员住房安置的基本走向是从"集中建设、集中安置"到"集中建设、集中安置"与"货币化安置住房"相结合，再到完全的"货币化安置住房"；在今后一个相当长的时期里，采取"集中建设农转非小区、集中安置农转非人员"仍然是一个基本的选择。

（一）货币化安置农转非人员住房的困境短期内难以突破

应该说市场化供给的货币化安置是最为理想的模式，它不仅符合市场经济体制的基本要求，房地产商也非常欢迎；而且有利于规避征地农转非人员集中居住容易形成"恶性循环"的问题，政府征用土地也操作简便、省事；还有利于城市原有居民对农转非人员的良性引导，促使其尽快接受城市文明、融入城市。但是，"货币化安置住房"也面临着诸多的现实障碍。

其一，征地农转非人员的住房安置不同于城市居民的拆迁房安置。城市原居民拥有一定的城市社会交往网络，对城市有较好的了解与熟悉，货币化补偿后可以根据自己的工作地点和对城市房地产的了解而较好地选择新的居住地；而征地农转非人员初次进城，不仅需要熟悉城市，更需要安定下来后尽快再就业，因为不知道将会在何处稳定就业所以难于在城市商品房中恰当下单购买。

其二，商品房与还建房之间有较大价差，农转非人员因利益补偿不足、早期积累不多、对未来收益预期不乐观，加上水、电、气三通及有线电视、电话的安装费、入户费，以及道路、路灯、排水道等设施的负担费而不愿、不敢选择商品房。如果一定要实施"货币化安置住房"，农转非人员就只能选择地段偏远、质次价低的商品房或二手商品房，这又会形成新的"城中村"问题，今后仍然需要政府采取新的措施去改善与优化。同时，农转非人员仍然存在住房不满意问题，仍然可能形成"不稳定因素"。

其三，商品房交房时间参差不齐，选择商品房不利于征地农转非人员整体搬迁，这无疑会增加城市建设的时间成本。我们似乎可以提前要求被征地人员早点购买商品房，那就必须将征地补偿款和住房安置款早点发放，姑且不论时间提前量和补偿安置标准如何确定，提前发放补偿安置款项也会面临如何筹集的难题，提前发放也增加了城市建设的资金成本。

其四，通过"货币化安置住房"，让农转非人员与城市居民交融居住，似乎可以形成城市原有居民对农转非移民的良性引导。但这种理想的预期是否能够实现，则存在着疑问。因为农转非人员自身的文化素质、传统习惯、社会网络等与城市居民的差距，现实运行时可能出现农转非人员“被孤立”，反而阻碍或延缓其城市化。

（二）集中建设集中安置农转非人员住房的现实性与优越性

一是政府可以有效地筹措资金，集中和高效地将资金使用在社区基础设施（道路、电力、通讯、广电、给水、排水、燃气、绿化等）、公共设施（社区管理、文化娱乐、教育设施、休闲活动、商贸服务、医疗卫生等）及对外交通的建设上，为征地农转非人员的可持续生计和城市的和谐与可持续发展奠定良好的基础。

二是集中建设还建房，创建征地农转非社区，有助于促使农转非人员调试心理，实现城市居民的身份认同，更快更好地融入城市。征地农转非人员集中住在一起，彼此熟悉，互相照应，心里感到比较踏实，有助于他们化解一些困惑与矛盾；农转非人员诸多问题的凸显必将使农转非社区成为政府帮助的重要载体，使农转非小区和农转非社区成为农转非人员在其中的培训、规范、锻造……的“学校”，促使其接受城市文明、实现非农就业，将来或者自己创业发展或者工作升迁发展或者子女成才立业等等而慢慢搬出农转非小区，其城市化之路走得就顺利、平坦得多；这些搬出小区的成功案例反过来又激励和促进着其他农转非人员的成长与发展。如此，便形成良性循环。

三是农转非小区还会成为城市一道亮丽的风景线。目前的确出现了一些困难、一些迷惑，但随着时间的推移，一个又一个新的农转非小区正在变得更加的布局合理、配套完善、环境优美，且与城镇发展更加协调。同时，农转非人员早期依托土地、依托农耕而形成的乡村文明，其中的优秀品质如朴实待人、亲情浓郁、逢年过节热热闹闹……，如果在农转非小区生根发芽，与城市文明有机融合，则会使农转非小区变得富有特色、富有魅力。

四是农转非社区管理对城市社区管理将形成一定的探索性与示范性。目前我国社区建设还没有成熟的理论和实践模式（管志利，2008），社区管理一直是社区建设和社区发展中薄弱的一环（谭晓辉，2008）。农转非社区作为一种新型的社区形态，由于农转非人员自身的文化素质、就业技能、思想观念和生活方式等多方面的问题，使其与传统的城市社区存在着极大的差别（沈小红，2007）。加强对农转非社区建设、管理、服务的探索，无疑将对城市社区的建设与管理提供有益的经验。

第二节　农转非小区优化：构筑城市生存发展之基

征地农转非小区已经出现，将来还会进一步增多，其对征地农转非人员的城市生存与非农就业的影响就不容回避。因此，有必要从硬件和软件两个方面着力探索征地农转非小区的建设优化，着力推动和实现征地农转非社区管理创新，使之成为促进农转非人员就业的重要力量。

一、农转非小区的功与过

作为农村居住地的替换，住房环境和条件比以前有所改善、住房设施比以前增加、住房质量提高等（钟梅燕，2008），农转非小区曾经带给征地农转非人员诸多的欣喜与憧憬，也为城市化建设作出了积极的贡献。在四川德阳市，东升村的许多群众听说为他们准备的农转非小区——“旌南小区”要动工，一大早就来到施工现场看“热闹”，当得知明年就要住进宽敞明亮的电梯公寓时，村民们高兴地说：“我们感谢政府对老百姓的关爱，修这么好的房子，以前我们住的是小二楼，住的时间也比较长了。电梯公寓好，我们从来没住过。”(李玉萍，2009)

然而，随着时间的推移，农转非小区的一些问题开始显现，特别是一些硬件问题日渐突出，农转非人员开始不满意。于浩淼、陈绍军对“仙居雅苑”安置社区的调查显示，35.71％的农转非人员“对住房不满意”，对邻里关系的满意度下降且幅度较大(于浩淼、陈绍军，2007)。在一些地方，农转非小区甚至面临“城市旧房改造”的尴尬。归纳起来，农转非小区硬件方面的问题主要有以下四条(顾高英、朱孔芳，2004；钟瑶奇，2005；牟跃进、江渝、周定华、孟昭霞，2006；邓小虎，2008)。

其一，农转非小区的空间选点不够恰当，致使农转非人员出行不便。在“仙居雅苑”安置社区，50％的农转非人员认为交通条件比征地前居住地“更差”。

其二，农转非小区内部规划布局不够科学。普遍存在道路窄、绿化少、环境差、停车位不足、文体活动场所小等缺陷。重庆市高新区渝州路一居委会社区没有消防通道，也没有消防设施；房屋之间间距小，显得拥挤、陈旧。

其三，房屋质量不高。表现在存在异形房、墙体开裂、房屋渗水漏水、楼内道路狭窄等。

其四，公共设施配置不全，维护不力。如重庆市高新区石桥铺街道埝山苑社区的下水道、化粪池由于进水管粗，出水管细，经常发生堵塞；上海市浦东新区丹桂小区老围墙破损严重影响小区的安全和美观；重庆市高新区高新园天宫殿社区存在无垃圾场、果皮箱的情况。

究其原因，主要是在农转非小区规划、建设时重视不够，投入不够。在重庆市高新区，为了降低建设成本（同时也使农转非人员的购买成本降低），农转非小区没能修电梯房，只能把一栋栋低矮的楼房布置在小区内，上述诸多问题的产生就在情理之中。另一方面，也有后期农转非人员使用不当、农转非社区管理经费不足等原因。

二、农转非小区的建设与完善

（一）农转非小区规划布局原则

一是“小集中、大分散”原则。一方面，实施征地农转非小区集中建设、集中安置征地农转非人员，以实现农转非人员的自助、互助，实现政府与社会对征地农转非人员的扶助、支持的落实等；另一方面，要注意征地农转非小区的集中度恰当，尽可能把征地农转非小区分散布局在一定的城市居民住宅区域内，分散在区域内各居民住宅小区里，如此既有效地规避近年来征地农转非小区集中出现的问题，特别是农转非人员不满情绪、不良习惯的共振问题，因为分散减弱共振，同时又能使农转非人员尽快融入到城市社会生活当中去。

二是“超前规划、渐次到位”原则（钟瑶奇 2005）。一方面，农转非社区是城市社区的有机组成部分，我们不希望农转非社区在不久的将来成为“城中村”，否则将来又需要进行第二次城市改造，不仅成本增加而且又会形成新的移民搬迁。我们更希望它与城市其他社区一道共同进步，共同推进城市的美化、亮丽。因此，对农转非社区的规划应该超前，在规划标准上不能低于城市社区，在规划理念上不能“歧视”，要以公平、公正、和谐为导向，避免或杜绝画地为牢。另一方面，由于资金不足和区域经济发展实力不足的问题，农转非社区的建设又难以一次到位，只能量力而行，先解决农转非人员“住下来”的问题。但是，我们必须留足留够相应的空间，诸如小区停车位、城市公共设施、居民公共空间、社区用房、居民休闲活动场所、幼儿园、小学、环境绿化美化等，待条件和时机成熟而逐步建设到位。如在天津滨海新区的建设中，采取先期谋划好，统一规划、合理布局、综合开发、配套建设的方法，由政府出面组织，以合作或联建的房地产公司为牵头单位，按房地产开发的有关规定进行土地出让、开发、建设、经营、物业管理及招商引资等，有目的、有计划、一步步地进行城市化建设，整体解决农村变城市的问题(张平，2008)。

三是“优势地段倾斜农转非”原则。房地产业的基本标准：“第一是地段，第二是地段，第三还是地段”，可见地段对于房地产的价值具有决定性作用。住宅不仅仅是一种居住形态，也会形成与其相应的社会形态。在城市化建设中，不能把所有优势地段都给了房地产开发商，尽管这对房地产开发商和地方政府都有更多更好的利益收获，但是这不利于城市的整体和谐，其长远的协调成本与管理成本也会较大。相反，如果把优势地段适当倾斜给予农转非小区，让农转非人员居住在此，不仅有利于社会的和谐，而且也有利于就近为房地产开发小区提供物业管理劳动力。

在实践中，厦门的“金包银”是一个成功的案例，提供了良好的启示，值得借鉴。其具体的做法是(图 3—1)：把工业区集中开发、旧村改造和留地安置失地农民有机地结合起来，地方政府将农地征为国有后，统一开发建设为工业园区，形成“金里”，使原来的农用地大大增值；在不影响工业园区生产功能的前提下，就地保留的居民相对集中居住的旧村庄(村集体建设用地)，形成“银里”，因为毗邻“金里”，因此“身价”倍增；在工业区与旧村庄之间的预留用地上新开发商、住楼，形成“金边”，“镶”在旧村庄的外围，既为失地农民经营服务业提供必要的场所，又为工业园区提供食、宿等配套的服务设施，同时也起到“隔断”的作用，维持工业区与当地居民生活区彼此之间的相对独立，以便于市政管理。如此，既解决了工业区集中开发建设的问题，又解决了失地农民生产和生活的出路问题(陈金田，2006)。

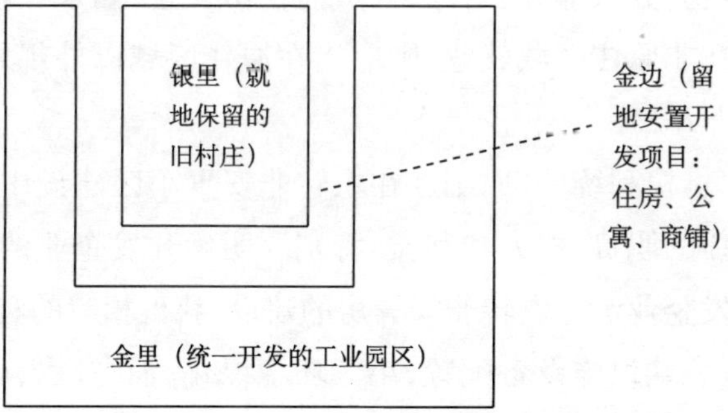

图 3—1　厦门市“金包银”工程示意

在江西南昌市下罗村的征地农转非人员安置中，其安置房坐落在高校附近，部分农转非人员利用空闲的住房开网吧、饭店、旅社以及娱乐场所等，获得了较高的收入，不仅解决了生活来源问题，也提高了他们的市场意识(叶仁荪、曾国华，2008)。

德阳市旌南小区之所以受到征地农转非人员的热切关注和期待，一个重要的原因就在于该小区位于市区岷山路以西、松花江路以南，是德阳市的黄金地段，小区周边与中国二重及大学、小学和医院相邻，交通十分方便；小区北侧规划有占地 20 亩的农贸市场，有 24 种户型供居民选购，小区内幼儿园、地下车库配套完备，绿地率达到 35%等，这些超前的规划建设内容是吸引人的重要因素(李玉萍，2009)。

四是“方便就业”原则。“安居乐业”是人们的普遍追求，但“安居”与“乐业”是并行不悖的；而且在长远意义上讲，“乐业”比“安居”更重要。因此，在农转非小区规划、建设时，还要遵循方便就业原则。即：在征地时首先考虑农转非人员的就业地域分布，根据其就业地域走向分散部分农转非人员的住房安置；如果有较多的农转非人员在非原住区域就业，则应当在原住区域以外规划建设适当的农转非小区。

五是“责权利统一”原则。在农转非安置小区建设中，要明确各相关主体的职责、权力和利益，特别要明确开发企业的责权利。房地产开发企业承担农转非安置房的建设，获得相应的利益，承担工程质量、公共设施设备配置、小区环境绿化、消防、水、电、气、通讯设施、房屋维修、工程验收、房地产权证办理等方面的责任。要防止在房屋竣工交付使用后，因房屋建设的后续管理工作所引发的相关责任问题，切实避免出现开发企业一建了之不负责任、撒手不管的状况（牟跃进、江渝、周定华、孟昭霞，2006）。

六是“充分关注亲情”原则。伴随着农转非人员家庭结构的分裂化与户主年轻化，农转非人员传统的家庭养老模式正在被社会养老所替代，但亲情仍然是农转非人员十分看重的因素。因此，在农转非居住小区的建设中，要充分关注和照顾“亲情因素”，要设置如院落空间等公共空间，以让农转非老人享受亲情（邵峰，2008）。

（二）及时弥补当前的硬件缺陷

对于已经存在的农转非小区，特别是修建年代较早的小区，应尽最大努力进行修缮、弥补和完善。这也是农转非人员目前的强烈期望。笔者在重庆市高新区调查发现，征地农转非人员对房屋及设备的维修和小区治安、小区清洁卫生等寄予较大期望（表3—4）（陈绍友等，2009）。

表3—4　重庆市高新区农转非人员期望加强的项目

项目	房屋及设备的维修	小区治安	小区清洁卫生	文娱活动	小区绿化	休闲设施	其他	合计
比例（%）	49.1	20.9	17.1	4.8	4.1	2.8	1.2	100.0

目前，应根据社区财力的条件允许，优先解决居民反映最强烈的硬件设施问题。当前要优先完善保卫设施，如围墙管理、监控仪器和保安亭等设施；保障卫生设施，如垃圾筒、垃圾集中站以及医务所等设施；增置文化设施，如书报亭、报刊栏和阅览室等设施；提供娱乐设施，如乒乓球室、演艺厅等设施（陈伊哲，2008）。

在农转非小区硬件设施配备与管理上，资金是一个重要的制约因素。笔者建议从土地出让收益中或建设农转非安置住宅项目的总建设成本中按一定比例提取经费，设立“物业专项维修基金”。提取后的资金实行专户储存，由房地产行政管理部门或街道、镇政府进行监管；同时，在农转非小区规划设计和建设上，预留一部分商业用房，其租赁或经营所得的部分收益用于补贴物业管理经费。

（三）约束与激励并举，使小区硬件发挥最大效用

2007 年 10 月 1 日起施行的“国务院关于修改《物业管理条例》的决定”，将“物业管理企业”修改为“物业服务企业”，新的物业管理的定义是指业主通过选聘物业企业，由业主和物业服务企业按照物业服务合同约定，对房屋及配套的设施设备和相关场地进行维修、养护、管理，维护相关区域内的环境卫生和秩序的活动。由此可见，农转非社区硬件设施的管理不仅仅是物业服务企业的事，社区居民也有相应的责任和义务。为此，笔者提出如下建议。

一是应建立科学有效物业管理制度，确保物业保值增值。当前特别要注意建立和完善设施设备运行监控制度，变事后维修为事前预警，不仅节约维修费用，而且保证设施设备良性运转、正常使用、延长寿命。

二是加强“家”文化教育，增强社区就是“我的家”的意识（沈小红，2007）。广大居民更应像关心自己的“小家”那样关心社区的一点一滴，积极参与社区建设，全力爱护社区的一草一木。如此，方能减少社区设施设备不必要的损耗与破坏，实现其正常、有序的使用。

第三节　农转非社区管理与服务优化：拉动非农就业

农转非小区已经出现，尽管还有这样那样的问题，但我们不能因此否认其价值，而应纳入城市管理，用“社区管理”的新思想去建设和管理它；农转非小区还要出现，现有农转非小区管理与服务的优化，将对新生的农转非小区形成良好的示范。如此良性循环，不仅为征地农转非人员营造良好的生存之所，更为他们拓展宽阔的非农就业之地。

一、社区与社区管理

“社区”是社会学中的基本概念，最早是在德国社会学家斐迪·滕尼斯的《社区与社会》一书中提出的。根据美籍华裔社会学家杨庆坤的统计，社区的定义多达140余种，目前较为公认的社区概念是：所谓社区，是以一定的地域为基础，由具有相互联系、共同交往、共同利益的社会群体、社会组织所构成的一个社会实体（张俊浦、李朝，2008）。

社区按其形成的方式可以划分为自然社区和法定社区，按地域可以划分为农村社区和城市社区（曲丽秋、魏红敏，2008）。自然社区是按照居民聚集地自然形成的，其社区划分常常以河流、山丘、建筑群落为界。如农村中的自然村落，城市中新建的住宅小区或生活小区；法定社区是国家行政机关按照行政管理的需要，通过行政区划的规定，并用法律的形式固定下来。如农村中的行政村、城市中的街道办事处辖区、居委会辖区。法定社区往往与自然社区的边界是不一致的，一个行政村可以由多个自然村落组成，一个居委会辖区内可能有一个到多个住宅小区，规模较大的住宅小区也可能被划分为两个或多个社区。农村社区是指居民以农民为主体，其经济活动以农业为主要生产方式的社区。城市社区是指居民大多数从事工商业及其服务业的社区。

自 20 世纪 50 年代中叶始，我国城市社区的基本建制都是建立在单位的基础之上的，职工及其家属的生老病死、衣食住行等各种生活问题都需要依靠所在单位解决(刘月平，2008)。至 80 年代末期的城市社区就存在于各个单位之中，单位以外基本上不存在所谓的社区(刘伟红、刘洪燕，2008)。改革开放以后，随着我国经济体制的转轨，大量非国有企业组织以“单纯的社会劳动场所”面目出现，员工的生活和劳动形成明显的分界；同时，党政组织、国有企业组织与国有公共事业团体等单位内的社会服务职能也逐渐剥离。于是，单位化社区逐步解体，并逐渐向社会化社区转化。社会事务逐步转移到社区里来，人的归属逐渐从“单位人”转变为“社区人”，社区社会服务等方面的任务大为强化；社区已经从计划经济时期那种虚体，转变成为实体，社区管理与服务成为城市社会发展的重要内容，成为各级政府所瞩目的焦点和普通市民关心的热点(李德凡，2008)。

根据 2000 年民政部 23 号文件“关于在全国推进城市社区建设的意见”，将我国城市社区定义为在一定地域范围内的人们所组成的社会生活共同体。目前，城市社区的范围被正式界定为经过社区体制改革后作出规模调整的居民委员会辖区，在居民委员会基础上调整充实的社区委员会则作为社区居民的群众性自治组织，负责社区日常事物的管理（严浩，2002）。因此，我国城市社区由政府划定区域，冠以“社区”称谓，作为城市管理体制中的一个基层单位，并成立相应的管理机构，属于典型的法定社区。

从一般意义上讲，社区功能的完善，有利于建立社会保障体系，有利于对本社区居民开展思想教育、文化体育、家庭文明等活动；整洁优美的社区有利于社区居民的身心健康，社区成为社会物质文明和精神文明建设的重要场所；社区的建设与发展，有助于发挥其内部矛盾协调者、思想工作者的作用，社区已成为关注社会弱势群体、安置更多待业者、发展社会服务的重要载体；社区建设有利于将政府包揽的事务交给社区，减轻政府负担，营造“小政府、大社会”的良好氛围。

二、农转非社区管理

（一）农转非社区管理的新特点

农转非社区是由大大小小的农转非小区按照地域的相近性组合而成的，是由具有共同利害关系（失去土地的相关利益返还）和共同目标（非农就业与城市生存发展）的人——征地农转非人员组成的。

农转非居住小区同城市新建商品房小区一样，既区别于传统农村的村落聚居区，又区别于传统的城市老街坊社区、单位公房社区。其特点有：一是房屋所有权及其所属小区都归属为业主个人所有，住房是农转非人员的最大私产，必须尊重业主的财产权利，依法采取平等协商的立场对待业主；二是城市社区居委会作为城市居民管理的传统主体机构，将逐渐让位于业委会和物业公司，随着业委会的组织健全、作用落实，业委会更被居民所认同；三是业委会与物业公司之间、居委会与业委会及物业公司之间、业主与业委会之间，这些社区组织与政府房管行政部门和街道办事处之间，分工合作、共建社区的良性互动体制机制，需要在实践中总结完善。

农转非居住小区同城市新建商品房小区又有不同。尽管都是地域性社区与功能性社区的结合，但农转非社区的功能性目标更加突出。农转非人员走进城市，首先需要直面生活压力，生产体系被破坏，工作机会、土地和资产丧失，亲属关系团体和非正式社会互助网络被拆散，生产及服务与劳动力市场的联系遭破坏（迈克尔·M. 塞尼，1996），这些问题直接影响到农转非人员的生存与发展。同时，农转非社区居住者老中青均有，其需求和消费能力层次多样，差异明显等，这些都区别于城市新建商品房小区。

因此，经济状况不佳、贫困人口增加、无业待业人员相对集中等的农转非社区，以“老弱贫幼”为主要工作对象的传统的居委会应积极介入，发挥更多更好的作用。实施农转非社区管理，既是农转非人员融入城市的关键环节（孙璐，2009），更是政府对实施征地农转非人员补偿安置后续支持的依托与载体，是政府保障征地农转非人员权益、安置征地农转非人员的有效途径（陈伊哲，2008）。

（二）农转非社区管理基础薄弱

其一，农转非人员社区意识淡薄，社区人文环境差。“城市已经形成自身特有的城市心理，与乡村心理迥然不同。城市人的思维方式是因果论的，理性方式的；而农村人的思维方法则是自然主义的，幻想式的”(R. E. 帕克等，1987)。征地农转非人员一夜之间成为了城市居民，但其思想观念、行为举止、生活习惯还保留了农民的特性，再加上其自身素质的影响，居民的社区意识薄弱，主要表现在：大多数居民并不认为社区是大家共同的家园，更没有意识到社区建设有自己的一份责任，认为社区建设是政府和管理者的事情，因而参与性不高，社区缺乏组织力和凝聚力；卫生和环境保护意识差，不懂得去保护社区环境，许多住在楼上的居民把垃圾往楼下随手一丢，不仅破坏了社区的卫生，还经常引起楼上楼下的居民争吵；对社区治安、管理、教育等工作的看法多呈负面，如认为社区保安“坐着便有得吃”，自己“坐着却没得吃”而十分不满，居民往往把管理人员视为自己的对立面；脱离土地失去原有作息方式，原来几代同堂的传统生活方式也因为城市居住条件限制而改变，许多人缺少精神和经济支撑，心里变得烦躁不安，少数游手好闲，打架斗殴，影响社会治安(吴绍琪、薛育余，2004；沈小红，2007；严敏，2009)。

其二，征地遗留问题形成不稳定因素。农转非补偿的标准是随着时间变化而变化的，不少农转非小区的居民是在不同的年份农转非的，因此享受的补偿安置费用标准不一样、住房安置标准不一(表3—5)(陈绍友等，2009)。标准的差距必然带来农转非较早人员的心态失衡。一个农转非小区住着不同年代农转非的人员，便会使这类矛盾更加突出，部分农转非人员更因此闹事。另一方面，伴随农转非人员子女逐渐长大成人、结婚生子，其住房问题因为收入限制难以购买新房，便出现“啃老”一族，现有住房的居住困难突出。“心理不平衡”与“现实困难”两相促动，形成恶性循环。

表 3—5 重庆市高新区农转非住房安置标准变化

<table>
<tr><td>项目</td><td colspan="4">时间</td></tr>
<tr><td rowspan="2">安置方式</td><td>20 世纪 80 年代</td><td colspan="3">1993 年后</td></tr>
<tr><td>因为征地数量少，一般采取调整宅基地自建还建房或分配公房</td><td colspan="3">1993 年后开始采取集中修建还建房统一安置的方式。1999 年形成统筹优惠购房、完全货币分房和货币安置后优惠购买经济适用房三种方式（渝高技[1998]186 号文），实施中没有人选择第一方式，极少数人选择第二方式</td></tr>
<tr><td rowspan="2">住房面积</td><td>1995 年 7 月 14 日前</td><td>1995 年 7 月 15 日至 1998 年 12 月 31 日</td><td>1999 年 1 月 1 日至 2007 年 12 月 31 日</td><td>2008 年 1 月 1 日后</td></tr>
<tr><td>分得开、住得下，没有统一标准</td><td>15～18 平方米/人</td><td>20 平方米/人（实施中逐渐达到 30 平方米/人）</td><td>30 平方米/人</td></tr>
</table>

其三，物业管理费难到位，物业管理呈亏损状态。一是农转非人员认为安置房的一切经费应由政府承担；二是农转非人员的生活和就业困难，对物管费不愿交或拒交；三是政府对农转非人员住房安置的政策法规相对滞后，尚未完善和配套（牟跃进、江渝、周定华、孟昭霞，2006）。

其四，社区管理组织存在缺陷。一是开发企业被动接受物业管理，管理水平低，服务质量、服务项目和内容也大打折扣；有的农转非小区没有物业服务公司，由小区居委会代收水电气费和负责找人打扫清洁卫生（钟瑶奇，2005）；或者由原先的村干部组成小区管理人员，没有接受过社区管理专业训练（吴绍琪、薛育余，2004）。

二是未组建业主委员会或业主委员会职能履行不到位，物管企业与业主和使用人之间没有建立管理与服务、维权和沟通的联系与对话交流的平台。三是政府行政管理部门职能履行不到位，一些矛盾和问题未及时解决。

（三）农转非社区管理体制创新

农转非社区的管理，既不能脱离城市大社区，又要有效地区分经济管理与社会管理。当前，我国城市社区建设实行以民政部门为主的区、街、居三级管理体系，往往把社区居委会当成是政府的延伸，居委会承担了太多的政府职能（李德凡，2008），其他的组织则没有建立健全或没有履行相应的责任。笔者认为，农转非社区管理既需要居委会及政府部门的大力支持，更需要其他各类组织的建立健全，应当在建立健全农转非管理组织架构基础上进行有效的纵向权力分解与横向职能分工（图3—2）。当前，应注重如下几点。

一是把小区物业管埋独立出来，实行社会化、市场化运作。物业管理的根本任务是物业的正常使用、保值增值，因此它与小区居民的利益直接相关。要采取多种措施让农转非居民认识到，小区物业管理是自己的事，是自己的利益，如何使其正常运行、保值增值，每个小区居民都当尽心尽力；要采取恰当的方式让农转非居民认识到，一味地依赖政府，政府也没有足够的资金来支撑并实现小区物业的保值增值，最终受损的还是小区居民自己。

二是依托地方政府的公共管理与服务大系统，实现农转非小区社会管理与服务与之的有效对接。农转非小区的安全、稳定，居民的就业促进、医疗养老、子女教育、文化建设、民主政治等等，这

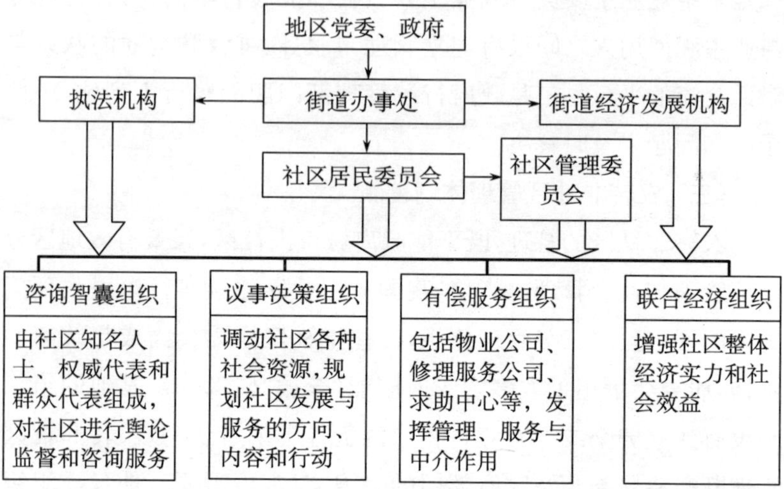

图3—2 农转非社区管理组织结构示意

诸多的社会管理与服务，农转非居民自身的自治组织应发挥作用，但更要依靠地方政府的强大力量；地方政府也要有计划有组织地对农转非小区实施有针对性的管理、服务、引导、扶持。

三是凸显农转非小区和农转非人员的集体经济发展。应积极探索农转非集体经济组织的建设，着力推进农转非集体经济的发展，这既是增加农转非人员经济收入的需要，更是实现农转非人员组织归属感的需要。农转非集体经济组织的建设，可以有多种形式，如早期集体经济组织的发展壮大、被征地后集体资产的有效利用、农转非人员之间的自愿联合、能人带动等等，其中的关键是评估与规避风险、实现有效收益。

四是设立农转非小区宏观决策与咨询机构。可以在农转非居民内部的能人、群众代表基础上，引进相关的专家学者参与，着力对农转非小区发展重大问题的、全局问题、长远问题的决策，实现决策的科学化、民主化。

（四）农转非社区管理机制创新

其一，发挥党和政府的主导作用。现代社会中，政府对社会秩序的形成起着主导作用。无论是政策法规的制定，还是实践中的推动，都离不开党和政府的主导。农转非居住小区的管理，离不开街道办、社区党组织的介入。地方党委和政府应重视农转非居住小区的管理工作，重视业委会工作，重视业主、业委会与物业公司之间纠纷的调解，将农转非居住小区管理、物业管理、业主自治统一纳入到街道办事处的指导范围，加强制度建设、工作指导和监督。

要妥善处理业委会与居委会的关系。从法律意义上讲，业委会与居委会是两种性质不同的组织。业委会是作为住宅所有者对物业实施自治管理的组织，居委会是宪法和居委会组织法确立的城市基层群众性自治组织；业委会服务于房屋所有人即业主，居委会服务于辖区内所有居民，业主与居民并不完全等同，当业主属于投资置业、本人并不在所置房屋中居住时，则业主不一定就是居民，居民也不一定是业主。通常一个居委会辖区可能包含了多个住宅小区，有多个业委会。

根据《居委会组织法》规定，社区居委会的职能有：与业主居住和生活有关的小区物业自治事宜、与居民利益有关的公共事务、社区服务、宣传教育、民事调解、民意反映等。因此，居委会具有行政性与自治性的双重属性，其行政属性使之既要代表社区全体居民的利益，又要像政府组织一样具有代表社会公共利益的立场。当前，居委会应特别强调如下工作。一是协助政府做好与居民生活及利益有关的公共事务与公益事务，完善社区管理和社区服务，如办理老年乘车优待证、办独生子女证等。二是将农转非小区的物业自治纳入居委会的工作内容。居委会应积极帮助、促成小区成立业委会并指导其工作，协调业委会与物业公司之间的矛盾，维护社区稳定；业委会应积极配合居委会依法履行自治管理职责，支持居委会开展工作，并接受其指导和监督。在没有成立业委会的农转非小区，可以由居委会代行业委会职责。三是在农转非小区设立社会工作站，开展面向农转非人员需求的社区服务、贫困救助、和谐小区建设，组织就业培训和就业帮助……有为才能有位，居委会应努力消除与农转非人员之间的陌生和隔离，提高在农转非居民心目中的地位与威信。

其二，选择恰当的农转非小区物业管理模式。“物业”指的是已经建成并竣工验收投入使用的各类房屋建筑及其所属配套设施与场地。社区物业管理是指物业服务企业运用现代管理理念及管理手段，依法或依合同对其负责社区内的居民、房屋建筑及其配套的设施设备、绿化、交通、治安、环境等管理项目进行维护、修缮、整治及服务的过程。社区物业管理使社区内的居民能有优美、方便、舒适、安全、安静的居住环境和条件（曲丽秋、魏红敏，2008）。加强物业管理，有利于保护农转非人员的物权使其充分发挥物业最大功能，有利于为农转非人员创造安全、舒适、文明的生活环境，是“构建和谐社会”的时代元素，是现代政府的重要职责和城市管理的发展必然。

在农转非社区物业管理上，应注意如下三个方面。

一是物业管理机构的选择。对具备实施物业管理条件，且有一定建设规模有一定面积的，可在行政主管部门和街道乡镇的指导下，面向社会以业主自主决定选择的方式选聘或招聘物业服务企业进行管理服务；对建设规模较小，条件尚不成熟的，可在房地产行政主管部门和街道政府的指导帮助下，划定区域范围，由社区居委会将其纳入社区服务范围和社会服务进行统筹安排；对建设较为零散的农转非单体楼住宅，可由业主共同协商自主决定，并在行政主管部门、街道镇政府和社区居委会的指导下，组织业主自治管理。

二是组织以《物业管理条例》为主要内容的宣传教育和培训活动，使居委会工作人员和业主了解和熟悉物业管理和社区服务的相关法规政策知识，积极配合物业服务企业工作，同时将物业管理服务的内容项目、收费标准、违约责任等相关事项明确告之业主。

三是处理物业管理违法案件。物业管理是城市建设管理的重要组成部分，各行政管理部门要严格按照《物业管理条例》规定，加大行政监管力度，对擅自违规装修、违法搭建、损害其他业主合法权益和损害公共利益的行为，以及对长期无故拖欠物业管理费，损坏、偷窃公共设施设备，偷窃他人财物等影响公共秩序的不法行为，视情节轻重给予处罚，公安、消防、规划、建设、国土房管等部门要齐抓共管，对典型案件予以曝光（牟跃进、江渝、周定华、孟昭霞，2006）。

其三，充分发挥先进分子的带头作用。要着力发挥包括社区党员、知名人士、长辈、社会工作者、社区服务志愿者等对社区建设与发展、管理与服务等多方面的积极作用，增强社区居民的主人翁意识。如可以考虑和高校进行联合，建立共建关系，农转非社区可以获得新的高素质的人力资源、教育资源及就业信息、商业信息、社会信息等等，有利于农转非人员扩大交往、缓解冲突、提高素质、促进就业等等；高校亦可就此增加学生实践、丰富教学形式，巩固教学成果，实现“人才培养、科学研究、服务社会”三大功能的有效拓展。

其四，建立严密的监督机制，实行真正的民主自治。应当从建立健全监督制度入手，设立监督管理委员会，加强业主和业主大会对业委会的监管，要求业委会公开自己的工作成果、财务状况等。业委会要有效运作必然要动用财力，只有完善财务制度，才能让业主放心，才能保障业委会的健康发展。各行政管理部门要严格按照《物业管理条例》规定，加大行政监管力度。

三、农转非社区服务现状与期望

（一）农转非社区服务现状

总的说来，农转非社区在条件不佳的情况下，提供了尽可能有的服务，这已属难能可贵。但是，令人遗憾的是农转非社区居民对这些已经提供的服务却感受不明显。也就是说，农转非社区管理服务供给与实际得到的差距十分明显。这可能有调查统计上的问题，但至少可以说明农转非社区服务项目和内容的提供存在严重的落实问题，或者是农转非人员对社区提供的服务项目和服务内容不满意。这是目前农转非社区服务中存在的一个相当普遍的问题，应在项目设置、办事效率、宣传等方面引起足够的重视。

资料1：在对上海市浦东新区农转非社区的调查中，对“社区事务受理中心”和“社区服务中心”的认识，非常了解的人均不到20%；听说过但不了解的人均在2/3左右（表3—6）。而对社区服务中心开展项目满意度情况调查，则有11.0%、0.9%和27.9%的人表示不满意、很不满意和不作答，三者之和（即不满意）达到近40%（表3—7）（顾高英、朱孔芳，2004）。

表3—6　上海市浦东新区农转非人员对社区服务的认识

调查问题		对社区事务受理中心的认识		对社区服务中心的认识	
		填答人次	百分比（%）	填答人次	百分比（%）
填答者	非常了解	57	15.7	63	17.4
	听说过，不了解	244	67.4	240	66.3
	没有听说过，根本不了解	50	13.8	32	8.8
	总计	351	97.0	335	92.5
未填答者	合计	11	3.0	27	7.5
总计	362	100.0	362	100.0	

表 3—7　上海市浦东新区农转非人员对社区服务中心开展项目的满意度

		填答人次	百分比(%)
填答者	非常满意	10	2.8
	比较满意	129	35.6
	满意	79	21.8
	不满意	40	11.0
	很不满意	3	0.9
	总计	261	72.1
未填答者	合计	101	27.9
总计		362	100.0

资料 2:在对重庆市高新区石桥镇柳背桥农转非社区的调查表明:地方政府和农转非社区之间的"供需"不对称。石桥镇政府为了帮助农转非居民适应新的生活做了许多实实在在的工作,然而,据调查发现,在完成安置工作之后,柳背桥农转非社区居民更需要解决的是就业、社保、医保等近乎"温饱"层次的问题,因而对镇政府热心为社区美化环境、植树、建设社区体育设施或老年活动中心等公益项目,表现得淡漠甚至反感,于是政府"出力不讨好",干部委屈,群众不满(钟瑶奇,2005)。

资料 3:在对重庆市高新区农转非社区调查中,社区管理服务提高的内容包括小区绿化、送信、只收取成本费的维修服务、小区清洁卫生、小区治安、代缴水电气费等;但农转非人员感受到的服务内容主要集中在小区绿化和环境卫生,二者的比重分别达到74.2%和16.8%,而对小区提供的治安保障、代缴水电气费没有感受到(表 3—8)(陈绍友等,2009)。

表 3—8　重庆市高新区农转非社区管理服务内容及农转非人员感受的内容

内容	小区绿化	小区清洁卫生	小区治安	只收取成本费的维修服务	代缴水电气费	送信	其他	合计
管理人员(%)	20.92	20.45	16.42	10.2	8.42	6.6	16.99	100
农转非人员(%)	74.2	16.8		4.0		4.5	0.5	100

(二) 农转非社区服务期望

农转非人员对社区服务的未来期望,除了小区环境、设施的优化外,还集中体现在小区文化生活与就业帮助两个方面。

首要的期望是加强就业指导。上海市浦东新区张江镇和花木镇抽样调查显示,农转非人员目前遇到的问题最主要的是经济问题和就业问题,两者比例占到近 60%(顾高英、朱孔芳,2004)。

其次是期望增加社区文化生活。社区的文化建设是社区的灵魂。一个具有文化品质的社区,孕育滋养着高文化素养的市民及和谐的社区风貌。大力加强农转非社区文化建设,以满足居民群众的精神文化需求,提高居民群众的综合素质和文化品位,既是社会普遍关注的热点问题,也是农转非社区现代化建设的必然要求。以重庆市高新区为例,农转非人员与小区管理人员均提出了文娱活动与休闲设施,这一方面说明早期农转非安置小区的规划建设缺乏前瞻性,另一方面说明农转非人员对美好生活的向往与追求的愿望比较强烈。

四、农转非社区服务优化

随着经济社会的发展和人民生活水平的提高，社区服务已经呈现出产业化、社会化、网络化的发展趋势，人们不再满足于只提供居住功能的纯居住型社区，而是向往能够提供全方位服务的“成熟社区”。社区开始向能够满足每一位居住者生理、心理、物质、精神等诸方面需要的、具有多种功能的大型生活小区转变，构建社区多样化的服务体系已成为必要之举（沈小红，2007）。征地农转非社区的服务，除了借鉴和靠近城市社区服务体系外，当前还应特别注重如下两个方面的重点。

（一）实施积极的心理疏导，以健康向上的心态去争取就业

无需讳言，农转非人员在被征地后一段时期里，对城市的陌生感、恐惧感，使其呈现出这样那样的问题，有时候这些问题还表现得比较强烈，也让相关的部门和人员大伤脑筋。诸如生活散漫无序、时间观念不强、坐享其成、不思进取、对低收入的进厂打工热情不高、面对城市社会的排斥与歧视而自暴自弃，在生活困难的压力下出现不满、冲突、感染与从众心理和侥幸心理（李敦富，1994；张春龙、聂玉梅，2001；林民书、李文溥、林枫，2002；姜作培，2003；张传华、邓凌、邱道持，2005；郁晓辉、刘海波，2006）。这些问题，有些是正常的，有些是不正常的；采取积极的措施，是可以较快转变的，不采取积极的措施，则可能会存在较长时间，带来较多消极影响。以“是否融入城市成为市民”为例，尽管已经住进农转非小区，时间也不短了（如重庆市高新区农转非人员进城最短的也已 2 年），但仍有较多的农转非人员认为“自己还是农民”，也有较多的城里人

认为“他们还是农民”(表3—9)。反思其原因,农转非社区自身建设发展的滞后及其对农转非人员心理疏导不够,是一个十分重要的原因。

表3—9　征地农转非人员是否融入城市并成为市民的调查

调查对象	调查对象的看法		
	是	不是	说不清
重庆市高新区农转非人员(%)	38.1	25.9	36.0
江苏“仙居雅苑”安置社区农转非人员(%)	39.29	46.43	14.28
江苏“仙居雅苑”安置社区城市居民(%)	23.53	58.82	17.65

从理论上看,由于环境的巨大变化,农转非人员的心理和行为发生新的变化,是必然的、正常的。但是,如果任其自然变化,不实施积极的心理帮助和其他帮助,则是不正常的,将会影响社会稳定,不利于农转非人员的就业与在城市的发展。国外移民研究的成果表明,移民在移民后表现出四种趋势:混合、隔离/分离、同化、边缘化(Berry,1980)。显然,我们的期望是让农转非人员尽快地实现“同化”和“混合”。因此,我们不能不作为或少作为,不能任其自然变化,而应实施积极的心理疏导。

征地农转非人员进城后的心理现象不是从无到有的认同过程,严格说来是从“原有”到“破裂”,再到“重建”的过程(于浩淼、陈绍军,2007)。基于此,笔者建构了征地农转非人员走进城市心理演变模型(图3—3)。

从初期的“焦虑与徘徊”到中期与城市居民的“心理互搏”,再

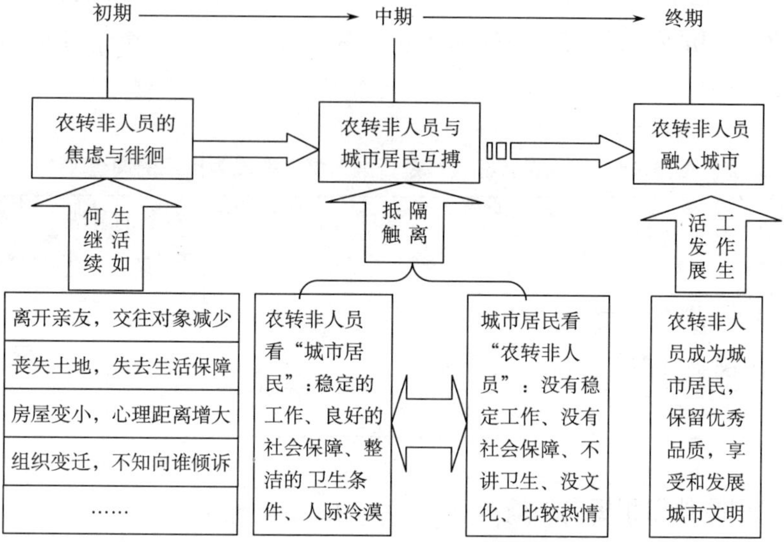

图 3—3　农转非人员走进城市心理演变模型

到后期与城市居民“协调交往”，直至最终“完全城市化”（孙俐，2004；于浩淼、陈绍军，2007；赵同春，2007）。在农转非人员进城后的心理演变中，建设农转非社区，是调动多方面力量，对农转非人员实施积极有效心理疏导的重要载体和重要路径（邱兴，2008）。这是因为，征地农转非人员的再社会化，成为新的市民，必须在新的城市社会组织的基础上加以解决。社区建设与服务、管理，正是推进其有序的再社会化的组织载体（彭穗宁，2005）。农转非社区同其他城市社区一样，具有较强的教育功能，通过社区的建设与发展，发挥社区教育功能，不仅有助于农转非人员文化素质、非农技能的提高与完善，更有助于农转非人员思想意识的转变与优化。

笔者认为，可以从以下几个方面着力。

一是做好思想引导和教育动员工作，加强心理健康教育。通过多种有效的形式与途径，帮助征地农转非人员客观看待目前的暂时困难，引导他们正确处理得与失、现实与未来的关系，学会处理自身与周围他人、与社会的关系，培养良好的心理适应和情绪控制能力，以积极乐观的态度对待生活，消除内心的自卑感。深入了解实际情况，对征地农转非人员思想、态度和所扮演的角色进行调适，培养城市文明所需的健康礼仪、城市生活常识、公共意识、人际关系意识、发展意识和危机意识等。

二是加强农转非社区文化建设，创造良好的文化环境。要积极引导他们积极参加健康有益的社区文体活动、休闲娱乐活动，以减少打麻将、赌博等不良生活习惯以及过于追求物质享受的世俗观念的不良影响。通过开展丰富多彩的社区文化活动，如"家庭读书活动"、"文化角"、"广场文化"、"社区文化节"等，来丰富居民的精神生活，陶冶居民的思想情操，增进居民之间的交往和友谊。通过创建安全、卫生和文明社区，改变农转非社区治安、卫生环境较差的状况，帮助农转非人员养成健康、文明的生活习惯和方式；通过创建和谐社区，提高农转非人员的公德意识、环保意识、法纪意识，融洽邻里关系；通过创建学习型社区、学习型家庭，改变农转非人员社区及家庭中文化氛围欠缺的问题，促进他们交流沟通能力的发展和社会活动能力的提升。如此，农转非人员与城市原住民之间的文化差异就会逐渐减小或消失。

三是加强新老市民交流，拓展城市社会交往网络。一个劳动力要找到一份工作，既需要有比较高的人力资本，也需要一定社交网络提供的就业信息。消除农转非人员与城市居民的自然空间隔离与心理空间隔离，增加交往的机会，不仅使他们受到城市文化熏陶，让他们逐渐按照城市人的思维方式、生活方式进行思考和行动，为其融入城市奠定基础，更重要的是使征地农转非人员逐渐拥有城市人朋友，扩大拓展城市社会交往网络，获得更多的就业信息。因此，应着力改变城市原住民与农转非人员的心态，促进两者友好交往、和谐相处。改变城市原住居民对农转非人员的偏见和"高人一等"的心态，改变农转非人员对城市原住居民的抵触心理和"自卑联着的自傲"，促使双方相互接纳；帮助农转非人员尽快适应城市主流文化、养成城市主流文化所推崇的良好行为习惯，从而消除他们在城市融入方面可能遇到的社会排斥。建立社区服务志愿者队伍，为农转非社区输入城市文明，通过"定期联络"、"接对子"、"专题研究"等方式，推进农转非人员的城市融入与农转非社区的建设发展。

（二）建立和完善农转非社区就业服务体系，实施积极的就业促进

笔者认为，应从就业岗位、就业信息、就业培训、创业帮助和输出就业五个方面建构农转非社区的就业服务体系（图 3—4）。

其一，社区直接提供就业岗位给征地农转非人员。社区本身就是农转非人员就业的一个重要平台。据有关专家统计，发达国家的社区就业份额为 20%～30%，发展中国家一般为 12%～18%，我国只有 3.9%，即使按照发展中国家的最低水平，把我国的社区就业份额提高到 12%，就大约可以增加 2 000 万个就业岗位（杨宜勇，2002）。有调查显示，有一部分农民成为社区或征地企

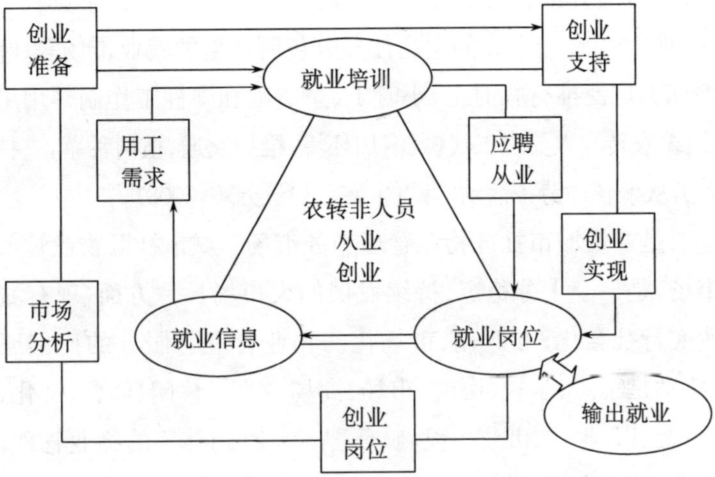

图 3—4　农转非社区就业服务体系

业的保安、物管、绿化工和园艺工等，这是一个很好的方向（张海波、童星，2006）。社区服务技术含量低，工作相对稳定，雇用征地农转非人员为社区的环境卫生、社区的治安以及社区的物业管理的工作人员，符合农转非人员的技能素质，他们也比较容易接受，因而是成功地实现部分征地农转非人员再就业的重要途径（陈伊哲，2008）。同时，通过农转非社区物业管理与服务岗位的锻炼，还可以为城市居民小区输出劳动力，实现农转非人员再就业路径的新拓展。因此，应当积极开发社区就业岗位（李俊夫，2004）。

一是开发发展城市社区服务业（如养老服务、生活服务和家政服务等）、城市公益性岗位（包括城市清洁卫生、保安、绿化养护、交通协理、市场管理等）、城市商业服务业（如街头摊贩、医院陪护等）及正规企事业单位雇用的临时工、劳务工和承包工，企事业单位后勤社会化以及一些加工制造企业的生产任务分包所产生的就业市场等（叶继红，2007），广泛推行临时工、小时工、季节工和弹性工作制等用工制度，组织农转非人员以工代赈、清扫环境、维护交通、植树种草，支持失业人员从事各种劳务活动（肖更生、李崇光、苏竣，2008）。

二是开发城市社区物业管理服务市场。城市社区物业管理服务市场，是一个十分稳定、持续发展的大市场。一方面，现有城市物业实行社会化、专业化、市场化的物业管理与服务的比例还不高，特别是工厂、学校、医院、市场、商场、娱乐、休闲、体育、文化、机关、金融、IT业、城市公用设施、环卫、市政、园林等的物业管理，大多还是由单位的后勤、行政部门在管理，随着其向市场化运作、专业化管理方向转轨，其物业管理与服务人员的需求量将十分巨大。另一方面，物业管理服务市场不像其他行业有行业周期性的影响、泡沫性的危机，只要有城市的存在，人们在城市中就有物业服务消费，就需要物业服务人员。而且，随着城市居民提高生活质量的需求逐渐走强，物业管理服务的生命力还会逐渐旺盛。有学者提出，一个城市的优美度、文明度，取决于这个城市的物业管理的深度和广度；一个城市的物业管理覆盖率达到85％以上，这个城市就能真正成为优美的文明城市（胡勇、李自然，2005）。同时，物业管理服务不是一项简单的服务性劳动力的付出，而是一项集几十种乃至上百种职业于一体的综合性服务工作，物业管理服务有近400项工作，它能吸纳多种人员入职，而且不限年龄、学历、资历、性别、容貌，只要身体健康，具备诚、勤、能的基本素质，经过专业培训取得从业资格证书就可成为一名合格的物业管理从业人员。因此，城市社区物业管理服务，也是征地农转非人员就业的重要渠道。

三是城市基础设施建设为农转非人员提供就业机会。通过综合规划建设城市的居住建筑和学校、医院、卫生院、图书馆、供水、供电、通信、排水、道路、桥梁等设施，为农转非人员提供大量就业机会。

四是建立就业基地。如南昌市部分村利用征地补偿款提留部分在学校或人口流量较大的区域建立农转非人员就业基地，通过就业基地为农转非人员提供就业机会（叶仁荪、曾国华，2008）。

其二，利用社区优势收集用工信息提供给征地农转非人员。利用社区优势构筑社区、社会、企业一体的就业服务网络，收集用工信息，根据农转非人员的年龄、体能、文化程度，结合用人单位的要求，有针对性地推荐就业（案例 3—1）（王晓莉，2006）。

农转非社区就业信息服务从两个方面展开。一是用工信息的寻求、汇集、挖掘，通过恰当的方式转送到农转非人员那里，或者让其自己去求职、应聘，或者请用工单位到农转非社区集中招聘，或者提供给农转非人员就业培训机构进行相应的培训与指导。二是发掘农转非人员的技能技巧与就业需求信息，配合相应的市场信息，引导农转非人员就业或创业。

案例 3—1　信息联络员：巴心巴肝帮老乡

"我这个月的电话费大大超支了哦！"近日，在鸳鸯街道成人学校，送农转非人员前来参加培训的南山居委会妇女主任、就业工作信息联络员李福琼跟经开区就业办副主任刘平开起了玩笑。

原来，李福琼经常带人去参加招聘会，企业要用工时，常常直接把电话打给她，于是她的话费一路上涨。

经开区的就业工作信息联络员从村（居）干部中挑选。信息联络员有专门的任务：走村入户，对农转非人员就业、子女读书等情况进行详尽调查，并建好台账，为经开区制定就业政策打好基础；宣传就业办发布的就业信息和就业政策；每月召开例会，接受培训和工作考核。礼嘉镇横梁村信息联络员毛代美以实际行动转变农转非人员的就业观念。有部分人看不起服务性的工作，她就将自己的女儿介绍到经开区职工食堂就业，女儿不愿意去，毛代美就反复开导她，给她讲行行出状元的道理，得到了女儿的理解和支持。在她的带动下，群众相信了她的宣传，转变了观念，部分群众开始放下架子，纷纷主动求职。

平场村30岁的陈兴友有泥水工的手艺，但有点懒，转非后成天东游西逛。村支书、就业工作信息联络员李绵明多次给他讲道理，转变他的观念，使他克服了不良行为，帮他找到了工作。

毛代美听说横梁村二组的农转非人员白家林，在人和镇开办了一个消声器材厂，有上百平方米的厂房，属下职工几十人，便积极与白家林联系。后来，该厂在横梁村招用了30多人。

信息联络员深入大街小巷、田间地头，去年就帮助经开区4 368名农转非人员实现了就业。

其三，组织和挖掘社区就业培训资源，发展社区教育，提高征地农转非人员的就业能力。社区教育是在一定地域范围内，充分利用各类教育资源，旨在提高社区全体成员整体素质和生活质量，促进区域经济建设和社会发展的教育活动，其主要特征是"全员、全程、全面"(骆建艳、周春蕾，2008；江跃鱼，2005)。发展社区教育是现代社会的一大必然趋势。现代社区教育发轫于19世纪中叶北欧国家，至20世纪末，全球已有70多个发达与较发达国家通过社区教育来促进人的发展、社区的发展，进而促进国家的现代化发展。我国于1993年的"中国教育改革和发展纲要"第一次提出了社区教育的概念，尔后，随着我国城市化和工业化进程逐渐发展起来。2004年12月，教育部出台了"关于推进社区教育工作的若干意见"，要求到2007年，全国社区教育实验区要扩展到各省、自治区、直辖市，东部地区的全国社区教育实验区居民年培训率逐步达到80%以上(江跃鱼，2005)。

在农转非社区教育上，要注意如下三个方面。一是组织和挖掘社区就业培训资源，有针对性地对农转非人员进行培训，使其掌握相应的就业技能，实现就业。二是进行理财教育，引导农转非人员将补偿费用支配适当，避免一时的任意挥霍，生活很快陷入困境。三是为征地农转非人员提供多种方式的法律援助，为其能够接近法律，平等地享有行政救济的权利建立畅通的渠道。对侵犯失地农民就业安置利益的地方政府和单位，应该有法律依据查处，严惩损害征地农转非人员就业安置的有关人员。要努力开展有关政策、法制维权、职业道德、安全、社保等内容的宣传培训，使他们熟悉《劳动法》、《安全生产法》、《职业病防治法》、《消费者权益保护法》、《治安管理处罚条例》等法规,增强遵纪守法意识,保护自身合法权益。

其四,为征地农转非人员自主创业提供切实有效的帮助。在农转非社区就业服务体系建设中,还应鼓励农转非人员自主创业,引导他们找到适合自己的创业形式,如饮食、服装等个体经营。政府部门应优化农转非人员的创业环境,降低创业门槛,在工商、税务、信贷等方面提供方便和优惠,并且提供创业资金借贷业务,减免税收以及其他办证、缴费款项,提供适当的优惠政策,帮助农转非人员自主创业。

其五,通过社区组织"劳务输出",将是农转非人员就业的新选择。征地农转非人员生活在城市边缘,受市场经济的影响较大,部分农民早有"走出家门闯世界"的勇气和经验。因此,有组织、有重点、有针对性地开展劳务输出,应是解决失地农民就业的思路之一。不仅可以走出本市、本省,还可把劳务输出到国外。例如,在成都市温江区,从 1993 年至今,通过对外输出劳务,共有 2 000 多位温江人前往日本、韩国、新加坡、以色列等国,活跃在建筑、缝纫、厨师、医护、农业等行业。据不完全统计,十年来这些人至少为家乡带回了 1 亿元人民币(张亚、郑予捷、潘渝棱,2005)。

第四章　就业促进与征地农转非人员培训

培训是提高技能、转变观念的重要措施。征地农转非人员非农就业的初次实现，需要积极、有效的就业培训。现实中众多部门分散培训的效果不佳，应推进就业的市场化运行，政府部门从培训的具体运作转向培训机构的培育、引导与管理、调控，转向培训市场的管理，培训机构着力研究征地农转非人员的培训需求与就业市场特点，着力开发有针对性的培训产品，这是提高培训效率与效果的有效路径，也是市场经济体制的基本要求。

第一节　培训与农转非人员就业的内在关系

一、培训的内涵及一般价值

（一）培训的基本内涵

何为培训，至今没有一个统一的定义，笔者在综合关于培训的一些有代表性的观点基础上（表 4—1），将培训定义为：社会上所有人员为适应就业、发展或其他需要而以一定的方式(包括现代网络技术的应用)进行的有关知识、技能、行为和态度的一种短期教育活动。它包括如下几个方面的基本内涵。

◎ 培训不仅仅是企业对自己员工的培训。随着知识经济时代和学习型社会的到来,继续教育和终身教育得以大力提倡,非学历教育由边缘走向核心,培训的参与者也大为扩展,社会上所有人都需要参与培训。

◎ 培训的目的是使受训者掌握一定的技能从而适应工作需要,进而最大限度地提高其现在和将来的工作绩效。

◎ 培训是一种活动,是传授知识、技能、行为和态度的一种训练活动。

◎ 培训的方式多种多样,有各种机构、各种组织开展的培训,也有自己自学提高的培训。

(二) 培训的一般价值

1. 培训通过改变人力资本结构促进经济发展

美国著名经济学家、人力资本理论的创始人、诺贝尔经济学奖获得者西奥多·舒尔茨指出,“在经济增长中,人力资本的作用要大于物质资本的作用。人力资源质量的改进是经济增长的一个源泉。人力资本理论的核心是提高人口质量”(西奥多·W. 舒尔茨,1990)。“改善人类福利的决定性生产要素不是空间、能源和耕地,决定性要素是人口质量的改善和知识的增进。”(吴爽等,2008)对社会发展来讲,人力资本的一般价值表现在以下几个方面。

表 4—1　关于培训内涵的几种代表性观点

培训的界定	文献来源
培训是指创造一个环境，使受训者在其中获得或学习特定的与工作要求密切相关的知识、技能、能力和态度。	欧炳进、张育新、林克慧：《人事管理学》，广东高等教育出版社，1986 年。
培训是指给新雇员或现有雇员传授其完成本职工作所需的基本技能的过程。	[英]贝纳德·泰勒、[美]戈登·利皮特合编，陈今淼译：《管理人员发展和培训手册》，清华大学出版社，1987 年。
培训是指各组织为适应业务及培育人才需要，用补习、进修、考察等方式，进行有计划的培养和训练，使其不断更新知识，拥有旺盛的工作能力，更能胜任现职工作及更重要职务，适应现代社会知识、技术、管理等多方面的深刻变化。	张一驰：《人力资源管理教程》，北京大学出版社，1999 年。
培训是指向员工传授工作所需知识和技能的任何活动，是与工作有关的任何形式的教育。	洛丝特：《人力资源管理》，中国人民大学出版社，1999 年。
培训是根据企业实际工作的需要，为了使员工获得和改进与工作有关的知识、技能、动机、态度和行为，以提高劳动者的素质和能力，提高其工作绩效和对企业的贡献而对其实施的有计划、有系统的培养和训练活动。	关培兰、刘学元：《如何做培训》，大连理工大学出版社，2000 年。
培训是指企业有计划地实施有助于员工学习相关知识、技能和提高相关工作能力的活动，其目的是让员工掌握培训项目中强调的知识、技能和行为，并应用于日常工作当中。	吴菁、王虹、蒋文莉："如何建立适应企业发展战略的员工培训体系"，《江苏商论》，2003 年第 4 期。
按照联合国教科文组织的定义，培训是指为达到某个目的或完成某一类特定工作，而计划传授所需要的有关知识、技能和态度的训练。	张社梅："中国培训市场研究"，西北农林科技大学硕士论文，2004 年。

续表

培训的界定	文献来源
按照《新华字典》的解释，“培”有两层意思：一是在（植物、墙、堤）根基部分加土；二是育养。“训”亦有两层意思：一是教导、斥责；二是可以作为准则的话。	《新华字典》，商务印书馆，1986年。
培训是“培养”和“训练”的结合，既要注重短期的训练，更要注重长期的培养，企业才可以良性发展，员工才可以找到自己的位置，从而实现双赢和多赢。	“培训：‘培养’和‘训练’之间”，中国人力资源网，2005年。

其一，人力资本的投资是经济持续增长的决定性因素和长久性动因。经济增长的基本问题并非投入多少数量的物质或实体性要素，而是经济社会中拥有的创造财富的能力，即知识资本（所谓“知识”、“技术进步”等）和存在于活的人体中具有积极的、能动的创新功能的人力资本的赋存、积累和形成能力（秦启轩，2003）。一国的人力资本积累越丰富，其国民的科学文化素质越高，那么各种制约经济增长的传统的思想意识和道德观念就会被创新进取意识、良好的职业道德水准和企业家精神所取代，从而增强经济发展的动力和后劲，为经济的腾飞和持续发展提供重要的前提。

其二，人力资本的形成和配置是产业结构高度化和合理化演进的主要诱导因素和推动力量。人力资本影响产业竞争力的提高、催生新产业的形成。

其三，人力资本能使生产要素的收益递增（兰玉杰、陈晓剑，

2003)，人力资本投资是实现经济集约型增长方式进而实现可持续发展的重要推动力。对个人来讲，人力资本的积累和发展，是提高社会福利和实现人的全面发展的必经之路。积累和发展人力资本意味着人们自由选择的空间扩展、改善自身福利的途径和机会增大；加强人力资本投资，提高人力资本存量，也是经济发展过程中解决“脱贫致富”、“两极分化”等问题的现实有效途径。因此，当今世界，从个人到组织再到全社会，人力资本已经受到了高度重视。特别是在市场经济的“分散决策机制”的条件下，人们更多地关注自身的成长与发展。

于是，培训对“人的成长与发展”具有越来越重要的作用，培训已经成为现代人力资源开发的一项重要内容(谭志豪、谢奕，2002)；几乎没有任何人可以抗拒培训(李慎恒，2003)；“未来唯一持久的优势，是有能力比你的竞争对手学习得更快”(彼得·圣吉，2006)。因此，培训已经成为普遍的共识，无论是从各级政府打造“学习型社会”、各类组织培育“学习型团队”，还是中国最广大的公民对子女就业的资金和精力的最大限度投入，都可以得到证明。总之，我们需要“形成全民学习、终身学习的学习型社会”，需要“加强职业教育和培训，发展继续教育，构建终身教育体系”。

2. 培训帮助个人积累人力资本并实现长远发展

人力资本指投入到生产中的人的知识、技能、体力、经验等要素的总和。人力资本的欠缺，不仅影响个人当前的就业水平，而且制约其长远发展。人力资本的形成与积累是一个系统过程，舒尔茨认为，人力资本投资包括五个方面的范围和内容。①卫生保健设施和服务，概括地说包括影响人的预期寿命、体力和耐力、精力和活动的全部开支；②在职培训，包括由商社组织的旧式学徒制；③正规的初等、中等和高等教育；④不是由商社组织的成人教育计划，特别是农业方面的校外学习计划；⑤个人和家庭进行迁移以适应不断变化的就业机会（西奥多·W. 舒尔茨，1990）。笔者认为，遗传素质、身体状况、社会保障、职前教育、人才市场优化配置、经济社会环境支持、组织用人机制优化、岗位积累与职业感悟、培训进修等多种因素，共同为人力资本的形成与积累"添砖加瓦"（图4—1）。

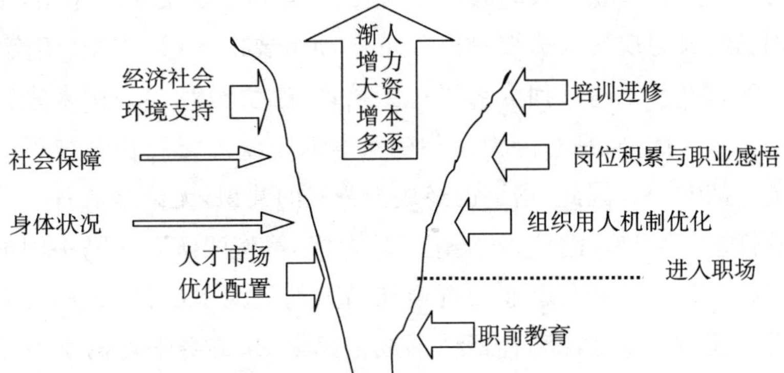

图4—1 人力资本的形成与积累过程模型

在个人人力资本形成与积累过程中，学习和培训是重要手段与主要途径。因为"遗传素质"、"人才市场优化配置"、"组织用人机制优化"、"社会保障"、"经济社会环境支持"等因素相对既定或个人相对难改变，而"身体状况"、"职前教育"、"岗位积累与职业感悟”和“培训进修”是个人可以着力的。其中，后三者都属于学习和培训的范畴，特别是在进入职场后，“岗位积累与职业感悟”和“培训进修”更是个人积累人力资本的着力点。马克思在《资本论》中指出，“要改变一般人的本性，使他获得一定劳动部门的技能和技巧，成为发达的和专门的劳动力，就要有一定的教育和训练”。美国社会学家布劳—邓肯在《美国职业结构》一书中也指出，在一个特定的社会中，有些劳动力在受教育、技术和能力等方面处于相对弱势地位，他们往往更难获得就业；在决定个人前途的诸多因素中，教育最为重要，教育程度之差异，足以导致不同行业、不同职业、不同前途的发展（许欣欣，2000）。因此，在全社会高度重视教育培训、提供多种教育培训路径的同时，个人积极主动地参与其中，是个人人力资本形成与积累的关键。正所谓“外因是条件，内因是关键”。当今社会，任何个人都当有学习培训的主动性、积极性，主动去寻找和接受多种有益的教育培训，积极去总结、反思、感悟实践中的训练收获。

二、培训与征地农转非人员就业

征地农转非人员离开农地走进城市，大多会经历“欣喜—苦闷—平静—拼搏—发展”这样一个心路历程（图 4—2）。①征地初期，拿到补偿安置费、住进城市楼房，形成一定的欣喜。尽管他们可能从其他地方获知这笔补偿安置费并不高，但相对于先前的收入，这笔钱也还算沉甸甸；尽管城市楼房在面积、在习惯、在亲友交往等方面尚有诸多的不足，但其敞亮、其出行方便、其与城市文明的亲密接触等，都显示着诸多的先进与文明。因此，进城初期，征地农转非人员会有一定的欣喜和对城市新生活的憧憬与向往。②随着就业困难的日渐显现和征地补偿安置费逐渐减少，而亲朋好友各奔前程，现实的困境加上缺少倾诉，使他们的心里日渐苦闷。③在现实的困境与苦闷中，他们不得不放低身价，接受那些早期看不起的工作岗位，并在这些岗位上获得新的收入和新的交往，心态逐渐平静下来，心理逐渐靠近城市。④随着新的社会关系网络的逐步扩大和一系列现代城市因素的影响，他们开始不满足于现状，开始积蓄力量，开始拼搏奋斗。渐渐地，他们的发展空间被拓展，成功的喜悦激励他们继续拼搏继续发展。

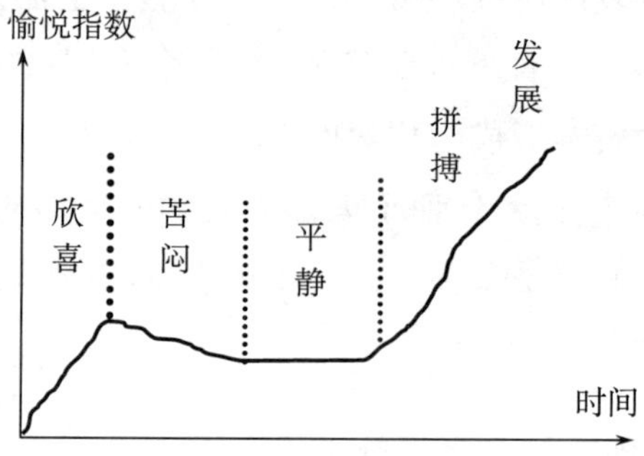

图4—2　征地农转非人员进城后的心路历程

在征地农转非人员的心路历程转换中，有两个关键点值得特别注意：一是进城后的初次就业，二是拼搏中的职业转换。

一方面，进城时没有就业，他们将一直处于苦闷之中而不能自拔，这对个人和社会都是十分不利的，因此，在进城初期集中的就业培训与指导尤为重要。通过就业培训提高素质能力，转变其思想意识，使其有相应的就业竞争力和就业积极性，从而能够主动地去争取、获取就业机会与就业岗位。正如托宾、杜贝生等认为，由于劳工市场技术结构不相适应，造成了失业与职位空缺的并存，因此，应当开展技术培训等(杨宜勇，2000)。

另一方面，如果他们长期从事知识和技术含量不高的简单手工劳动和城里人不愿干的脏、累、重活，其技能的岗位训练、素质提高、视野宽度将受到很大的限制，其就业的竞争力与选择空间将受到局限，其长远发展亦无从谈起，甚至可能走进临时劣质工作和重复失业循环交换的“旋转门现象”中，出现低素质劳动力跟不上现代经济快速发展和产业结构提档升级及劳动力市场由单纯体力型向专业型、技能型转变的“川沙效应”(廖雅珍、谢瑶华，2006)。因此，以职业技能为核心的职业提高和职业转换，或者表现为在现有职业岗位上与自己的嗜好和能力吻合进而在工作中获得愉悦，或者表现为职业层次地位的转换和提高进而获得更大的成就感，成为“个人发展”的应有内涵。西方经济学的开山鼻祖亚当·斯密说：“学习是一种才能，须受教育、须进学校、须做学徒，所费不少，这样费去的资本，好像已经实现并且固定在学习者的身上。这些才能，对于他个人自然是财产的一部分，对于他所属的社会，也是财产的一部分。”(亚当·斯密，1972)

显然，两个关键点的实现，都有赖于征地农转非人员就业能力与意识(或职业能力与意识)的提高与转变，有赖于培训的积极介入。因此，培训成为征地农转非人员走进城市、融入城市、获得新发展的核心动力之一。

事实上，就业和生活的艰辛，已经使征地农转非人员体会到知识和能力的重要。有调查显示，征地农转非人员对求职过程中遇到困难的认识，首要的是文化水平和技术能力低。现实已经教会征地农转非人员逐步注重自身素质的提高，他们大都有比较强烈的培训意愿，希望通过富有针对性和实效性的培训，提高自身知识和技能素质，增强自身的社会竞争能力和适应能力，最终实现富裕的生活。

第二节　农转非人员培训的认识与突破

一、就业培训的理性认识

（一）征地农转非人员就业培训的现实困境

1. 农转非人员就业培训效果不佳

应该说，相关部门已经认识到培训对征地农转非人员非农就业的积极价值，各地政府对征地农转非人员的就业培训展开了积极的探索与一系列工作，也取得了一定的成绩。但总的说来，培训效果不佳，对征地农转非人员再就业帮助不大（周云华、谈玉坤，2007）。在广州市番禺区，有61.3%的征地农转非人员认为就业培训的效果一般或较差（胡伟、王晓敏、查吉德、王雪莲，2008），西南科技大学经济管理学院学生2005年对我国东部、中部和西部28个省（市、区）1 537位征地农转非人员的调查显示，只有24.32%的人认为现有的培训对就业有帮助（李富田，2009）。其原因有以下五条。一是征地农转非人员年龄、性别、学历、经济基础不同和就业愿望差异较大，其就业培训本应因人而异，但由于人力物力不足，目前的征地农转非人员就业培训大多停留在一般性的集中普训方式，内容缺乏针对性，与就业需求脱节（苏楠、胡静，2007）。二是不少地方缺乏有效的就业培训规划，一些地方政府部门对征地农转非人员的就业培训更多的是把它作为一项“政绩工程”来对待的，片面追求数字和短期效果，为培训而培训，而对培训的质量以及培训的最终目的的完成情况关注不多（王玉霞，2008）。调查显示，有57％的征地农转非人员认为当地政府的就业指导仅仅是为了完成任务，有15％的征地农转非人员认为当地政府的就业指导纯粹流于形式，只有28％的征地农转非人员认为政府的就业指导有实际意义（李富田，2009）。三是从事征地农转非人员培训管理工作的专业机构和人数相对不足，缺乏培训经验和专门的教材。四是一些征地农转非人员缺乏必要的组织纪律观念，培训出勤率偏低。五是征地农转非人员不知道怎样学习，对培训项目的选择大多是盲目的。

2. 农转非人员参训积极性不高

征农转非人员已经认识到自己文化程度不高，非农技能不足，也希望参加一些培训提高自己。但是由于目前相关部门组织的农转非培训针对性较差，培训效果不理想，因而影响参训积极性。同时，相当多的征地农转非人员对就业形势不了解，转非后不知道自己能干什么、该干什么，不清楚培训对自身就业的支持有多大，其参训积极性自然不高。此外，迫于生活的压力，征地农转非人员缺少参训的费用和时间，有限的时间是“投入培训、为长期工作积累技能”，还是“寻找工作、加班工作、增加收益”，大多数征地农转非人员选择后者，这是一种无奈的选择。陈世伟等调查J市近郊JX村征地农转非人员发现，有94％的人员未参加过就业培训(陈世伟、王志雄,2005);中共郫县县委课题组对郫县征地农转非人员的调查发现,愿意参加培训人数为14 280人,实际参加培训人数为3 737人,没有参加培训的人占具有培训意愿人数的73.8%(中共郫县县委课题组,2006);苏楠等调查武汉市属于工作年龄段的征地农转非人员发现,有70%的人员没有参加过任何职业培训(苏楠、胡静,2007);高君调查杭州市滨江区征地农转非人员参加培训发展,40%参加了适应性培训,如电脑、文秘等,19%参加了技能性培训,如驾驶员、模具加工、电工等,41%没有参加过任何培训(高君,2008)。

3. 就业培训经费紧张

骆建艳等的测算是:按照目前全国失地农民5 000万人计,开展一般的适应性培训人均花费150元,则需经费75亿元;开展职业技能培训、创业培训、学历培训等人均800元,则需经费400亿元。可见征地农转非人员就业培训的经费压力很大(骆建艳、周春蕾,2008)。由于经费紧张,一些地方组织一些简单的培训,且宣传不多,农转非人员了解少。胡伟等调查发现,广州市番禺区有54%的人员认为地方政府没有组织过就业培训(胡伟、王晓敏、查吉德、王雪莲,2008),西南科技大学经济管理学院学生2005年对我国东部、中部和西部28个省(市、区)1 537位征地农转非人员的调查显示,只有427人(占27.78%)明确表示知道政府有专门针对征地农转非人员的就业培训(李富田,2009)。

4. 就业培训工作各自为政、重叠无序的状况明显存在,培训质量受影响

在宁波市鄞州区,教育和劳动部门分别有一支自己的教育培

训队伍和一批教育培训基地，农业、人事、计划、妇联等部门也各自开展了培训业务，而这些部门和单位的职业培训工作统一协调较少，因而就业培训资源的综合利用率不高。同时，由于组织培训前劳动力信息采集不充分或劳动力市场信息调查不完整，导致有的培训针对性不强，随意性较大，培训后也不完全对口，使政府心血付之东流（徐岳平、陆国咪、刘智，2006）。

（二）征地农转非人员就业培训是政府的职责

其一，征地农转非人员素质能力低，非农就业竞争力弱，主要不是农民自身原因造成的，而更多的是“二元结构”形成的制度安排造成的。因此，无论是从现在救急、缓解农转非人员的就业“瓶颈”，还是从社会公平、城乡一体化、“偿还历史债务”等角度看，就业培训都是政府的当然职责。

其二，就业培训是政府发挥公共服务职能的必然要求之一（周云华、谈玉坤，2007）。征地农转非人员是一个人数众多且将持续扩大的社会群体，坚持以人为本，强化公共服务，必须把握并尽可能满足他们再就业培训的合理需求。何况征地农转非人员在城镇化进程中失去土地，从一定意义说为城市的建设、经济社会的发展付出了代价，政府理应对其再就业培训予以足够的关注和支持。

其三，参加教育培训是征地农转非人员的一项基本权利。我国《宪法》第42条规定，国家对就业前的公民进行必要的劳动就业训练。《职业教育法》第5条则明确规定：“公民有依法接受职业教育的权利。”所以，政府要把对征地农转非人员再就业教育培训作为体现执政为民理念、促进社会和谐稳定的大事、实事来抓（黎建飞，2004）。

二、就业培训的突破:实施市场化运行

一方面,加强征地农转非人员的就业培训,是地方政府的职责;另一方面,现实运行的困境又告诉我们,政府包办征地农转非人员的就业培训效率低下。同时,随着社会主义市场经济体制的完善及“小政府、大社会”的实施,政府对征地农转非人员的就业培训,也难于亲历亲为,而更多的当是管理、服务。基于此,笔者认为,征地农转非人员的就业培训应当引进市场机制,实行市场化运作。

(一)就业培训市场化运行的现实性

之所以强调征地农转非人员就业培训的市场化运行,一方面是因为培训本身是知识与技能的交换,存在着供求对接和供求的矛盾,可以运用市场机制来更好地调节;另一方面是因为市场化运行有利于培训资源的优化配置,也给予农转非人员更多的选择,从而有利于提高培训效率与效果。

1. 培训过程是一个知识与技能交换的过程

从本质上讲,培训是一个传授知识与技能的活动,交换存在于这个活动当中。首先,培训的施训与受训双方之间存在交换活动。社会(包括政府、企业)和个人是培训领域交换的利益实体,需要培训,是买方。培训机构是办学实体,提供培训,是卖方。在培训活动中,买方通过交纳一定数额的培训费用从卖方处获得参加培训的权利,并经过培训获得某项知识或技能。

其次,就培训机构内部而言,培训工作者自身存在劳动价值的交换活动。培训是传授知识的过程,同时也是教与学的过程,这个

过程通过培训工作者的劳动得以实现。培训者通过自己智能和体能的消耗，向培训对象提供了服务，同时也获得了相应的报酬，实现了劳动价值的交换。

再次，国家自身的交换活动。发展教育事业是国家的基本职能，国家每年都提供大量的教育、培训经费，通过各种教育、培训机构，提高劳动者素质，满足社会需求。劳动者素质的提高又加快社会经济的发展，提高了综合国力。因此，国家是培训活动的投资者，也是培训的受益者，国家自身交换活动的价值得以实现。

可见，在培训活动中，存在着国家与学校、学校与社会、学校与教师、学校与学生之间的交换关系，其中国家、社会、个人既是教育资源的提供者，又是教育资源的需求者；培训机构既是教育资源的供给者，又是产品的生产者。在培训活动中存在着供需交换和价值交换。为完成这个交换必然存在一个市场，通过市场，使社会、教育部门和个人之间实现价值交换与供需交换。

2. 中国培训市场正在蓬勃发展

培训的市场化，是指欲培训的个人和组织委托培训机构实施培训，培训机构主动去寻找培训需求提高培训产品和服务。在市场的供求机制、价格机制和竞争机制的作用下，培训供给者出现优胜劣汰，培训资源向优秀培训供给者集中，进而向培训需求者提供更为优异的培训产品和服务，趋向和达到"帕累托最优"。在中国，培训市场正在蓬勃发展，培训产业正在壮大，这一方面是因为企业员工培训业务外包、干部培训市场化及企业管理类培训、金融培训、辅助考试类培训、英语培训、中小学生课外补习、农民工培训、农村劳动力转移培训等等培训需求在蓬勃增长；另一方面各类教育培训机构——包括目前已经进入市场的培训机构和尚未进入市场或开始涉入市场的高等院校、职业学校、政府部门的各类培训中心、企业(特别是一些大的集团公司或跨国公司)自办的培训机构以及国外培训机构等,在培训需求的刺激下,纷纷进入中国培训市场参与竞争合作等,提供着越来越丰富多彩而又针对、有效的培训产品,于是,培训市场正在成为一个大市场,培训产业必将成为一个大产业。据有关统计,2000 年中国培训的蛋糕是 100 亿元,2001 年为 300 亿元,2002 年将达到 500 亿元(黄焕山,2002)。深圳市职业技能训练中心每年都接受企业的委托,为企业培训员工达二三万人次(张虹,2002)。显然,培训市场的蓬勃发展和市场机制的积极运用,必将有效地促进培训资源优化配置。

3. 市场化运行可以促进就业培训资源优化配置

培训资源是开展培训的一切可资利用的软件与硬件的统称(纪军,2002)。从目前的实际运作情况看,农转非人员就业培训通常是由政府相关部门组织实施,或者是政府部门拟订培训计划、召集农转非人员、聘请相关培训师进行培训,或者是委托相关培训机构对农转非人员进行培训。而涉及农转非人员培训工作的部门有农办、教育、劳动、农业、财政等十多家部门(江跃鱼,2005),基本上还是各自为政,没有市场化,在政府的关照下接受培训任务,按部就班,没有积极主动地根据农转非人员就业需要去开发培训产品,培训内容对劳动力市场和工作岗位需求的实际情况把握不够,没能做到把市场需求和农转非劳动力自身特点相结合,培训工作存在一些盲目性,缺乏针对性、灵活性和多样性,培训质量大打折扣;同时,各培训机构没有主动去开发培训需求,培训规模很小,培训资源分散,国家拨付的培训资金利用率不高,优势资源不能整合。这有点类似于我国农村劳动力转移培训,由于培训市场的分割,导致培训效果不佳,农民难以在转移地"安营扎寨",因此有学者惊呼:农村劳动力何时能成劳动力市场"香饽饽"(周芙蓉、朱国亮、姜雪城,2006)? 因此,必须打破农转非人员就业培训的行政封锁,实行市场化运行,遵循市场规律。

另一方面,随着中国培训市场的发展与细分,随着农转非人员就业培训市场的形成,必然会有相应的培训机构逐渐成为农转非人员就业培训的专业供给者、品牌供给者,在适应农转非人员就业培训需求的基础上逐渐引导需求、创造需求。如此,农转非人员就业培训不仅培训资源优化配置,而且培训运作优化、培训效果优良。

(二) 就业培训市场化运行的机制

征地农转非人员就业培训的市场化运行,是指政府部门把征地农转非人员就业培训的具体事务交给相关的培训机构,而着力于培训市场的引导与调节、培训效果的监控与管理(图4—3)。

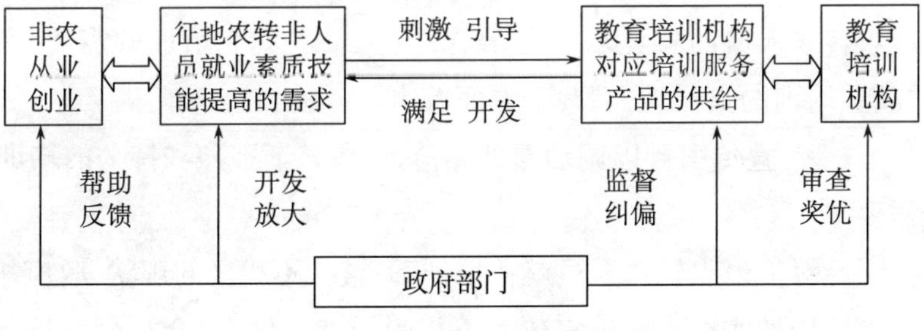

图4—3　征地农转非人员就业培训市场化运行机制模型

第三节　就业培训市场的政府管理与调控

基于上述分析，笔者认为，农转非人员就业培训的市场化运行，可以采取市场招标的方式选择优质培训机构，让其自主地进行相应的培训；政府则把精力集中在培训需求的刺激与引导、培训机构的管理和培训规则的制定与执行监督上。

一、就业培训的需求刺激与引导

在市场经济体制中，需求刺激与引导本应以市场供给主体为主，以政府管理为辅。但在农转非人员就业培训市场启动的初期，政府的管理应该成为主体。政府相关部门应当加强宣传引导，转变征地农转非人员的就业观念和对就业培训的认识，促使其形成强烈的参训需求，并根据自己的职业发展不断产生新的培训需求。

经济学理论告诉我们，有效需求是由“需要”和“支付能力”共同构成的。面对目前征地农转非人员就业培训有效需求不足，征地农转非人员的就业培训需求管理应当从“就业培训的需要”和“就业培训的支付能力”两个方面着力。

（一）宣传引导以调动参训热情，形成日渐强烈和持久的培训需要

针对征地农转非人员就业培训不重视、不积极的现状，政府相关部门应切实加大舆论宣传和思想引导的力度，在全社会营造促进征地农转非人员就业培训的良好氛围，转变征地农转非人员的

就业观念和培训观念。

一是通过“培训—就业—发展”的良性发展案例的宣传，形成示范和激励效应，带动更多的征地农转非人员积极参与就业培训(图4—4)。农民群众是最重实际的。将那些通过参加培训掌握一技之长从而顺利实现再就业、获得稳定工作和收入的征地农转非人员作为典型进行宣传，通过他们的亲身经历，将与培训有关的信息、对培训的认识以及培训带来的收益形象生动地展现在广大征地农转非人员面前，有助于形成就业培训的良好印象。如此，不仅有利于未参与培训者积极关注、参与培训，而且有助于已参加培训者形成培训的持续热情。

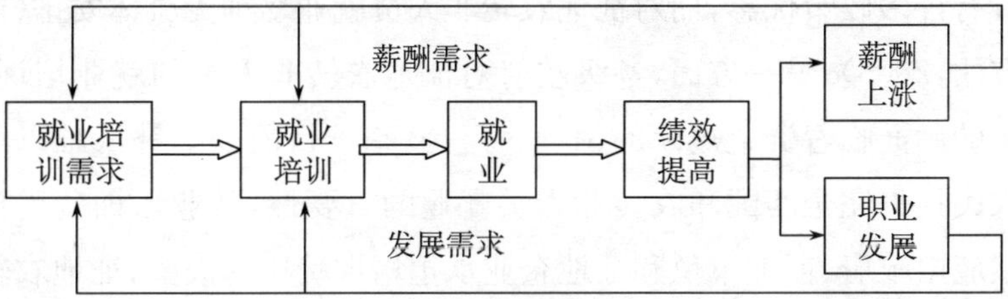

图4—4 就业培训与就业的良性互动机制

二是要使就业培训活动在征地农转非人员中有较高的知名度，对政府推行的就业培训惠民措施有更全面充分的了解，从而使他们有参与、选择培训活动的可能性。“因为不知道所以没选择”，这是消费者的一般心理和一般行为。许多征地农转非人员没有参加政府组织的就业培训，除了自身的就业观念落后外，还有一个重要的原因是对开办的培训班缺乏具体了解。因此，应注重发挥政府有关部门、培训机构和中介组织、大众传媒、群团组织、社区(村)

等各方面的作用，着力就业培训宣传引导的渠道和方式的多样化。如在征地农转非人员集聚的场所摆放宣传展板，设置报名服务台；在各个农转非社区张贴海报、发放传单等；在新闻媒体或相关宣传资料上进行宣传，开设长期热线接受咨询，就业创业典型的宣传、表彰、巡回报告。同时，要注意突出征地农转非人员关心的重点信息，尽可能用通俗易懂的语言将有关信息传达给广大征地农转非人员；还应经常总结和评估宣传效果，结合实际情况随时调整宣传计划，不断提高征地农转非人员对培训活动的知晓程度。

（二）投入经费以使就业培训需要变为有效需求

目前，一方面，国家对城市下岗职工的再就业承担培训费用，且有许多政策优惠，而对征地农转非人员就业培训无具体安排（许方丽，2006）；另一方面，各级政府对征地农转非人员的就业培训，又的确面临着资金短缺的困境。但是，基于目前征地补偿难以与农民损失完全匹配和农转非人员就业的重要性，就业培训费用仍然应由政府、征地单位和征地企业承担培训费用的大头，征地农转非人员自身象征性地承担一部分（成得礼、董克用，2004；张海波、童星，2006）。各级政府在征地农转非人员就业培训经费投入上，应建立和完善多渠道资金筹集机制，从土地征用款项和集体积累中按一定比例提取，建立征地农转非人员就业培训专项资金，应建立奖励制度，通过奖励参加培训学员中的优秀分子，如帮助安排就业、优先向用人单位推荐等，来调动广大农转非人员的参与热情和增加自己支付培训费用的热情。

征地农转非人员就业培训费用的筹集，可以有多种方式，各地应当积极探索。笔者在此列举一些实践中的有效模式。

模式 1:以重庆高新区为例,以 500 元/人的标准从地方财政支出培训经费,对 35 岁以下的农转非劳动力进行免费培训,还为参加就业培训的农转非人员发放一定数额的补助金(陈绍友等,2009)。

模式 2:浙江省绍兴县政府为征地农转非人员免费提供“培训券”,其培训费用由政府、企业共同负担。采取“学校出‘菜单’,企业下‘订单’,政府来‘买单’”的就业培训模式,化就业压力为资源优势(王新宝,2003)。

模式 3:企业提供部分培训费用,然后在招聘时拥有优先权(韩梅竹,2005)。政府相关部门可以通过舆论宣传、培训价值张扬、道义劝告等外部环境上推进各类组织强化培训价值的认识,促使其形成更为强烈的培训意愿和对培训后的农转非人员的重视(臧志军,2006)。

二、就业培训机构的管理

培训机构是培训产品与服务的供给者,培训机构的优劣直接决定培训产品与服务的优劣。加强培训机构的管理,是农转非人员就业培训良性运行的重要保障。当前,政府有关职能部门要注意从资质管理和过程管理两个方面加强对培训机构的监控,同时注意对农转非培训机构的培育。

(一) 农转非就业培训机构管理

其一,农转非人员就业培训机构的资质管理,应当包括如下内容。一是设置农转非人员培训机构的准入条件,强调师资与设备的要求,强调依法设立。二是农转非人员培训机构的年检从资质、培训业绩等方面进行，通过年检发现的问题，要限时整改，复查不合格的要坚决淘汰出局。三是设立举报电话，接受组织和学员的投诉。必要时，可通过新闻媒体公布不合格培训机构的“黑名单”，净化社会培训的大环境（张虹，2002）。

其二，在注意培训市场机制的正常发挥基础上，引导培训资源向优势培训机构集中。要引导培训机构以市场机制吸纳优质培训资源，促使其以良好的培训产品和服务获得营运的经济规模，实现“运营规模经济—培训成本降低—培训内容合理服务优质—培训学员满意—培训市场扩大”的良性发展态势。要防止农转非人员就业培训任务安排或委托中的腐败行为与寻租行为，杜绝劣质培训机构、“盗版”培训内容等存在与大行其道，防止培训机构及其代理商之间的恶性竞争。

其三，在需要的情况下，政府还可以建设农转非人员就业培训基地。以现有培训机构为基础，选择实力、品牌较好的作为培训基地进行政企共建，或者直接命名、授牌。“就业培训基地”成为农转非人员培训的标杆与引导，政府部门亦给予一定的财力、政策的支持，以激励调动培训机构开展农转非人员就业培训的积极性，特别是对那些培训数量大、质量高的机构和有突出表现的个人，政府应重奖。

其四，发展培训行业协会。在全国建立农转非人员就业培训行业协会，把各类培训机构有效地团结在自己周围，建立一套有利于农转非人员和有利于培训机构的规则，并监督执行；进行农转非就业培训的经验交流。

其五，加强农转非就业培训机构的结果管理。培训只是一种手段,帮助农转非人员再就业才是最终目的。政府可以不直接管理培训机构的培训过程,但一定要管理培训的结果,要关注经过培训的农转非人员的就业情况及其发展状况,搜集就业单位对其的评价,综合汇总后以判断培训机构的优劣,并进一步分析农转非人员今后培训的需求。就业培训机构的结果管理,既是一种结果反馈控制,也是一种就业引导帮助。政府在通过结果监督考核培训机构的同时,还应当注意对通过培训、考核、发证的农转非人员,政府相关部门应向有就业岗位的组织进行宣传,并牵头安排就业洽谈会,用工单位与农转非人员以面对面、一对一的方式进行交流。如此,既是对农转非人员就业的真正帮助,又是对培训机构的积极支持。

(二) 农转非就业培训机构培育

目前各种各样的职业技术培训机构很多,参差不齐,征地农转非人员很难辨别和选择。因此,在征地农转非人员就业培训市场化运行的初期,政府应注重对培训机构的培育,逐渐培育一些优质的就业培训机构,让征地农转非人员方便选择,也使就业培训质量得到保障。

在征地农转非人员就业培训机构培育中,可选的路径是:根据培训机构的师资力量、设施条件、培训经验等,初选出若干培训机构;政府部门与其一道分析拟培训的征地农转非人员的培训需求与地区就业可能,制订切实可行的培训计划;在政府部门的监控下实施培训。在培训的过程监督与结果考核中,明确培训机构的优胜劣汰,逐渐形成一些有实力、有特色的培训机构。随着培训机构的成长,政府相关部门逐渐退出培训机构的直接运营管理环节,而着力于宏观调控。

初期的培训机构选择，要注意高等院校和社会机构的优劣。一般来说，高校、职业技术学校有较为强大的师资力量和充足的教学空间与浓郁的求知氛围，教学管理经验丰富。但是，他们对征地农转非人员可能了解不多，教学的"学术味"可能较重，其培训的直接效果可能不明显。社会培训机构在某个专业技能培训方面有特长，有良好的市场运作经验，能较好研究和把握相关企业的用人需求，培训针对性较强；他们的培训师资可能不够完整，培训管理可能不够完善，教学的深度广度可能不足，这些也会影响培训效果。因此，政府部门在选择培育征地农转非人员就业培训机构的初期，要根据相关机构的优劣长短，进行相应的指导和帮助。

在征地农转非人员就业培训机构培育中，一个有效的方式是"让政府投入的就业培训费成为调节手段"。即：政府投入征地农转非人员就业培训的费用，不是先直接投入到相关培训机构，而是给予征地农转非人员以"培训券"，让他们自主地选择培训机构，待培训结束后政府部门才向培训机构兑现"培训券"。如此，一方面可以迫使培训机构拿出切实有效有特色的培训项目及运行保障以吸引"培训客户"——征地农转非人员，另一方面亦可给予征地农转非人员以参训的主动权进而调动其积极性。

在征地农转非人员就业培训机构培育中，要特别注意培训机构的"寻租"和政府工作人员的"腐败"。

三、就业培训的制度机制建设

制度是人们共同遵守、按一定程序办事的行为准则。"制度是一个社会的游戏规则，是为决定人们的相互关系而人为设定的一些制约”（道格拉斯·C. 诺斯，1994）。为保障农转非人员就业培训顺利运行，并增强培训实效，应加快相关制度建设，实现征地农转非人员参加就业培训活动的权利制度化、开展培训活动的具体操作规范化、农转非人员参加就业培训所取得的效果认证化（黄祖辉、俞宁，2007）。

一是组织协调制度与机制。各级政府应把做好征地农转非人员再就业培训工作列入议事日程，将其纳入城市化进程和经济社会发展的总体规划，要在政府管理部门形成由一个综合管理部门决策牵头，其他部门密切配合的农转非人员就业培训管理体制，解决好政出多门、条块分割、多头培训、重复培训、培训内容不实用等不计成本的问题（黄焕山，2002）。如绍兴县成立了由教育、农办、劳动保障、经贸、财政、农业等部门组成的征地农转非人员就业培训工作领导小组；建立了由分管副书记、副县长任召集人，由县委办、县府办、劳动、教育、人事、总工会、财政等部门的主要领导任联席会议成员，形成政府总揽、上下联动、部门配合、社会参与的征地农转非人员就业培训与职业能力开发工作机制（黄伟祥，2008）。

二是考核评估机制。完善的考核评估机制对工作具有重大的导向和激励作用。应主要根据培训的针对性和实用性、培训对象的满意程度等来设计考核评估的内容，将参加培训的农转非人员作为重要的考评主体，把考评结果作为政府有关部门、各类培训基地及其工作人员绩效的重要指标，实行奖优罚劣，从而引导和激励从事农转非人员再就业培训工作的部门和人员，不断为做好培训工作贡献力量。

三是培训资源整合机制。整合和利用现有各种职业培训资源,包括劳动和教育行政等政府部门、各类培训基地、用人单位、培训中介组织等有关机构以形成就业培训合力,形成统一规划、分布有序、保障有力的征地农转非人员就业培训网络体系。强化信息服务职能,定期发布职业需求和职业技能要求方面的信息,增强农转非人员就业培训的实效性和可持续性。

第四节　就业培训机构的市场运作

一、就业培训的组织建设

其一,培训师资管理。合格的师资队伍是保证就业培训质量的前提条件,当前农转非人员就业培训效果不理想、农转非人员不愿意参与,一个重要的原因是培训师资不合格,所提供的培训内容不对路。农转非人员就业培训机构应注意吸引下列人才成为其师资:一是高校中对农转非人员有研究、对从业创业有研究的专家学者;二是农转非人员就业先进单位的管理者;三是已从业或创业的农转非先进人员;四是相关行业的专业人才、技术能手、业务骨干;五是熟悉农转非人员就业政策的专业人士等。要通过研讨会的形式,让农转非人员就业培训师资相互交流培训经验,对他们也进行相应的培训,讲解农转非人员就业的基本形势和本地区的基本态势。要注重引导、激励培训师资积极主动地自我提高。

其二，培训需求分析。农转非人员的就业培训需求分析是就业培训机构开展就业培训工作的基础，只有明确需求，方可“按需生产”。农转非人员的就业培训，不是一次性行为。从培训阶段看，包括就业岗前培训、在岗培训和转岗培训；从培训内容看，包括文化知识、操作技能、法律知识、道德修养、文化素养、心理素质等多方面。在不同的阶段有不同的重点；农转非人员年龄、性别、所处的地区等不同，其需求也不同；随着在职场就业情况的变化，其需求也会发生新的变化。因此，就业培训需求分析成为就业培训机构的一项经常工作。应注意通过向农转非人员发放问卷调查表、进行走访或组织座谈等方式，了解其文化程度、技能素质、就业意向等情况，加以统计分析作出必要的培训需求整合，同时结合地区经济社会的发展变化对就业的需求变化和农转非人员自身对就业的规划设计变化，有针对性地安排不同的培训内容。

其三，培训计划管理。农转非人员就业培训计划是培训过程运行的基本蓝图，政府通过招标方式委托培训机构实施培训，并不完全是甲方乙方的纯商业交易关系，签订委托协议后应是一方，是精诚合作，是资源共用。因此，政府部门要引导或配合培训机构认真分析农转非人员就业培训需求，仔细研究就业的可能走向，制订切实可行的培训计划。培训计划管理应重点审查如下几点：一是培训内容的针对性与系统性，既要针对农转非人员的素质基础和就业的可能走向，又要以一个相对系统的内容体系来保证落实到位；二是培训内容与培训师资、设施设备的对应性，不能是教授就可以讲，是博士就能够上，不能没有条件就开讲；三是培训人员的组织落实。

二、就业培训的内容选择

农转非人员的就业培训，是一个复杂的系统工程。不同地区、不同时期、不同年龄的农转非人员，对就业培训的内容选择不同。笔者基于农转非人员在城市就业的基本走向，将其分为适应性就业培训、创业性就业培训和通用性就业培训三种。后文介绍第一、三两种，而创业性就业培训在第七章第二节。

（一）适应性就业培训

适应性就业培训是指农转非人员走进城市最初为适应可能的岗位需要而进行的培训，它是对应“先就业再择业”思路中“先就业”的需求。这主要是进城后尚无稳定非农收入的农转非人员的需求。基于农转非人员的文化程度、非农技能状况，适应性就业培训大多表现为对应城市简单劳动岗位需求的培训，或直接是“企业下单”的培训。一般地，呈现出如下特点。

其一，简单劳动就业岗位技能培训是重点。征地农转非人员文化素质不高，对其培训的内容最好是贴近生活，一学就会，易于接受和掌握。适应性就业培训应以市场需求量较大就业岗位的技能培训为重点，包括电工、焊工、叉车、库管、配送、保安、家政服务、收银、美容美发、缝纫、手工制作、园林、插花、驾驶、环境卫生、餐饮、酒店服务、商业服务、市场营销、保险业务、保安、物业、旅游业等方面的岗位技能、职业道德等的培训（胡伟、王晓敏、查吉德、王雪莲，2008）。

其二，对应“企业下单”要求或区域新兴行业，着力就业需求前景好的基础岗位技能培训。以物业管理与服务为例，可以从物业服务中的早期介入工作、客户服务工作、办公室工作、秩序维护工作、环卫保洁工作、园林绿化工作、设施设备维修养护、物业公司多元化经营服务八个方面展开适应性培训的内容选择(表4—2)(胡勇、李自然,2005)。在"企业下单"式培训中,可采取先在培训机构学习文化理论知识、然后到定向单位学习实践知识的方式(林惠玲,2006)。

表4—2　物业管理与服务可供选择的工作岗位举例

工作大类	工作岗位
早期介入工作	对排水管道铺设、化粪池、留泥井、池水井的修建,暗敷工程、防水工程查看,各种资料收集登记,已竣工工程的验收,设施设备安装现场查看与接收管理、各种准备工作等。
客户服务工作	入伙登记、客户接待、装修管理、协调客户与开发商的关系,为业主需求提供服务,走访业主、处理投诉等。
办公室工作	人事管理、财务工作、抄水电表、收取费用、档案整理与管理、物资采购与保管、建章建制、员工培训与教育、社区文化体育、物业服务的品质管理,对外部事物协调与办理等。
秩序维护工作	电视监控值班、停车场管理、夜间巡逻、消防值班、夜间门岗、门卫门岗等。
环卫保洁工作	日常清扫、保洁、垃圾清运、清洗水池、清理化粪池、留泥井、疏通管道、清洗外墙、新装修后的卫生开荒等。
园林绿化工作	绿化养护、种植、施肥、除杂草、抗旱、整改、除虫害、防冻等。
设施设备维修养护	给排水、强弱电、消防、电梯、燃气、电讯、安防、智能、环卫、交通、防雷、空调、环保、园林建筑物、构筑物、道路、通道等养护与维修。

续表

工作大类	工作岗位
物业公司多元化经营服务	特约维修服务、汽车洗车美容服务、房屋中介服务、购物配送服务、照顾老弱病残服务、送医送学送托服务、美发店、小超市、小餐饮、小菜店、小茶室、小棋牌室、小健身房、小图书室等。

其三，提供积极的心理指导，使征地农转非人员客观地认识自己，全面地了解就业形势，培养和保持健康的职业心理，根据自身的特长、发展愿望、性格、兴趣等因素，恰当地选择就业领域和就业岗位。要强化纪律意识，改变征地农转非人员散漫的小农意识，以适应社会化大生产的纪律性强的企业管理要求（武玲娟，2006）。

其四，职业指导是一个重要内容。上海市曾作过一项调查显示，40％的人希望得到写简历方面的指导，32％的人希望得到面试方面的指导，21％的人希望得到职业测评方面的指导，其他的则还有希望得到就业政策、法律法规方面的指导。从职业指导师的情况来看，美国 1999 年就有 16 万名职业指导师，平均一个职业指导师面对 3 000 人；我国从 1999 年开始推行职业指导师职业培训认证工作，目前全国取得职业指导师执业资格证的约 1 万人，一个职业指导师最少要面对 15 万人（程平，2002）。近年来，我国各地的职业指导实现了由集中到分散，由普及到更加具有针对性，从心理指导、心理测评、职业培训到用工指导、职业供求信息传递以及对职业生涯策略的指导，形成了一些成功的经验。例如，大连的戚秀玉职业指导法：通过把岗位、政策、技能、服务送到社区和失业人员家中，形成了家庭与个人的互动，企业与个人的互动，收到了良好的效果（陈红，2008）。对征地农转非人员，要注意根据他们的文化、技能、年龄、性别、家庭、工作经历及求职心理等，结合就业需求，指导其参加与自身特点相适应、与拟就业岗位相符合的培训。

（二）通用性就业培训

阿尔弗雷德·马歇尔将人的能力分为"通用能力"和"特殊能力"两种。前者指劳动者的决策能力、责任力、通用的知识与智力，后者指劳动者的体力与熟练程度（马歇尔，1964）。通用性就业培训是为了在职场有更好的发展而需要的综合素质能力的培训，不管是已经找到工作的人员为了在所在单位获得更好的发展机会与发展空间，还是在创业的人员为了使自己的产业发展壮大，都需要更为全面的综合素质能力。

通用性就业培训的中心是培养农转非人员的"通用能力"或"职业核心能力"。这种能力，在英国称之为"核心能力"，在德国称之为"关键能力"，在美国称之为"基础能力"，在我国称之为"一般能力或普通能力"。本书采用"职业核心能力"的说法。虽然各国对职业核心能力的表述不同，但实质内涵是一致的，即它不是针对某种具体的职业和岗位，而是指可以迁移和运用到很多职业和岗位的能力，它具有相通性，也即是人们从事哪一种职业都离不开的一种通用的职业能力（邵艾群，2008）。职业核心能力的重要特点是可转移性，即职业核心能力是一种具有转移价值的认知的、情感的、动作技能等方面的能力。职业核心能力的培养有助于促进个体适应新环境新工作的能力和职业岗位转换能力的形成，从而使个体获得较强的就业能力和终身可持续发展的基础。职业核心能力可以划分为可转移的技能和使这种转移成为可能的技能或使能技能。可转移的技能是指可应用于不同情境里的知识和技能。使能技能是指促使这些知识和技能应用于新的情境的能力(杨明,2007),从学习的角度看,会学比学会更重要。使能技能是更高层次的技能。

职业核心能力与通用胜任力有相通之处。国外通用胜任力模型研究的代表当属斯潘塞(Spencer,1993)等对专业技术人员、销售人员、社区服务人员、经理人员和企业家所构建的通用胜任力模型。我国自20世纪90年代开始胜任力研究,主要是针对高级管理人员、人力资源部门经理、高科技企业研发团队等进行的胜任力模型构建,也有学者进行医务人员、警察、海员的胜任力研究(黄春新、何志聪,2004)。显然,这里的通用胜任力是关于某一岗位、某一行业而言的,笔者在此所强调的是跨行业的通用胜任力。因为农转非人员进入城市非农产业就业是一个新的开始,现在和将来会在什么行业、什么岗位从业或创业是难以预料的。但是,国内外对某行业和岗位的通用胜任力的思路是有借鉴价值的。鉴于此,笔者根据通用胜任力研究的有关成果和近年来学者们对农转非人员综合素质和城市对农民工能力要求的有关成果,认为农转非人员通用性就业培训应当注重城市生活知识、沟通能力、职业情感与职业技能、择业能力、创新能力、组织管理能力、性格特质等内容(表4—3)(冯明,2001;Angela,Rob and Jcroen,2004;刘泽文、刘华山、张建新,2006;杨明,2007;姚瑞敏、熊家国,2007;夏涛,2008;甄月桥、王裕豪、陈辉、刘泽文,2008)。

表 4—3　农转非人员通用性就业培训内容框架

因素	内容	说明
城市生活知识	包括城市生活常识、城市文化文明、现代公民意识、市场意识、权利意识、相关的文化知识等。	这是农转非人员在城市生存发展的基础。其中,对文化知识的培训,不要追求小学—初中—高中—大学的完整文化教育(当然不反对少数农转非人员对学历的追求),一般以能在城市进行交往、生活,理解在城市的所见所闻为基本要求。
沟通能力	包括在各自特定的工作、生活空间的人际沟通、理解他人、自我克制的能力等。	这是农转非人员在城市就业的主要因素。良好的沟通能力和人际交往能力对农转非人员取得优秀绩效有重要影响。强调运用现代语言和信息技术进行交流沟通的能力,诸如书面陈述与口头陈述的能力、提供信息与建议的能力、与不同层次的人建立联系和持续地保持联系的能力等。
职业情感与职业技能	包括责任感、主动性、勤奋与工作领悟、有效经验利用、团队协作等。	它表明“能干”与“想干”的职业状态,是农转非人员职业发展或事业进步的关键因素。其中,责任感是最基础的因素,因为工作绩效与个体的责任感水平显著相关,责任感水平越高,工作绩效就越好;而工作领悟则是最关键的因素,因为工作领悟能力的有无、强弱直接决定工作经验的总结、工作变革的走向,决定工作效率和未来发展空间。
择业能力	包括自我评估、职业信息敏感性、信息获取和选择等。	它表现在能获取就业信息并把握就业机会两个方面,前者是基础,后者是关键。
创新能力	包括再学习能力、反思能力、技术创新等。	其核心是养成系统观察、分析和质疑的能力和习惯,培育和发展独立思考与独立学习的能力。

续表

因素	内容	说明
组织管理能力	包括组织建构、问题解决、社会活动、谈判等能力。	这是获得职业提升与发展的关键能力。组织管理能力的提高,成为“个体行动”向“集体行动”的转换关键。
性格特质	包括豁达、正直、务实等。	这是实现团队合作的基础和形成团队战斗力的基本要求。

通用性就业培训要注意培训层次多元性、培训形式灵活性和培训内容的前瞻性。要针对征地农转非人员的年龄、性别、家庭、文化、技能等差异及其就业层次的变化进行有的放矢的培训,形成多种层次的培训内容;要采取单元式和模块式结合、单一式和复合式结合、函授式和面授式结合等培训形式,同时,积极推行网络教育、远程教育等手段,灵活多样地进行培训。要根据地区经济社会发展趋势,以前瞻性的眼光,有预见性地开展技能培训。

三、就业培训的市场开拓

在经济学中,“市场”是指某种物品或劳务的一群买者和卖者(曼昆,2004),是买者和卖者相互作用并共同决定物品和劳务的价格和交易数量的机制。在营销学中,“市场”是指客户、客源、消费者、需求者等。著名营销学大师菲利普·科特勒说:“一个市场是由那些具有特定的需要或欲望,而且愿意并能够通过交换来满足这种需要或欲望的全部潜在顾客所构成。”(菲利普·科特勒,1996)营销学认为,有需求就有供给,就有交易,就有市场。鉴于此,就业培训市场的开拓,是培训机构从就业培训需求入手,适应需求、引导需求、创造需求的一系列工作。这就形成就业培训机构对培训市场开拓的三个路径。

一是调查分析农转非人员的就业需求以适应需求。包括对刚转非的人员和已经从业创业的人员的就业需求，要根据他们的年龄、性别、区域差异、职业预期等方面去调研和挖掘。特别要注意挖掘年纪较轻的农转非人员和男性农转非人员的基业培训需求，因为相对说来他们的就业愿望要强些（蔡传斌、方竞，2006），就业机会也多些（表4—4）（案例4—1）（李富田、张媚迪，2008；孟祥斐、华学成，2008）。从表4—4可以看出，女性征地农转非人员的就业水平相对比男性低一些，男性征地农转非人员中有8.44%的人完全没有就业，有16.78%的人就业不稳定，合计有25.22%的男性征地农转非人员处于失业和半失业状态；而女性有18.25%的人完全没有就业，有11.82%的人就业不稳定，合计有30%以上的女性征地农转非人员处于失业和半失业状态。

表4—4　征地农转非人员就业的性别差异

性别	样本数	(1)未就业		(2)就业不稳定		(1)(2)合计	
		人数（人）	比重（%）	人数（人）	比重（%）	人数（人）	比重（%）
男性	1 148	97	8.44	196	16.78	293	25.22
女性	349	71	18.25	46	11.82	117	30.07
全部	1 537	168	10.93	242	15.75	410	26.68

二是调查分析接收征地农转非人员的组织（现实的和潜在的）需求，根据其需求开发相应的培训产品与服务，然后引导农转非人

员来受训。其中,典型的是"企业出岗位、下订单"式的就业培训。

三是以培训机构自身的品牌化运作形成品牌号召力,以培训机构自身对农转非人员就业规律的研究与把握开发针对性强、适应性高的培训产品与服务,去创造需求,形成农转非人员主动选择自己的培训。

案例 4—1 江苏淮安市征地农转非人员深度访谈

W 女士:45 岁,初中文化程度,没有工作,2005 年土地被征用。

据她介绍:我家有四口人,有两个孩子,一个小子刚上大学,一个闺女在读高中,读书都挺用功的,不用操心。我爱人,他在南通打工。我呢,现在没有工作,在家待着。说实话我心里挺着急的,也想过找工作,但家里还有孩子读书,两个人也不能都去外地;离家近的吧,像富士康(该地最大的投资商,也是这次征地的直接促动者)人家要年轻的,还要高中文凭、要考试的,像我这么大年龄的,人家不要,很多地方都这样……再等等看吧……

W 女士的情况具有一定的代表性,女性具有更严峻的就业困难,不仅因为年龄较大、非农技能差,还面临照顾家庭的繁重任务。

第五章　就业促进与征地农转非集体经济

人是社会的人，个体的人需要有组织依托。我国农村家庭联产承包责任制实行以后，农民的组织归属性就相对淡薄；被征地农转非进入城市，面对生产生活的全面转换，征地农转非人员更需要组织的帮助。其中，征地农转非人员的集体经济组织在其进入城市、实现非农就业、谋求发展中作用更大。

第一节　农转非人员集体经济组织存在与发展辨析

一、集体经济及其在我国的发展回顾

集体经济是指“以生产资料集体所有制和共同劳动为基础的经济形式”。从所有制角度看，公有制为主体，多种所有制经济共同发展，是我国的基本经济制度，我们必须长期坚持。集体经济作

为社会主义劳动群众集体所有制经济的简称,在我国主要是指农村中的生产、供销、信用、消费等各种形式的合作经济与城镇中的手工业、工业、建筑业、运输业、商业、服务业等行业的各种形式的合作经济。

与集体经济相似的另一概念是合作经济。合作经济是以人们的劳动联合和资本联合相统一,以劳动联合为基础的经济合作形式(查学明,2008)。从经济运行看,两者基本一致,都强调共同劳动、共同所有;从经济制度看,两者又有差异,集体经济即集体经济组织,它不仅强调经济发展职能,更强调政治职能和社会职能,而合作经济更多的是着力于经济发展,没有政治和社会属性。

在我国农村,从 1953 年的互助组(在土地私有的前提下、在自然乡村范围内,按照自愿互利的原则,进行劳动互助和生产合作),到 1955 年的初级合作社(生产资料逐渐由农民私有过渡到集体公有,含有按股分红的性质),再到 1958 年的高级合作社(私有的土地、工具等重要生产资料转为合作社所有,农民失去了对土地的所有权,他们只是在集体土地上共同劳作),再到 50 年代末及延续到 70 年代末 80 年代初的人民公社(将若干高级合作社联合而成的人民公社,实质是将政权组织、社会组织、经济组织合为一体),合作经济发展走过了一个由弱到强再到弱的过程,集体经济发展特别是在政治与社会意义上的发展则逐渐强化,人民公社事实上是政治、经济、社会高度集中统一的管理体制。70 年代末 80 年代初,农村家庭联产承包责任制改革的实施,及 90 年代国家作出“耕地承包期到期后再延长 30 年不变”的决定,在打破人民公社的“政社合一”和进一步弱化农民土地所有权的同时,给予农民以更长更大更充分的经营自主权,以经营上的共同利益需要而自发形成的各种合作经济组织,在 90 年代后得以产生和发展(麻渝生,2008)。但目前,在我国农村的村组织的经济发展却极不理想。韩俊等对全国 2 749 个行政村的调查显示,目前除苏南、浙江、广东、北京等少数地区和城市郊区外,多数村集体经济薄弱,而且近年来众多村组织已经由过去的抓集体经济、抓生产发展转变为开展生产生活性的公共服务,开展农村稳定、计生、发放补贴等日常事务,以及开展关爱留守儿童、留守老人等活动(韩俊、张云华,2008)。另一方面,从社会主义新农村建设、农村公共品供给等看,我国农村集体经济的发展又十分必要(于学强、魏宪朝,2008;黄卫堂,2009;魏宪朝、于学强,2008;茅丽华、徐志华,2008;练景波,2009)。基于此,笔者认为,一方面,农村集体经济的发展,应当回归"合作经济"的本意,着力推进在自愿互利的基础上实行劳动联合和资本联合,以规避小规模分散经营的诸多弊端;另一方面,村级集体经济的发展,不能强求,关键在发展条件是否具备或者是否可以创造发展条件。

我国城镇集体经济的产生,基础就是合作经济。不过,同我国农村集体经济的发展一样,也走过了一个经济组织职能"弱—强—弱—强"和政治组织与社会组织职能"弱—强—弱"的过程。建国初,《中国人民政治协商会议共同纲领》就确立在城乡首先发展供销合作社和消费合作社、逐步发展手工业合作社的方向;到 1956 年年底,参加合作社的手工业人员已占全体手工业人员的 91.7%,形成了以合作经济为基础的城镇集体经济。50 年代后期开始,在"一大二公"思想主导下,特别是经历"大跃进"运动后,政府通过行政命令方式引导并推动了集体经济向全民经济过渡；我国集体合作经济实际上变成了“二国营”经济；此后建立起来的集体经济组织，也都直接模仿或经过一段时间过渡到了“二国营”；改革开放以后，面对百废待兴的形势和知识青年返城就业的压力，党和国家提出广开门路、安置就业、大力发展集体经济的方针，各种行业、各种形式的城镇集体经济获得快速发展；到90年代初，随着社会主义市场经济体制的提出与逐步建立，非公有制经济得到快速发展，城镇集体经济因为体制、机制和人才等方面的制约，其发展出现衰退，一部分集体企业甚至积重难返（查学明，2008）。本世纪初，伴随深化企业产权制度改革，城镇集体企业的经营机制、产权制度、实现形式在改革中不断创新，呈现“多种、多元、多向”的良好发展态势（李登祥，2008）。

至此，我们可以看到，作为政治组织和社会组织的集体经济与新的时代形势已经不相适应，但作为经济组织的集体经济亦即合作经济却在新的时代形势中迎来了新的发展机遇。这与当今世界合作经济快速发展的趋势相一致。

二、农转非集体经济的发展评述

其一，随着城市化、工业化进程的推进，一些城郊农村利用集体土地或资产或物业进行出租、出让或开发，发展集体经济，获得了较好的收益。

随着工业化和城市化的加速推进，在全国出现了越来越多的集体经济发达的城中村（王智聪、郑庆昌，2008）。这种集体经济的发展，一方面为农村集体经济的发展开辟了一条新路（农村集体经济发展之路通常有：开发地下资源或地上资源，如煤矿、林场、草场；进行二、三产业的生产经营）；另一方面在征地进城时也为征地农转非人员奠定了一定的经济基础。

其二，在城市化时，一些地区给予征地农转非人员一定比例的非农用地指标，用于村级集体经济组织发展第二、三产业，或进行房地产开发获得直接收益，或建设厂房、仓库、市场店面等获得租赁收入。这成为征地农转非人员失地进城安置的一种模式——“留地安置”模式。“留地安置”是在征地拆迁后，预留一块土地作为农民的生活依托地，采用土地入股和土地委托代管等形式进行开发，实现收益，使其变成征地农转非人员赖以生存的源泉和就业的有效路径（杨华，2007；周志雄，2007）。

“留地安置”模式，是基于征地农转非人员失地进城后的生计压力而产生的。早在20世纪80年代初，“留地安置”模式就已经在深圳特区开始实践（王如渊、孟凌，2005）。在深圳特区建设之初，小平同志说：“中央没有钱，你们自己去找。”于是，对征地农转非人员的补偿、安置，深圳市政府采取“留地安置”模式，让他们从集体经济组织中获得收益并解决就业。

2003年起，浙江省亦开始实施“留地安置”。省政府规定，市县征地单位须将10%～15%左右的被征用土地，留给被征地村以用于发展二、三产业，产生稳定的经济收入以反哺失地农民，或者对土地被征后包括土地补偿费在内的集体资产进行量化，村民拥有量化股权，参与盈利分红。这样，失地农民每户年租金收入稳定在两三万元（鲍洪俊，2005）。

2005年，上海市也开始实行征地留地制度。在规划征用土地中留下5%～10%的农民集体用地，用于二、三产业开发，以土地入股的方式实现土地股份化、股份资本化，让农民享有稳定和长期的土地收益回报。并且，创新农村集体经济组织，把农民的一部分集体资产，主要是固定资产和集体积累集中起来，让农民入股，形成不动产，使农民真正成为股东，形成农民增收的长效机制（李荣，2005）。

"留地安置"作为安置征地农转非人员的一个创造，现已在福建厦门市（陈金田，2006）、浙江杭州市（沈乐毅，2006）、陕西西安市（杨华，2007）、浙江湖州市（蔡传斌、方竞，2006）、湖南省咸嘉市（杨华，2007）、重庆高新区（陈绍友等，2009）等多个地方采用。

其三，农转非集体经济存在着产权模糊、产权主体缺位等弊端，集体资产管理问题制约着集体经济的发展，改革探索正在进行。

目前，对于城中村和城郊集体经济组织改革的探索很多，在改革模式上出现了合作制、公司制与社区股份合作制，王智聪、郑庆昌认为，社区股份合作制是最优选择（王智聪、郑庆昌，2008）；在改革路径上，刘香玲基于征地进城时村委会的公章上交街道办事处而出现的集体经济改制主体真空状态，建议"撤村建居"与"集体经济改制"同时进行（刘香玲，2009）。众多的学者与地方官员强调，城郊集体经济组织要积极、主动地面对市场，要有自立、自强的发展目标，要通过管理创新、经营创新实现发展实力与发展质量的提升。

三、农转非集体经济发展的价值阐释

其一，发展农转非集体经济，是社会主义经济发展的内在要求。一方面，公有制为主体，多种所有制经济共同发展，是我国的基本经济制度，“支持、鼓励和帮助城乡各种形式集体经济”，是我们党确定的重要方针。党的十五大报告指出：“要支持、鼓励和帮助城乡多种形式集体经济的发展，这对发挥公有制的经济的主体作用意义重大”；党的十六大明确提出：“集体经济是公有制经济的重要组成部分，对实现共同富裕具有重要作用”、“深化集体企业改革，继续支持和帮助多种形式的集体经济发展”；党的十七大进一步提出：“推进集体企业的改革，发展多种形式的集体经济、合作经济”；这些都强调了集体经济、合作经济对于发展中国特色社会主义社会和巩固我国基本经济制度的重要性和必要性。农转非集体经济，是公有制经济重要组成部分；发展农转非集体经济，是巩固社会主义经济制度的内在要求。

另一方面，合作生产在人类社会早已有之，按照合作经济的属性，借鉴国际合作经济和我国农民合作经济的经验，发展城镇集体经济，是实践经验的总结和未来发展的要求，应当成为全社会的共识。要充分认识到，进入21世纪，世界合作经济呈现出快速发展的趋势，一些新兴合作经济组织在世界各国广泛发展和壮大起来，合作经济与市场经济日益融合，合作经济组织专业化程度日益提高，合作经济组织之间的联合和合作日益加强进而形成规模化经营。在这样的背景下，发展包括农转非集体经济在内的城乡集体经济、合作经济，是中国经济发展和中国经济进一步融入世界的正确选择。

其二，发展农转非集体经济，是农转非人员增加收入、实现就业的有效途径。集体经济一般规模较小，多是中小企业、劳动密集型企业，在满足人民群众日益增长的物质文化需要、增加财政收入的同时，能有效地扩大劳动就业、促进社会稳定。我国建国初期开展手工业合作化，解决了大批失业工人的就业；60 年代组织街道工业，解决社会闲散人员上岗就业；70 年代末 80 年代，城镇集体经济组织对回城知青的就业安置作出了巨大贡献。从 1978 年到 1982 年，全国城镇集体企业共安置就业人员 1 237.9 万人，占城镇安置就业人数的 32.3%，当时邓小平同志曾经赞扬："搞集体所有制，解决就业问题，……这是用经济政策来解决政治问题。"（王福岭，2009）在新的世纪里，随着经济全球化程度的日益加深和生产社会化程度的不断提高，个体经济难以适应生产社会化程度和组织规模化程度越来越高的要求，为规避经营风险，为降低生产成本，提高生产效率，个体经济多方联合、合作经营，是必然的选择（查学明，2008）。因此，发展农转非集体经济，将是缓解征地农转非人员就业难题的有效途径之一。

从农转非集体经济发展实践来看，集体经济组织发展得好，农转非人员得到经济实惠，他们就拥护，就安心进入城市发展；反之，则反对，则形成新的不安。通过农转非集体经济的发展壮大与组织建设优化，帮助解决农转非人员的长远生存问题、实现农转非人员"失地不失权"；同时，农转非集体经济组织与农转非人员的天然联系使之有助于农转非人员逐步跟上时代的脚步，平稳过渡到市民；农转非集体经济组织在培训农民、引导农民等就业安置上，起着其他渠道所无法替代的桥梁作用；此外，农转非集体经济组织还为政府反哺农转非人员搭建平台等，让农转非人员拥有另外一个“家”（陈建明、陈忠浩，2005；胡加荣，2007）。

◎ 北京市通州区宋庄镇小堡村投资 380 万元兴建了一条长 230 米的商业广场，将 30 多家店铺全部租赁给农转非人员经营，可使近 300 多名农转非人员就业（崔海龙，2004）。

◎ 浙江在“以地补偿”模式下，失地农民每户年房屋租金收入稳定在两三万元，也能够较好地保障其生活（鲍洪俊，2005）。

◎ 宝塔区在土地的征用过程中，多数行政村及其村民积极响应上级政府和村委会的号召，用“两费”（即土地补偿费和安置补助费）发展集体经济，吸纳失地农民就业（惠晓峰、马伸义，2006）。

◎ 西宁市杨家寨村利用政府规划用地中留出的一块地兴办海湖路蔬菜综合批发市场，实现年收入 1 200 万元左右，人均每年分红约 3 000 元，被征地农民生活水平因此有了很大的提高（魏有玲、王青娟，2006）。

◎ 在安庆市被调查的 44 484 名适龄劳动人口，就业人口 14 527人中有 12.52%（1 819 人）在集体经济组织内就业（程再玲、韩承全、董国平，2006）。

◎ 1994 年，温州市鹿城区蒲鞋市街道巽山村将 16 亩三产安置用地作价入股，与外商合资创办了四星级的王朝大酒店，总投资 2.5 亿元（其中贷款 8 000 万元），巽山村占 40%股份，现在王朝大酒店的评估价值达 3 亿元，增值 5 000 余万元；利用 16 亩三产安置用地，建立了温州首个干鲜果品市场，年租金收入 100 多万元。现在，村委会给予村民生活补助每人每月 600 元；医疗费补助每人每年 200 元，住院医疗费报销 80%；普高学杂费全部由村集体承担，大学生一次性奖励 3 000～5 000 元；免费为每个劳力提供一套 130 平方米的住房（蔡传斌、方竞，2006）。

◎ 湖州市织里镇东湾兜村，利用 40 亩留用土地建造安置用房（主要是店面房），由于全国最大的童装市场就在该镇，每间安置房出租后年租金在 2.5～3.5 万元之间；利用近 60 亩的建设安置用地，进行多种经营，壮大了村级经济。目前，该村实现了学龄儿童免费九年制义务教育，上大学享受奖学金，村民享有合作医疗保健费，免交一切上交的费用和统筹费，免费使用自来水。全村妇女一年免费体检一次，60 岁以上老人每月领取 500～550 元养老金（蔡传斌、方竞，2006）。

◎ 在北京城市边缘区某集体经济实力强的村，在征地拆迁后，村集体以现代化花卉产业为龙头，充分发挥地区优势，形成规模生产，综合经营，下设花木公司、房地产公司、汽配城和物业管理公司等。发达的村办产业给村民带来充足的劳动岗位，不仅安置本村劳动力 1 491 人就业，还为社会提供就业岗位 3 000 多个。另一集体经济实力处于中等水平的村，尽管集体经济发展存在诸多问题，但目前亦安置有本村 1 177 人就业（胡加荣，2007）。

◎ 河北省石家庄槐底村用得到的征地款实行土地综合开发，从建立第一个项目怀特大厦开始，使槐底人步入了加速发展之路，并且随着一系列高档三产项目的竣工运营，怀特集团的经营建设也步入了快车道，相继建成了怀特大厦、怀特装饰城、怀特美食街、怀特商厦、怀特大海乐园、怀特板材灯饰市场、石家庄外国语学校等项目，并且以这些项目为核心，带动了一大批实力雄厚的社会资本投资这一区域，目前村民们享受着每年 1 500 元的生活补助，村民人均纯收入超过了 1 万元。老人们每月都有退休金，每年还有免费的体检，全村人都入了大病统筹……（杨华，2007）。

◎ 笔者在重庆高新区调查发现，某社区的农转非人员非常感谢集体经济的发展，非常关心集体经济组织的领导人，他们甚至戏言："某领导，你一定要保重自己的身体，你的身体不仅是你自己的身体，还是我们大家的身体。"而相邻的另一社区，因为集体经济发展不好，他们不仅不关心领导的身体，反而有咒骂的声音。

其三，发展农转非集体经济，是农转非人员再组织的有效纽带。人是社会的人，他（她）必须也必然同社会发生相互交往；在现代社会，一个人同社会的交往广度与深度在一定意义上影响和决定着其生存发展的质量与层次。征地农转非人员面临着农村集体经济实力不足、组织有限、在征地农转非时又被打破的局限。因此，市场化、工业化和城市化进程中的"失范"危机正在成为"一个不能为国家所淹没的社会生活领域"（J. C. 亚历山大，2002），迫切需要加强征地农转非人员的再组织工作。

一方面，随着市场化和城市化进程的不断推进，农村传统血缘、地缘及宗族纽带的联结作用逐渐式微（郎晓波，2009）。农村家庭联产承包责任制的实行，客观上淡化了农民的组织依赖性，他们在自己的"一亩三分地"上自主经营，自求发展，他们的组织归属感本身就较为缺失。麻渝生认为，在农村的三级管理体制中，乡（镇）

一级——法律所规定的具有“组织”特征的农村集体经济组织处于缺位状态;村一级——“村”的外延与“村集体经济组织”的外延重叠,“村集体经济组织”的概念模糊;村民小组一级——集体经济组织因行政村的设立,失去了对集体财产的经营权、管理权,其功能日渐萎缩(麻渝生,2008)。因此,改革使村集体经济实力削弱甚至瓦解,集体资产迅速减少,导致了大量“空壳村”的出现(郭正林,2005)。在成都市有经济核算的 2 966 个村(涉农社区)36 098 个组中,仅有 58.78%的村组还有经营性净资产,每年通过经营可以获得一定的经济收益,其余大部分村组均没有经营性资产,或仅有少量的公益性资产(麻渝生,2008)。

另一方面,在被迫征地而进入城市后,原有的生存发展空间被打破,相对淡薄的原有社会联系被割裂,他们被局限在一个极其狭小的社会圈子里,其焦躁不安的心理与生存发展的困境形成恶性循环。因此,必须采取有效的措施,建立一定的农转非组织,满足农转非人员的组织归属感,以引导和调节其心理,促进其非农就业。

恩格斯曾指出,利益是一切联合的基础,无论是何种联合,它都应通过“利益”来实现。因此,农转非集体组织的建设,要着力突出其经济功能,或着力建设集体经济组织。事实上,农转非人员的社会交往主要以亲缘关系为主。有调查显示,亲缘关系在农转非人员的讨论网、陪伴网、借钱网、就业网分别占 77.4%、69.9%、64%、63.6%,其中,亲缘关系又以配偶、亲属、父母为主(张海波、童星,2006)。显然,亲缘关系难以承载农转非人员缓解进城时的心理问题与城市生存发展的要求。另一方面,一些地方的实践表明，农转非集体经济的发展，的确起到了再组织农转非人员、促使他们有效融入城市、实现非农就业的良好作用。在深圳市，将原村民委员会的发展集体经济和组织村民自治的两大职能分开，分别由新的集体经济组织、居民委员会和街道办事处承担；在体制转变初期，新成立的集体经济组织应对居委会给予必要的人力、物力、财力上的支持，不仅保证居委会的建立和工作的顺利进行，而且成为了社区管理的真正主体；集体经济组织承担着集体财产的代理经营、村落社区的建设管理、原村民的组织保障等职能，传统村落在集体经济的再组织下演变成为基于共同财产关系的经济社会综合体（周锐波、闫小培，2009）。

因此，在城市化背景下，征地农转非人员早期的乡村社区仍然可以通过集体经济的"共享"来延续传统整合的纽带，构建共同利益基础上的社会整合与新秩序（郎晓波，2009）。如在深圳，农村城市化改革之后，为维持社会稳定并充分调动基层管理组织资源，城市政府在转型过渡期采取居委会（社区工作站）与集体经济组织主要领导交叉任职的方式，确保政府在基层管理中对集体经济的调配能力。在街道办事处管辖范围过大、人员投入不足的情况下，股份合作公司掌控着集体经济资源，是基层社区管理的真正主体，成为以职能部门为主的"条"状城市管理在基层中的重要补充（周锐波、闫小培，2009）。

也许有人担心，在城市建设征地过程中，农转非人员已经够麻烦了，如果再让他们组织起来，那麻烦会更大。笔者认为，征地农转非人员进城初期的困难与问题是客观存在的，由于共同的利益取向或利益诉求，他们客观上总会形成一定形式的"组织"，没有正式组织，就一定有非正式组织，“堵”是堵不住的，与其花心思去堵、去瓦解农转非人员的组织性，不如让其组织“合法化”并引导“合法组织”健康发展，我们应该相信，只要我们真心为农转非人员着想，农转非人员是一定会理解和支持的，“合法组织”也一定会更多地促进和帮助农转非人员在城市的生存与发展，进而帮助城市化建设与发展。

还有人会说，征地农转非人员进入城市农转非小区，不是有社区组织可以满足他们的组织归属感吗。笔者认为，农转非社区的确可以给予征地农转非人员一定的组织归属感，但社区是一个综合性的“小社会”，政治、经济、社会、文化等各方面职能均在其中，对进城初期的征地农转非人员来说，其经济利益的诉求与组织归属感，农转非社区无法较好地满足；而且，农转非社区的建设，还有一个较长时期的过程，加强农转非人员集体组织建设正是农转非社区建设的首要任务。

第二节　农转非人员集体经济发展领域

一方面，农转非集体经济的发展，要遵循“有利发展”的原则，因为农转非集体经济发展的根本目的是壮大集体经济并使农转非人员受益。因此，凡是有利于集体经济发展壮大的事情都可以做，凡是不利于集体经济发展壮大的事情都不能做；在有利于集体经济发展壮大的业务领域中，又要区分轻重缓急明白“先为与后为”、判断成本投入以明白“该为能为与该为不能为”等。另一方面，由于集体经济大多是规模小的企业，农转非人员自身的素质能力又有一定局限。因此，农转非集体经济的发展，要遵循“有效发展”的原则，要重点关注城市经济发展的空隙、薄弱环节，尽可能从拾遗补缺的业务领域做起。基于此，笔者认为，农转非集体经济的发展，在如下领域值得探索。

一、城市二、三产业

其一，利用预留土地进行二、三产业的开发发展，实现“留地安置”模式的创新。

一是要紧密结合城市建设规划、地区经济发展走势，科学确定留用土地的开发建设内容，如建为仓储或建造工厂或商铺或专业市场或酒店或学校或游乐场等，形成相对稳定的租金收益，确保了农转非人员的生活有长远保障。如江西南昌市部分村集体通过只建厂房、不办企业的集体经济发展模式积极发展壮大集体经济（叶仁荪、曾国华，2008）。这种方式既能保证资金的增值，也能确保资金的安全。二是实现留用土地的产业选择与发展同城市经济融为一体，有利于城市土地的合理、集约利用，在帮助农转非人员非农就业、增加收入（案例5—1）的同时，也防止“留地开发”变为城市土地利用大格局中的“孤岛”、“伤疤”、“祸害源”等而面临改造。三是以土地资产为基础，建立现代企业制度，聘请专业经营管理人员，加强财务监管，尽可能规避市场风险，力求集体经济实力提升。

案例 5—1 贵州兴义市一个市场带富一方人

东风村是贵州兴义市桔山新区开发的“第一村”，土地全部被征用后，2 000 多名失地农民的增收问题特别突出。村里用保留的少量土地，发动村民们自筹资金 423 万元建起了兴义目前最大的农产品批发市场。现在每天至少有 3 000 人(次)入市经营，车水马龙，一派兴旺。东风村有 120 多户农民在市场内拥有摊位，220 人以股东的形式入场分红。去年，他们的年终分红达到人均 1 000 元，年收入普遍能达到万元以上。

其二，依托农转非小区物业发展农转非集体经济。

将农转非居民小区的公共建筑的产权或经营权交给该小区拥有，通过相应的专业机构运营获得收益，如停车场、商业门面、楼体广告位、小区市场等，其收益不仅可以贴补小区物业管理费用，从而减轻农转非人员的生活负担，而且有助于实现小区管理与服务的规范、有序，短期内提升农转非人员的生活居住品质，长期里增大农转非人员物业资产价值。

同时，通过农转非小区物业管理与服务的运作，培育农转非集体经济的发展优势，创办服务型经济实体，进而进一步向城市管理、社区管理、市场管理、便民服务等方面发展，获得新的发展空间，壮大农转非集体经济实力。

其三，引导农转非人员建立合作联合体，自主发展规模不大，适应性强的“加工型”企业。

例如，上海市女子实验函授进修学院院长王翠玉，组织郊区离地女农民、外来媳妇、下岗女工发展手工编织家庭加工业，在上海独创开设了绒线编织、抽纱布艺刺绣、丝网花艺术穿珠等服饰工艺系列专业培训，在一个又一个社区组织发展“姐妹手工编织合作社”，引导广大学员在姐妹合作社里，施展才华，增加收入。到2008年3月止，学院组织推动的姐妹手工编织合作社已有17个。虽然目前姐妹们从合作社挣来的钱不是很多，但对这些弱势女子来说意义非同一般。一个女学员流着眼泪说：合作社让她们找回了自尊和自信（林松华，2009）。

其四，引导农转非集体发展城郊劳动密集型企业。

有资料显示，主要分布在工业、建筑业、环卫、餐饮服务业等劳动密集型行业，吸纳了80％左右的外出农民就业；1996～2001年，劳动密集型产业对全国工业增加值的贡献率为55.5％；每一单位固定资本所吸纳的劳动力数量，劳动密集型的轻工业部门是资本密集型的重工业部门的2.5倍，劳动密集型小企业是大企业的10倍；城郊中小企业接收了57％以上的城市化过程中征地农转非人员的就业（张媛媛、贺利军，2004）。因此，地方政府应该给予城郊劳动密集型企业以一定的政策优惠与促进，农转非人员应有效地利用政策优惠积极发展劳动密集型企业。

二、现代农业运营

一方面，与其他农民相比，征地农转非人员更具有市场意识和发展都市农业的技能，更加了解市场的需求和动态，被征地前对蔬菜、花卉、苗木等种植和畜禽、水产等养殖及相关经营较熟悉；从个人素质能力转变来看，被征地后尽管有相应的就业培训，但观念的转变和非农技能的提高不是短期培训能解决的，特别是那些习惯了农村生活方式、劳动技能和精力放在农业方面的中年以上农民，转变对于他们来说更是痛苦的过程。

另一方面，当今世界，自给自足的传统农业正在向高度商品化的现代农业转变，农产品必须经过加工、包装、储藏和长途运输等环节才能达到消费者手中，一个包括农产品的生产、加工、储运和销售等全部过程的系统链条正在形成（牛若峰，2002）。现代农业的形成与发展，表现为围绕社会对农产品的需要，农业产业部门之间的前、后向联系日益紧密和不断延伸，中间产品的种类和数量大规模增加（宋超智、程宝栋、宋维明，2008），这就必然带来许多新的发展机会，如山东省依托生姜、花生的规模化生产及产前、产中和产后的包装、储运、销售等各生产环节的一体化，发展现代农业获得了良好的效益。在现代农业的发展中，征地农转非人员的相对优势使之更适合从事农业或者与农业相关的产业（曾海鹰，2006），在现代农业的运营中更容易抓住机会、获得发展。

因此，应当将现代农业的经营管理作为征地农转非人员再就业的一个重要选择，积极牵线搭桥，引导、组织他们去中郊、远郊或外县、外省、国外承包土地，继续进行特色农业开发，进行现代农业运营。

从实践看，一些地区的征地农转非人员在异地从事农业经营，已经获得了成功，并为当地农村带来新的变化。如四川的农民在贵阳租用土地发展花木养殖业、浙江农民在贵阳花溪区发展草莓养殖业等，都获得了良好的发展。

在重庆市经开区礼嘉镇，征地农转非人员“异地以农就业”，也取得了喜人的成绩（王晓莉，2006）。针对农转非人员就业困难，2004年，重庆市经开区礼嘉镇提出了“以农就业”新思路及一系列的奖励政策与长效工作机制：鼓励农转非人员到经开区外承包土地，搞特色种植业；凡到镇外承包土地“以农就业”的，根据其租用土地的面积大小，分别给予每户500～1 000元连续三年的奖励；在镇外“以农就业”差资金的，政府帮助协调小额贷款，并承担50％的贷款利息；镇就业工作组全体成员和各村（居）就业工作联络员与在镇外的“以农就业”户建立“一对一”的联系制度，随时掌握异地就业人员的生产、生活情况，为他们提供信息，帮助他们解决疑难问题。于是，重庆市经开区礼嘉镇征地农转非人员“以农就业”取得了喜人的成绩。2005年一年，礼嘉镇就有145户人家到渝北区兴隆、木耳、王家、石坪等镇，有的甚至到南川区、沙坪坝区井口等地租赁土地“以农就业”，租地面积达到5 308亩，常年解决礼嘉镇550人就业。2005年8月的一天，渝北区兴隆镇一块绿油油的蔬菜地里，40多岁的吕兴太一边向前来送农用薄膜、肥料的经开区、礼嘉镇就业办人员打着招呼，一边忙不迭地向他们介绍长势喜人的玉米、黄瓜、丝瓜、豇豆。他说：“感谢经开区、礼嘉镇党委和政府对我们的关怀！”和吕兴太一起到兴隆镇种蔬菜的白马社区居民陈道兴说：“到2005年8月，我们租赁的178亩地共收入35万元，我一家4口和合伙的‘伙计’都有了岗位，我们很高兴！”2006年2月17日，经开区举行了2006年农转非就业工作大会。礼嘉镇“以农就业”示范户宋富平就如何改变就业观念，发挥养殖专长，到外区承包鱼塘，并带动9户农转非人员走“以农就业”的路子介绍了经验。

三、劳务经济

劳务经济是劳动者通过提供劳务而获得报酬收入的一种独特的经济活动。农转非人员大都生活在城市边缘，思想活跃而开放，早有出外闯市场的愿望；市场活跃，资源偏少是我国沿海发达地区普遍存在的特点。于是，农转非人员劳务经济的发展有良好的市场基础。劳务经济是一个可以拓展的庞大的系统（图5—1），劳务经济的发展壮大过程，其直接效应是农转非人员就业并发展；间接效应是农转非人员从"提供体力劳动"的岗位与服务做起，经过若干年后素质能力提高，从事"提供智力服务"的工作，或者在外地发展，或者回归创业；此外，还带来服务"劳务输出"的相关行业部门发展进而提供新的就业岗位。

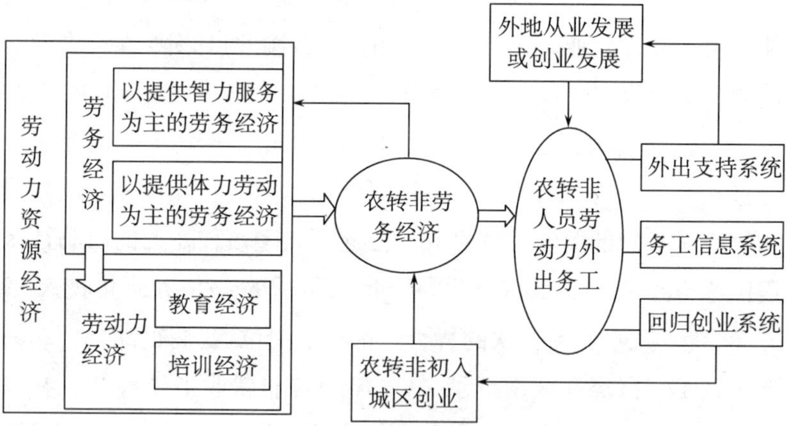

图5—1 劳务经济内涵界定

第三节　农转非人员集体经济组织建设

一、建构农转非集体经济基础

其一，妥善整改原有集体经济。城郊农村集体经济有一定的发展，但大多存在内部产权模糊、分配和激励措施欠科学等问题。在征地农转非后，对原有集体经济组织进行制度改造，势在必行。首先，要核实集体资产，评定人员等级和享受资产的资格，将净资产全部或部分量化折股到有持股资格的集体成员，按股分红；其次，选择适合征地农转非人员的集体经济组织形式，向现代企业转变，适应市场经济的要求。股份合作制是集体经济组织改革的最优选择，因为它融合了股份制和合作制特点，比转换为股份公司更容易操作、风险更小，有利于农转非集体经济组织的平稳过渡；它也能有效克服集体资产产权模糊的弊端，能在兼顾集体经济组织的效率与公平的同时，实现农转非集体资产的保值和增值（王智聪、郑庆昌，2008）。

广州石牌村通过公司制改革将村队两级集体资产全部量化分配给本村村民，成立了集团党委会和集团公司，对村集体经济实行公司化管理，对村民及其居住地实行城市化管理，解决了城中村集体经济组织权利主体模糊的问题。厦门马垅社区通过把居委会和股份经济合作社分设、职能分开，初步实现了党政分开、政社分开、政企分开，较好抑制了集体财务管理混乱和集体资产流失，提高了新型集体经济组织的管理水平;新成立的股份经济合作社抓住城市化的有利契机,通过盘活现有的资金,积极引进一些优秀的项目和经营管理人才,促进资源的优化配置,改革后当年,马垅社区股份经济合作社就通过项目融资,引进了两个公寓建设项目,同时还有个四星级酒店的项目正在筹备当中。社区股份合作制改革拓宽了经济发展的路子,实现了集体资产的保值增值,并且提高了村民的收入(王智聪、郑庆昌,2008)。

其二,引导征地补偿费发展农转非集体经济。一是政府征地时预留一定的资金,配置一定的资源(如土地);二是转非前集体组织的经济资源;三是引导农转非人员拿出一定的资金。

值得提及的是,对于给予农转非人员的补偿费用,各地大多采取的是"一次性发放"的方式,实践证明,这应该因人而异。要充分考虑农转非人员的经济状况、收入来源、自身素质以及就业能力等,对那些确实拥有一技之长,有自谋职业能力且愿意自谋职业的农转非人员,经本人申请,在与政府签订有关协议后,可一次性支付补偿费用,为其从事其他经济活动提供一定的创业资本,放手让他们利用这部分资金发展个体经济或私营经济,实行自我安置、自我发展,同时自我承担风险;而对于那些就业还存在暂时困难或尽管可以勉强就业但收益不高、目前的生存与发展暂时不需要大笔资金的农转非人员,应在征得他们同意的前提下,实行分期支付补偿费用的方式(钱凤魁、王秋兵,2006)。这样,一方面,农转非人员的基本生活长期有保障,避免了失地农民"花光、用光、集体上访"的行为,对社会起到一定的稳定作用;另一方面,暂时没有发放的补偿费用,可以拿出一部分来发展集体经济。当然,农转非人员补偿费用的分期支付标准应充分考虑当地社会的经济发展水平、产业结构状况、农民的生活水平以及就业状况等多种因素，要确保农转非人员生活水平不降低，要随着经济的发展和生活水平的提高而定期修订。

二、选择、培育一个强有力的带头人

从“留地安置”的实践看，一个强有力的带头人、对“预留土地”开发方式的科学把握、集体经济组织的有效运营管理、农转非人员对集体资产处置的合作态度等，是农转非集体经济发展成功的关键因素。其中，带头人的水平和素质具有关键性作用。这是因为，农转非集体经济是处于弱势的征地农转非人员为抵御市场竞争的风险在走互助合作道路基础上形成的。事实证明，凡是搞得好的农转非集体经济组织及城镇集体（合作）经济组织，必然有一个好的带头人；凡是搞得不好的农转非集体经济组织及城镇集体（合作）经济组织，也必然有一个与该组织带头人有关的问题。因此，农转非集体经济组织的建设与发展，必须着力于培养和造就一大批热爱集体（合作）经济事业、能力强、素质高的带头人，或者通过合作，引进这样的带头人。

在农转非集体经济组织带头人的培育选拔中，一要大力宣传农转非集体经济发展思想和发展前景，让城市社会精英和农转非人员中的优秀分子积极投身农转非集体经济发展事业，把发展农转非集体经济、为征地农转非人员服务、为社会作贡献作为自己的理想和责任。二要关心、引导带头人的工作。农转非集体经济的发展，是在现有激烈竞争的市场中去争夺一份市场或创造一份市场，带头人及全体组织成员必须付出更为艰辛的劳动，如果带头人没有恒心、没有忍劲、得不到关心与引导，大家的艰辛劳动就可能白费。因此，政府有关部门应为农转非集体经济组织的带头人创造良好的外部环境和条件，支持关心他们的工作，帮助解决在工作中的实际问题；要肯定他们的市场价值，采用形式多样的激励机制，让他们与企业命运更紧密地连在一起；要采取各种引导措施，鼓励社会的优秀人才投身于农转非集体经济发展事业，为农转非人员顺利进城、平稳过渡、融入城市发展城市作出贡献。三要适时举办专门的培训班、交流会、考察活动等，传授现代市场经济知识，交流农转非集体经济发展经验教训，开拓农转非集体经济发展视野，提高农转非集体经济组织带头人的能力。

三、以“对口支援”方式帮扶农转非集体经济组织

可以采取“对口支援”的方式，在征地农转非时，引导社会企事业单位、高等院校、科研机构及社会志愿者实施对口支援，为农转非集体经济提供技术、管理、市场等帮助措施，帮助其发展上路后再慢慢撤出，或者成为经济联合体。在我国，大型工程建设（如三峡工程）、地区重大事件（如汶川地震灾区重建）、区域经济协调发展等，对口支援是一项重大的战略举措，并取得了显著的成效。在城市建设对农用土地征用过程中，借鉴和运用对口支援的方式，亦能有利于促进发展、实现共赢。

对口支援是一个系统工程（图5—2），它既需要援助方的“带”和“推”，也需要受助方的“动”和“进”；它既涉及援助方的实力、意识、援助方式等，也涉及受助方的基础条件、发展意识、发展空间；

它既需要援助方的主观认同、积极推进，也需要受助方的有效协调、积极对接等。对口支援是政府的一种号召，初期带有一定的公益性，但根本的是经济性，是优势互补、互惠互利、长期合作、共同发展(周银珍，2003)。

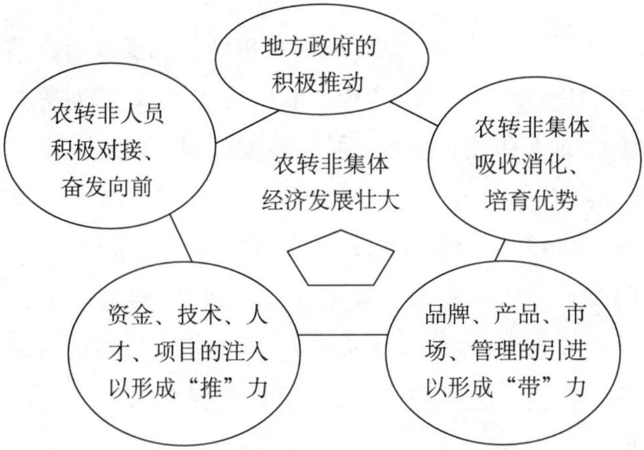

图5—2　对口支援农转非集体经济系统

四、农转非集体经济组织管理创新

其一，健全村务公开和民主议事制度，规范农村集体经济组织。让征地农转非人员真正享有知情权、参与权、管理权和监督权。将集体的财务信息和资产状况及时、准确、完整地向农民公布，完善民主理财，加强民众监督。防止集体资产被挪用、截留、瓜分、挥霍浪费，或低价承包、变卖等。

其二，增强政策扶持力度，为集体经济创造良好的环境。可以给村集体留有部分土地用于扩大集体经济，从而吸纳更多的征地农转非人员就业。为确保征地农转非人员的长远利益，按照“土地变资产、社员做股东”的思路，政府应制定优惠政策，鼓励农民按照自愿、民主的原则实行股份制经营，使原有的失地农民在集体经济中享有产权。

其三，以明晰产权为重点，加快农村产权制度改革。建立农民持股制度，明晰和界定集体产权。农民变成股东，相对完整地确定对集体资产的人格化占有权、利益分配权、民主决策和民主管理权，既保证集体资产每一个具体的所有者能够有效行使其对集体资产的所有权和收益权，又保持集体资产使用的完整性，也增强集体经济的凝聚力和向心力。通过股份制改革，形成职工（农民）有控制权的产权制度，保障集体资产安全，探索农民持股分享集体企业收益并对企业实施监督的形式，引导农村集体经济组织向现代企业制度转变。

第六章　就业促进与地方经济发展

经济发展是解决失业问题的根本措施。征地农转非人员当前的就业困境，反映出我国经济发展战略模式、城市化建设存在相应的问题，必须转换经济发展战略模式、实施城市化建设与运营创新，才能从根本上解决征地农转非人员非农就业问题。

第一节　经济发展与农转非人员就业

一、经济发展与农转非人员就业的一致

一般来说，就业机会是在经济增长过程中创造出来的，经济增长是扩大就业的前提，只有经济发展了，经济实力增强了，才能为征地农转非人员创造更多的就业岗位，使他们实现非农就业。因此，征地农转非人员非农就业问题解决的关键要靠经济的发展，经济发展与征地农转非人员非农就业应当呈现为一致关系。从各地的实践来看，经济发展与征地农转非人员非农就业也的确表现出

一定的一致性。

其一,经济发展水平与征地农转非人员非农就业水平的一致性。据调查显示,东部地区农转非人员的就业情况明显好于中西部地区,一是东部地区农转非人员处于失业和半失业状态的比重低于中西部地区,二是东部地区农转非人员的就业率明显高于中西部地区(表6—1)(李富田、张媚迪,2008)。如果加上东部地区接收的农民工,那么东部地区经济的快速发展形成的就业能力将比中西部地区大得多。据统计,20世纪80年代初期,全国外出打工的农民不足200万,1990年达到1 500万,2004年达到1.2亿(国务院研究室课题组,2006),增长速度之快,举世罕见。如此大量的农民工正是中西部地区转向东部地区的,说明东部地区的就业能力非常之大,这显然是东部地区经济快速发展的结果。可见经济发展与就业增长的明显相关性和一致性。

表6—1　农转非人员就业状况的地区差异

地区	东部	中部	西部
农转非人员失业比重(%)	19.10	31.06	27.68
农转非人员就业比重(%)	67.52	16.93	25.53

笔者搜集2002～2009年学者们对各地征地农转非人员的失业率的调研数据(附件1),整理后发现,征地农转非人员失业率在35%以上的,东部地区占42.30%,而中部地区和西部地区却为90.91%和87.09%;征地农转非人员失业率在40%以上的,东部地区占30.77%,而中部地区和西部地区却为90.91%和77.42%

(表 6—2)。尽管这只是一个统计分析,而且可能因为各地的数据个数不一致、数据不完全等可能导致不精确,但这仍然可以说明一个大的趋势:经济发展水平较高的东部地区,征地农转非人员的失业率比中西部地区低,就业率高。

表 6—2　2002～2009 年国内学者征地农转非人员失业率调研数据占比分析(%)

失业率比例	25以下	25～35	35～45	45～55	55～65	65～75	75～85	85以上	合计
东部10省	15.39	42.31	19.23	11.54	3.85	3.85	3.85	0.00	100.02
中部6省	0.00	9.09	45.45	27.27	0.00	18.18	0.00	0.00	99.99
西部12省	3.23	9.68	19.36	19.36	25.81	6.45	6.45	9.68	100.02
失业率比例	20以下	20～30	30～40	40～50	50～60	60～70	70～80	80以上	合计
东部10省	11.54	11.54	46.15	15.39	3.85	7.69	0.00	3.85	100.01
中部6省	0.00	0.00	9.09	63.64	9.09	9.09	9.09	0.00	100.00
西部12省	0.00	9.68	12.90	16.13	35.48	6.45	6.45	12.90	99.99

资料来源:根据附件 1 的数据统计而得。

其二,经济发展水平越高,地方政府解决征地农转非人员的能力越强。从经济发达地区和欠发达地区的具有代表性的典型个案访谈中可以发现:由于地区经济发展的差异,地方政府在解决征地农转非人员就业问题上的能力差异非常明显,经济发达地区在解决征地农转非人员就业问题上已经有想法、有制度、有执行并有效果,而经济欠发达地区则是有想法、有制度但难以执行(孙文华,2007)。

这是因为征地农转非人员的安置模式是与特定的经济社会发展状况相联系的,是对经济社会发展实际的吻合与反映过程,宏观经济社会发展状况的变迁会反映到征地农转非人员安置模式的变化上。地区经济发展水平从供给和需求两个方面制约征地农转非人员安置方式的选择,对经济发展水平较高的东部沿海地区而言,由于经济发达,就业机会较多,政府财政资金充足,这一方面使得政府可以以更高的标准提供更多的安置类型以供征地农转非人员选择;另一方面由于可供选择的安置方式多,每个征地农转非人员可以根据自己的实际情况选择适合自己的安置方式,从而减少矛盾。如浙江就有十种征地农转非人员安置方式。相反,经济发展水平低、政府财政收入少、就业机会少的中西部地区,地方政府能够提供的征地农转非人员安置方式单一,补偿标准较低,征地农转非人员的满意度相对较低,容易引发社会矛盾(蔡传斌、方竞,2006)。

二、经济发展与农转非人员就业的不一致

其一,从总体上看,经济发展的速度与征地农转非人员就业的速度不一致。从全国及各地的情况看,应该说这些年国民经济的发展速度是较快的,但仍然存在着如此严重的征地农转非人员非

农就业问题，说明经济发展没能很好地解决征地农转非人员非农就业问题，或者说经济发展没能为征地农转非人员提供足够的非农就业岗位。这与我国近十多年来出现的“经济高增长、就业低增长”格局是吻合的。20世纪90年代以来，中国出现了“经济高增长、就业低增长”的格局，较高的经济增长率并未带来就业的相应增长(表6—3)(尹庆双、杨锦英，1999)。根据世界银行1995年度报告，低收入国家的就业弹性为0.37，中等收入国家的就业弹性为0.78，高收入国家的就业弹性为0.24；发展中国家的平均就业弹性大约是0.3～0.4。我国属于低收入的发展中国家，经济增长的就业弹性起码应该在0.3左右，可事实是20世纪90年代以来我国经济增长的总体就业弹性仅为0.11(程连升，2007)。国家发改委副主任朱之鑫在2004年的“中国就业论坛”上指出，我国经济增长对就业增长的促进作用已呈现出明显弱化的倾向：20世纪80年代，我国GDP每增长1%，可增加约240万个就业岗位，而现在只能增加80万个(朱之鑫，2004)。在上海南汇区，经济在保持两位数增长速度，而就业增长却以较低的个位数增长(沈志兰，2006)。据亚洲开发银行估计，20世纪80年代，中国每增加1%的就业岗位需要经济增长3%；到了90年代，就业岗位同样增加1%，则需要经济增7.8%(陆支明2006)。国家劳动和社会保障部的莫荣也认为：20世纪80年代我国的GDP就业弹性系数为0.303，90年代为0.104，21世纪前5年就业弹性系数为0.105，中国经济吸收劳动力的能力是呈下降趋势的(黄乐桢，2006)。

表 6—3 我国 90 年代以来经济增长与就业增长的对比

年份	GDP 平均增长率(%)	就业增长率(%)	对应关系
1986～1990 年	7.9	2.9	有增长有就业
1991～1995 年	12.0	3.3	就业增量呈现递减趋势
1998 年	7.8	0.15	有增长无就业

其二，从区域看，经济发展水平与征地农转非人员就业水平也不完全不一致。从上述的表 6—1 和表 6—2，我们一方面可以看到经济发展水平较高的东部地区的征地农转非人员就业水平高于经济发展水平较低的中西部地区的征地农转非人员就业水平外，说明“经济发展有助于征地农转非人员非农就业”的总体趋势；另一方面，还可以看到，经济发展水平相对高于西部地区的中部地区，其征地农转非人员就业水平与西部地区并无太大差异，说明“在特定时期经济发展水平与征地农转非人员就业水平并不完全不一致”的现实。这其中有微观上征地农转非人员依恋故土、求职网络狭窄等原因，中观上对外来务工人员体制机制上的限制等原因，更有宏观上“经济发展战略取向”的原因。

即使在经济发展水平较高的东部地区，近年来也因为经济结构的调整而出现了就业能力下降的态势。从 2004 年到 2007 年下半年我国东南沿海地区出现不同程度的“民工荒”，实质上是对低端劳动力的“排挤”；2008 年在全球金融危机影响下出现的“民工返乡潮”，更是对传统出口导向的增长模式的挑战(张志超，2009)。2009 年初，受金融危机影响，广东继 2004 年以来首次出现劳动力供大于求的局面，而普工供大于求，技工仍供不应求；广州、深圳等十市人力资源市场进场招聘的企业用工需求六成以上集中在熟练工和技术工，无技能农民工就业难度加大（王飞，2009）。显然，经济发展对就业促进的一般性还需要充分关注经济结构的优化问题。

综上所述，一方面，化解征地农转非人员就业难题的根本路径是加快经济发展速度，因为一个地区的经济发展水平较高、非农产业足够发达，其就业容量较为充分，征地农转非人员的失业问题就不一定会产生，即使产生了，也是很容易解决的。另一方面，我们必须实施新的经济发展战略，应从"以经济增长为中心，其他目标均服从于经济增长的发展模式"向"以就业增长为中心，将扩大就业岗位与降低失业率作为最重要目标的发展模式"转换，调整城市化战略，着力推进城市建设与城市经济发展，为征地农转非人员非农就业提供更多的就业岗位。

第二节 中国城市化战略的反思

笔者在导言的选题背景中曾论述到，基于国内外众多学者的普遍认识和中国经济持续发展的要求，认为，中国正处于城市化快速发展时期；同时，中国城市化的快速发展使征地农转非人员增多。面对快速城市化进程中大量农转非人员失地又失业的困境，我们是该放慢城市化进程的速度，还是任凭农转非人员失地失业？两条路显然都不行。我们必须进一步明确城市化对中国经济社会的意义从而坚持实施城市化战略，同时对过去的城市化运行进行反思以实施科学的城市化战略、达到城市化战略的应有目的。

一、城市化的中国价值再认识

发达国家的城市化发展道路表明，城市化是促进经济增长的推动器，城市化有利于推进城市基础设施建设、促进工业化、发展第三产业。城市化的发展过程也是农村劳动力转移的过程。当今世界，凡经济发达的先进国家，都是城市化水平高的国家。城市化水平的高低，已经成为一个国家或地区经济社会发展水平的重要标志。因此，没有一个国家和地区不重视推进城市化发展。中国的城市化建设，不仅具有世界城市化发展的一般价值，还具有如下特殊价值。

其一，城市化是实现资源有效利用的基础条件。我们曾经用“地大物博”来描述中国，但是当代的中国，已经出现了人口压力大、资源短缺的严峻形势。中国国土面积(陆地)为 960 万平方千米，居世界第三位，但人均占有土地面积只及世界平均数的 1/3；耕地、林地、草地面积分别居世界第 4 位、第 6 位、第 2 位，但人均占有量却分别为世界平均水平的 1/3、1/6 和 1/2。中国河流纵横，湖泊密布，但人均水资源却居世界第 109 位，被列为世界人均水资源的 13 个贫水国家之一。中国人均拥有矿产资源潜在总值居世界第 53 位，是俄罗斯的 1/5，美国的 1/8；每平方米拥有矿产资源潜在总值居世界第 24 位，比美国低 46%，比前苏联低 43%(董建辉，2003)。城市化的快速推进过程，也是耕地快速减少的过程，有资料表明，从 1996 年 10 月底到 2007 年 10 月底的 11 年间，全国耕地面积由19.51亿亩减少为18.26亿亩，2007年人均耕地面积仅一亩三分半，只相当于世界平均水平的40%，有1/3的省人均耕地面积小于1亩，有1/3的县人均耕地面积小于0.8亩，已经低于联合国测算的最低生存保障水平（霍永刚、张桂香，2005）。显然，极为稀缺和宝贵的耕地资源及其他资源，要求中国既必须让更多的农业人口转为非农业人口，实现在非农产业就业，又必须着力生产要素的集聚和不断提高资源利用率，而城市化正是实现此要求的有效路径。

一方面，城市化是以人口稀疏、空间上相当均匀遍布、劳动强度很大且个人分散为特征的农村经济，转变成为具有基本对立特征的城市经济的变化过程（沃纳·赫希，1990）。城市化在通过便利的交通、快捷的信息、良好的市场、发达的科技与教育以及先进的城市设施等为工业化提供必需条件的同时，更重要的是通过人口、资金、资源的相对集中而推进工业实现集聚效益和规模效益。当前，我国以高投入、高消耗、高排放、低效率、低收益、低技术为特征的数量扩展为主的粗放型增长方式与发展方式必须转变，应当依托城市化发展着力实现资源有效利用、技术不断创新、环境友好的新型经济增长方式与发展方式。

另一方面，城市化过程就是农村劳动力转移的过程，伴随着一部分农村人口向城市转移，他们放弃原有的土地，农业生产由多数人运行转变为少数人运作，从而促进农业的规模化、集约化及机械化，促进农业劳动生产率大幅度提高；伴随着城市人口的集中和对农副产品需求结构的转变，既为农业生产提供更大的市场容量，也促进农业生产结构转换和优化；在农业生产效率和效益提高的过程中，农村与城市的差距才能逐渐缩小，进而逐步实现城乡二元经济向一元经济的转变，实现城乡一体化。

其二，城市化是促进人力资源积累的有效载体。当今世界，人力资源的第一资源。我国是人口大国，但还不是人力资源强国。我国有13亿人口，其中8亿是农民，他们不仅文化素质低，更严重的是思想意识狭隘，由于长期局限在交通不便、信息不通的广大农村，他们不知道外面的世界时刻发生着日新月异的变化与发展，一年一年、一代一代，广大农民将被现代文明所抛弃。这种状况不仅制约着农民自身的发展与进步，更影响中国人力资源整体的积累，从而不利于中华民族的伟大复兴。加快城市化进程，让越来越多的农民走出大山、走进城市、走向现代文明，短期内他们可能因为自身文化素质的低下而面临阵痛，但是正是这种阵痛形成压力和动力，如果加上地方政府和社会的有效扶助，长期里他们将逐渐走进现代文明，积累人力资源，发展现代文明。

同时，通过城市化，还有助于人力资源的优化配置。现代城市是一个经济社会文化的大系统，在市场经济机制的作用下，城市系统的分工不断出新；在竞争的压力推动下，城市经济社会文化不断创新发展。如此推动着人力资源不断地从效益低的产业、地区和企业向效益高的产业、地区和企业转移流动和优化配置。另外，在各个地区经济社会文化发展特色不断培育和张扬的过程中，不同城市的人力资源向各自的优势行业、部门和产业领域集聚，形成各自的人力资源优势及人力资本优势。这正是中国人力资源积累的有效路径，亦是中国人力资源整体实力增强、参与世界经济社会文化建设的有效途径。

二、城市化与征地农转非人员就业困境剖析

其一，从表象上看，城市化速度过快是直接问题。理论上讲，循序渐进的城市化过程应当更符合城市发展的规律，也可以减少城市贫困，缓解带给社会的冲击和矛盾。在西方发达国家，城市化过程都不是一蹴而就的，英国用了100年才使城市人口达到了超过农村人口的51%，又过了50年后的1901年城市人口才增长到了76%；美国城市化经历200年才达到了77.5%的水平(李少春，2006)。而我国城镇化进程却脱离了循序渐进的原则，1980年城市化率为19.39%，到2007年则达到44.90%(中国统计年鉴，2008)；从1980年代至1990年代初，以每年0.6个百分点以上的速度增长；1990～1995年，增速为每年提高0.52～0.53个百分点；1996～2001年，增速为每年提高1.43～1.44个百分点(陆大道，2007)。2001年开始的"十五"计划进一步强调"我国推进城镇化的条件已经成熟，要不失时机地实施城镇化战略"(中华人民共和国国民经济和社会发展第十个五年计划纲要，2001)。于是，城镇化进一步"加速"，2001～2007年各年的城市化率分别为37.66%、39.09%、40.53%、41.76%、42.99%、43.90%、44.90%(中国统计年鉴2008)。城市化的速度过快形成客观上难于兼顾城市建设与城市发展的困局。

其二，从结果看，城市化更多地表现为占用土地和单纯的人口城市化。我国城市化最突出的一个问题就是城市发展中的"摊大饼"现象严重，造成土地利用率低。1990年到1995年，全国净减少耕地200多万公顷，相当于广西耕地而积的70%，等于50个中

等县的耕地面积;1996年年底到2003年,中国耕地减少的1亿亩中绝大部分被城市所占用。这种“摊大饼”式的扩展导致土地利用率下降。1986年到1996年,全国37个特大城市用地规模增长弹性系数(城市用地增长率与人口增长率比率)已达2.29,而合适标准为1.12,两者相差1倍多;城市建筑容积率1996年为0.45,而一般可到1～3(陈书荣,2000);目前全国城乡建设用地约24万平方公里,人均建设用地已经达到130多平方米,远远高于发达国家人均82.4平方米和发展中国家人均83.3平方米的水平(张桂梅、李中东,2007)。对土地占用的狂热追求,形成了“重城市化的规模与数量,轻城市化的质量与效益;重城市硬件设施建设,轻制度、政策等软件的完善”的偏执局面。另一方面,盲目追求城市人口比重的提高、城市数量的增加和城市规模的扩大,却忽视了城乡的产业结构、基础设施、管理水平与人们生活方式等质量指标的完善与提高,低水平的城市化下难以形成人口和工商业的聚集,直接导致了城市第三产业发育不良,从而影响到第三产业吸纳就业能力的有效发挥。在征地农转非工作中,表现为实现了“土地农转非”,而“人的农转非”则严重滞后(肖更生、李崇光、苏竣,2005),形成当前“人口城市化与就业非城市化”的严重局面。如果以市区人口和非农人口指标来衡量,我国的城市化发展水平存在被高估的现象。王红霞测算结果显示,2002年以市区人口和非农人口指标测算我国的城市化率分别为28.94%、28.90%,比同期以城镇人口计算的城市化水平指标低10多个百分点;在长江三角洲地区,也存在人口城市化明显高于非农化的现象(王红霞,2005)。

其三,从深层次上讲,城市化与城市经济发展不同步。城市化的核心是经济发展，是产业结构的升级，城市化的水平、模式、速度，必须与经济发展相适应。城市化的目的和宗旨是通过工业化转移农村剩余劳动力，进而反哺农业，使农业也现代化，城市化必须强调产业支持。忽视对本地区支柱产业的培育，缺乏特色产业和主导产业支撑的城市化发展，是不能实现城市化的宗旨的(李义平，2003)，其简单结果就是扩张土地的占有者获利，而把征地农转非人员的失业和社会不稳定等综合社会成本推给社会(张媛媛、贺利军，2004)。

因此，我国现行的城市化战略需要一定的修正或调整，应当把城市经济发展与非农就业增长放到城市化战略中，实现城市建设、经济发展、就业增长的有机统一。

第三节　着力经济与就业增长并重，化解就业压力

一、实施“经济与就业增长并重”的经济发展战略

在我国目前的经济形势下，既不允许只注重经济增长，也不可能只考虑就业增长。近年来出现的“经济增长的就业吸纳能力在下降，经济增长对就业的增长和就业机会的扩大作用愈来愈有限”的状况，最主要的原因是片面的发展观与一些认识误区。一方面，在效率优先异化成效率至上的背景下，许多地方在发展思路上没有统筹考虑经济增长与就业增长，普遍存在着重 GDP 增长轻就业

增长、重税收增长轻居民收入提高的取向。这种发展观，必然促使各地只注重发展技术密集型的大项目、大企业，不重视劳动密集型的中小企业和就业容量大的服务业的发展。另一方面，在对待就业问题上有一些误区，如认为工业化能够自动促进就业，劳动成本低才有利于促进就业，以及害怕城市化影响就业。而长期的低劳工成本，不仅限制了城乡居民的购买力，更直接影响着产业结构与生产发展，进而对就业岗位的增长形成抑制局面。因此，在新的历史时期，必须调整经济增长的模式，选择和实施创造就业的增长模式，确立经济增长与就业增长并重的发展模式，着力推进经济增长与就业增长的良性互动。

就业增长与经济增长并重的发展模式就是将促进就业和经济增长作为经济发展的基本目标，在产业结构和产业布局调整以及经济增长方式和增长速度确定等重要决策活动中充分考虑其就业效应，将能否促进就业增长作为基本原则，力争在经济快速增长的同时实现就业的高速增长，有效解决劳动力供求矛盾、缓解我国严峻的就业形势，促进征地农转非人员的非农就业。

联合国开发计划署《人类发展报告》提出，创造就业的增长政策包括：第一，作为充分就业的政治承诺，把创造就业作为核心的政策目标；第二，实行促进就业导向的增长策略，但不同国家应根据国情的发展阶段选择适合的最具潜力的就业创造领域；第三，不断提高对人的投资，以提高技能、生产率和工资；第四，实施有利于就业的激励政策和适当干预劳动力市场的政策；第五，鼓励非正式部门的发展；第六，使公民公平地获得生产性资产，如土地和资本；第七，使公民公平地获取社会服务，特别是教育和卫生设施服务；

第八,为弱势集团提供更多的就业机会。这些内涵在我国的经济增长与经济发展中当着力实施。

二、大力发展第三产业

第三产业即人们常讲的服务业,包括生产性服务业、生活性服务业、科教文卫等社会事业和政府公共服务等诸多行业和领域。服务业的充分发展是经济增长与提高人民生活水平协调推进的必然要求,服务业是直接提供消费产品和服务的行业;农业和工业生产的物质产品,要通过物流、商业等服务业,才能被人民群众所消费;随着生活水平的提高,人们的需求还将向旅游休闲、医疗保健、文化娱乐、教育培训、提高发展等方面拓展,都需要相应的服务行业加快发展;人民群众需要有能够安居乐业的良好社会秩序和实现发展成果的共享,需要政府提供高效率的公共服务。

一方面,我国加快第三产业发展的条件正在形成和逐步成熟,第三产业有可能进入快速增长时期,在GDP中的比重上升(江小涓,2004)。另一方面,第三产业是吸纳就业的重要渠道,近几年的数据表明我国经济每增长一个百分点,第二产业只能带动17万人就业,而第三产业可以带动85万人就业(汪小红,2008);目前,世界主要发达国家的第三产业产业比重和就业比重均在65%和60%之上,美国的两项指标更是超过了75%,比我国高出35.8和47个百分点(齐震,2008);2005年,我国第三产业就业人数仅占社会从业人员的31.4%,低于1996年的印度尼西亚(37.89%)、韩国(55.94%)和墨西哥(55.06%)(杨宜勇,2000)。因此,中国未来就业的增加将主要靠第三产业来拉动,应把发展第三产业作为扩大就业的主攻方向。征地农转非人员更适合在第三产业起步，要制定和实施有利于第三产业发展的相关政策，从改变观念、规范行为、适当扶持等多个方面引导征地农转非人员在第三产业创业就业；同时，要对吸纳征地农转非人员达到一定数量的第三产业企业给予必要的政策扶持。

第三产业的发展，不仅表现为整体水平的提高，还表现为其内部产业结构的调整与优化。在经济水平还比较落后的情况下，国民经济中物质生产部门会呈现出最强劲的发展势头，实物产品构成了居民消费的主要对象和社会生产力所需的主要生产资料，这就决定了交通运输业、商贸业等物质流通部门会首先得到发展，在第三产业中占有较高比重；随着国民经济全面工业化时代的到来，生产社会化、信息化、知识化、市场化的程度极大提高，生产消费中服务型生产资料比重越来越大，居民消费服务产品越来越多，促使了类似于金融保险业、咨询、规划设计、中介、科技、娱乐等服务业的迅速发展。因此，当前应特别注意发展商业零售、交通运输、各种信息咨询、社区服务、物业管理、家庭服务业等第三产业，以对应征地农转非人员的就业需求。

三、积极支持中小企业

市场经济国家每千人平均 50 个企业，我国每千人却只有 5.7 个企业（陈晓永，2006）。企业数量不足，特别是中小企业少，是我国城镇就业吸纳能力不足最重要的原因。世界各国的普遍规律是大企业主要用来形成规模经济和技术竞争力，而中小企业则主要用来增加竞争活力、解决就业，是吸纳就业的主力军。中小企业不仅是经济增长的生力军，还是吸纳就业的主渠道，中小企业在解决劳动力就业方面有着较大的优势，在资本积累阶段，尤其需要使用大量低成本的农村劳动力。

有资料显示，同样的投资，在小企业形成的就业能力是大企业的5倍左右；目前我国中小企业在全部企业中就业人数约占75%，新创造的就业机会占80%以上（陈美荣，2007）。在美国，超过80%的新工作岗位是由小企业而不是大企业创造的（郑风田、孙谨，2006）。在我国珠三角、长三角地区，通过开放型经济推动民营经济、本土经济发展，中小企业充满活力，不仅使本地居民就业充分，还吸引着大量的外来劳动力。2004年，我国新增就业837万人，其中有91.7%来自个体（17.2%）、私营（53.6%）和有限责任公司（20.9%）等中小型企业，而国有和集体企业不仅没有增加就业，反而减少了269万个工作岗位（陈兴锐，2008）。因此，要解决社会就业，政府必须加大中小企业的扶持力度，推进我国中小企业的发展。

在经济发展中，政府要统筹兼顾技术密集型产业和适度规模的劳动密集型产业的发展，对中小企业、私营经济发展给予更大的政策支持，为中小企业吸纳就业人员提供必要的鼓励。例如，政府可以设立主要为中小企业贷款的地方商业银行，为便于中小企业取得贷款建立贷款保证基金；按照其吸纳劳动力的数量实行递减的税收措施，通过税收优惠和财政补贴鼓励民间投资，创办和发展中小企业。

政府还要倡导灵活多样的就业方式以对应中小企业的发展。所谓灵活就业，是在劳动时间、收入报酬、工作场地、社会保险、劳动关系方面不同于建立在工业化和现代工厂制度基础上的、传统的主流就业方式的各种就业形式的总称(劳动和社会保障部劳动科学研究所,2002)。在发达国家,农村劳动力流入城市后,大都先以非正规形式解决工作或自我雇佣。政府应将社会保障制度覆盖到中小企业,保证中小企业职工与其他企业职工享受同样的养老、医疗、失业、工伤、生育等保险待遇等,从而减少中小企业职工的后顾之忧,减轻中小企业的负担,促进中小企业的发展。

第四节　创新城市化发展战略,帮助农转非人员就业

一、着力建设多样的城市化动力机制

城市经济学认为,城市化的产生与发展,受着农业发展、工业化和第三产业崛起三大力量的推动与吸引,以农业发展为代表的农村“推力”和由工业化与第三产业为代表的城市“拉力”共同作用(包宗顺,1988)。基于推力和拉力的探索,一些学者从国外以及我国东部发达地区的城市化实践中总结出了城市化动力机制的多种模式(表6—4)。显然,不同的地区应当根据各自的发展条件和背景,寻求各自的经济发展切入点,实现经济发展与进步,而不能一味地单纯追求城市建设的快速度,不能只追求形式上的现代、漂亮、特色而不顾发展内容。

表 6—4 基于动力机制的不同城市化模式

作者及年份	城市化模式
张莹(2002)	以工兴镇、以商兴镇、以三高农业兴镇、以房地产开发兴镇、以名特优产品兴镇、以旅游开发兴镇六种基本模式。
刘晓鹰(2002)	乡村向城镇转变渐进型、城镇向乡村辐射扩散型、乡村二三产业发展内生扩张型、大城市边缘区与乡村融合型四种模式。
朱华(2007)	农业发展型(如河南省的南街村)、商贸发展型(如浙江温州的桥头镇)、工业发展型(如江苏的华西村)、外贸推动型(如宁波市象山县爵溪镇)、外资推动型(如江苏吴县直镇)、移民发展型(如温州市苍南县龙港镇)、强村扩展型(如烟台龙口市南山村)、科技带动型(如西安市的杨凌)八种模式。
耿虹等(2008)	股份型模式、工贸型模式、聚集型模式、工矿型模式、开发型模式、旅游型模式、基地型模式、城郊型模式八种模式。

二、明确城市发展定位,培育城市发展特色

城市定位是指在城市发展的一定时期,根据自身条件、竞争环境、消费需求等及其动态变化,确定自身各方面发展的目标、占据的空间、扮演的角色、竞争的位置。城市定位的核心是按照唯一性、排他性和权威性的原则,找到城市的个性、灵魂与理念,确定城市的发展目标与发展特色(张显萍,2008)。城市化建设与城市发展是一个极其复杂的系统工程,其中首要的问题是明确城市的定位,并根据定位指定城市发展战略,接下来才是城市的开发建设和

城市发展战略的落实。定位不清楚，城市发展就会没有个性、没有灵魂、没有理念，也就会没有差异化竞争的优势、没有内涵、没有持续发展。城市的个性特色越突出，城市影响的区域就越广，也就越能健康发展和持续发展。

应该说，我国的城市化建设与发展，取得了巨大的成就，对国民经济发展起到了极大的推动作用。但同时也应该看到，我国的城市化尚存在许多不足，诸如城市规划与土地利用总体规划不相适应，耕地占用、破坏、退化、污染严重，城镇基础设施超负荷运转，城市环境污染严重，建设资金短缺，流动人口难以管理，城市形象、特色不突出等等，究其原因，最根本的是城市定位不准或城市定位飘浮不定（黄美均，2003）。有学者甚至认为，在20世纪的100年中，中国城市的发展丧失了传统、个性和本土化样态，没有能够创造出本土化的城市形态空间和相关理论模式，存在着一种城市形态“本土虚无化”的倾向（张鸿雁，2008）。因此，必须着力研究和明确不同城市的发展定位，必须着力培育城市发展特色。

在城市定位上，应当注意城市发展过程定位与城市发展目标定位两个方面。前者包括城市化的位置定位、方向定位、潜力定位、速度定位等（黄美均，2003）；后者包括城市发展的规模定位、功能定位、产业定位、特色定位等（卫俊杰，2009；张显萍，2008）。城市发展的过程定位与目标定位两者是相互交织的，目标定位是城市发展的蓝图，需要过程定位的实施来保障；过程定位以目标定位为导向，又对目标定位进行修正。在从过程走向目标中，还要注意各种资源的有效调配与优化组合，需要体制机制的配合与保障，围绕目标渐次培育和张扬城市发展特色与核心竞争力。

当前，特别要关注城市的位置定位与产业定位。位置定位是城市发展的先导和基础，一个新城区选择不当，不仅不能实现城市发展的目标，而且会带来土地资源的浪费，带来征地农转非人员非农就业的艰难和城市融入的困境。要根据区域经济社会的发展水平、二三产业发展的现状及潜力、交通通信文化卫生商业金融等的基础与辐射潜力，综合考虑新城市或新城区的选址问题。产业发展是城市发展的核心与重心，没有产业支撑的城市是没有生机的，目前，一些地方的城市化发展只是单纯"醉心于房地产开发"，结果沦为"死城"(房子没有卖出去)和"睡城"(房子卖出去了但只是供人们夜晚睡觉)，或者"白天没人气，晚上有鬼气"(房子卖不出去，人流、物流、商流不在此)，就是很好的证明。城市化发展，必须根据自身各种资源的综合评价、地理区位优势和现有产业基础的评估、经济与贸易及交通和信息发展潜力的预测等科学选择城市支柱产业，着力发展支柱产业及其配套产业，如此方能形成城市发展的活力。

在科学的城市产业发展战略实施中，进一步根据城市自身的自然、地理、人文环境基础，着力培育城市多方面的特色，并随着时间的推移逐渐形成城市特色体系，着力张扬核心特色。在城市特色培育中，要注重文化软实力的培育，使之既成为城市经济发展的推进器又成为城市社会和谐的润滑剂，从而为征地农转非人员非农就业与城市融入提供广阔的空间。

三、着力推进城市化与产业集聚互动发展

产业集聚起源于马歇尔集聚(Marshall，1920)，而后区域经济学中的区位理论、经济地理学的地域生产综合体理论及新产业区

理论等从不同的侧面讨论了产业在空间上的集中(陆治原,2006)。但是直到20世纪90年代迈克尔·波特和保罗·克鲁格曼推出颇具影响的研究成果,才引发产业集聚的研究热潮。美国商学院波特教授把"在某一特定区域下的一个特别领域,存在着一群相互关联的公司、供应商、关联产业和专门化的制度和协会"的现象称为产业集聚(迈克尔·波特,2002),这个定义成为产业集聚的经典定义。我国产业集聚的形成与发展已有20多年历史,集聚效应使珠江三角洲、长江三角洲、浙江省等始发地区的地方经济充满活力。

产业集聚推动城市化并与城市化形成互动、双向、循环的作用机制(桂恒恒、朱冠雷,2007)。产业集聚效应体现在一个企业内部、企业与企业之间的效率提高和效益增加,成为城市发展的根源和推动力;产业集聚对整个地区产生影响,城市发展并成为集聚效应的发挥空间,形成城市化效应;城市化效应进一步加强和巩固产业集聚,进一步发挥集聚效应。这样形成一种连绵不绝的良性循环发展过程(图6—1)。因此,产业集聚是城市经济发展和竞争力

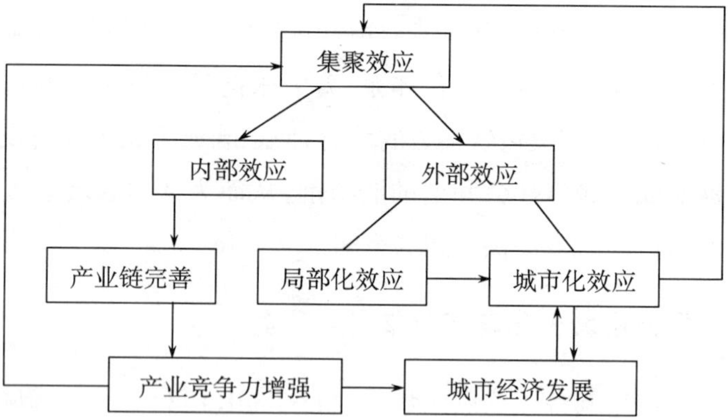

图6—1 产业集聚与城市化的互动机制运行

提升的重要动力，城市化的发展主要是产业集聚的发展，城市化是产业集聚的推动力，并为产业集聚提供良好的经济环境。

因此，在城市化进程中，一方面，政府要遵循产业集聚的发展规律，根据区域特色和比较优势，科学选择、培育、发展特色产业，以避免城市产业集聚之间雷同性导致在共同争夺相同资源的情况下丧失效率；要围绕城市主导产业与特色产业构建和延长价值链，加强产业联系；要形成多种方式和类型的产业集聚，如中国景德镇的瓷器业与法国波尔多的葡萄酒业，是基于地理环境、资源禀赋和历史文化原因所形成的产业集聚，珠江三角一带出现的众多外向型加工产业集聚则是由外商投资驱动的，浙江温州的皮鞋、打火机等集聚则是依托市场形成的（厉无畏、王振，2003）。另一方面，要通过综合规划建设城市的居住建筑和学校、医院、卫生院、图书馆、供水、供电、通信、排水、道路、桥梁等设施，为产业集聚提供基础；要着力制度创新，建立区域及部门的协调机制，推动资本、人才、信息等要素跨部门、跨区域自由流动；要结合“自上而下”与“自下而上”的政府干预区域经济方法，致力于政务环境、法制环境、市场环境、社会环境、人文环境等产业集聚软环境的培育与优化（罗文，2005）。如此，形成产业发展与城市建设相互促进，形成规模效应和聚集效应，提升产业集聚水平，进而通过提升城市竞争力来推动城市化的进程，为农转非人员创造更多的就业机会。

四、实施科学的城市经营策略

（一）城市经营及其反思

城市经营，即经营城市，是把城市当作特殊商品对待，运用经营手段，将城市纳入市场运作，通过市场无形的力量，提高城市的区域平台价值，从而强化城市资金流、人才流、信息流、物资流的吸引力和凝聚力（吴兴兴，2008）。

城市经营思想，萌芽于20世纪中叶。在城市化发展较早的英国，新城基础设施采取了“国家开发建设”和“公私合营开发建设”两种模式，到20世纪60～70年代进入改革阶段，逐渐把政府承担的城市基础设施项目的设计、施工、融资、经营和维修的责任交给某一公司或国外企业，采用BOT方式进行建设，为城市经营理念的形成和运作提供了经验。之后法国、美国、日本、意大利等国家在城市基础设施投资融资方面进行了许多有益的尝试，形成了不同的模式。我国于20世纪80年代中后期开始形成“城市基础设施的经营与管理”、城市土地有偿使用等城市经营新理念；90年代以后，国内一些大城市相继在城市建设和管理中探索出了“以路带房”、“基础设施建设带动旧城改造”、“市政设施专营权有期限转让”、“发行城市建设债券”等做法，进一步从理论和实践上肯定了城市经营的理念；1998年9月，在上海召开的纪念十一届三中全会20周年研讨会上，“城市经营”的概念首次在公开的会议上被正式使用，此后各类杂志也开辟了专栏，学者、专家和政府管理者各抒己见，“城市经营”成为各地城市领导关注的热点。

但是，在城市经营的实践中，部分政府官员认为城市经营就是经营土地，以经营土地代替经营城市和城市经营，从而带来一些严重危害。诸如违法圈地征地行为，重视城市建设资金筹措的短期利益，忽视城市在土地、空间、文化等城市资源的长期可持续发展，忽视城市资源经营对于城市功能优化与提升的作用等。显然，这是把城市经营等同于企业经营，把“经济效益最大化”当作城市经营的唯一内容。

事实上，城市经营是一个系统工程，城市经营应该追求经济、社会、文化、环境等在内的众多效益的最大化，追求城市竞争力不断提高和可持续发展。这样的城市化战略及城市经营策略，才能实现城市建设与发展的可持续，征地农转非人员亦才能因此获得良好的城市生存发展机遇、实现就业与职业发展。

（二）尝试城市旅游化经营

在“城市经营”中，有一种新的思路和模式值得借鉴和推广，即“旅游城市化”或“城市旅游化”。一方面，旅游城市化在当今世界取得了巨大的成功，旅游城市化为我国的城市化建设提供了一种新的思路和新的模式；另一方面，通过旅游城市化发展，可以有效地推进征地农转非人员非农就业。

其一，旅游城市化正在成为城市化发展的新模式。“旅游城市化”是一种建立在享乐的销售与消费基础上的新的城市化模式（Mullins ，1991），从消费的角度看，旅游城市化是为满足人们由传统的日用型消费向现代享乐型消费转移，提升城市功能的过程（陆林，2005）。旅游城市化包含两层含义：一是景区的城市化，即旅游作为城市化的一种动力，推动旅游区的城市从无到有，从小到大，包括乡村城市化和由于旅游发展促使景区出现大量的旅馆、商业区等城市面貌的建筑物；二是城市的景区化，即在城市建设发展过程中，通过旅游重组城市的设施资源和产业资源，促使城市经济转型或城市功能多元化（王冬萍、阎顺，2003），同时，在城市内部景区数量增多、规模不断扩大、水平不断提高，城市自身环境逐渐改善、美化，城市旅游产业发展壮大。

目前，旅游城市化的两种模式在我国均呈现出良好的发展态势。“景区城市化”模式如海南的海口和三亚（谷凯、杰夫瑞·沃，2002）；福建的武夷山（支军，2004）；张家界、黄山、青岛、桂林、曲阜、井冈山、峨眉山及黑龙江省的五大连池等（陆林、葛敬炳，2006），少数民族地区（赵福祥、李全德，2003）和山区的城市化（姚丽芬、李庆辰，2004）、农村地区乡村旅游带来的城市化等；“城市景区化”模式如西安旅游业已成为城市经济的重要支柱产业（段汉明、张刚，2002）、上海世博会旅游为城市的新一轮发展注入强有力的推动力（王晓云，2004）、北京上海深圳等城市争办大型节事活动和建设国际会展中心（黄翔、柯丹，2001）、旅游以及重大事件（事件旅游）是促进老工业地区或城市“再生”的重要动力（Hannigan，1995）。

其二，旅游城市化有助于征地农转非人员非农就业。旅游将是一种跨越所有传统经济部门的活动，需要社会、经济、文化、环境等各个方面的投入（供应），对国民经济产生极大的波及效应。一方面，伴随着人们的旅游目的从最初的“朝拜、学习”演变到现在“观光游”、“探亲访友”、“休闲度假”、“体育健身”、“探险科考”等多样化类型，旅游需求的日益强劲和复杂多样不断地扩展着旅游业的空间，所跨越的行业部门日益增加，影响更加广泛。另一方面，在旅游需求无限扩展的刺激和推动下，旅游活动供给范围也在相应地扩展，进而创造出更多的就业机会。

旅游就业包括旅游产业就业和旅游需求诱导的旅游就业，前者通常包括那些与游客面对面的工作岗位，如航空公司、旅馆、出租汽车、饭店、零售、娱乐业等行业的就业；后者是指与旅游需求关联的不露面的工作岗位总和，泛指通过旅游经济活动所拉动的直接间接的就业。旅游需求诱导的旅游就业能够产生比其他行业更大的就业贡献，WTTC推测每一个旅游产业就业可能诱导5～7个旅游经济就业（张德红、王朗玲，2006）。旅游卫星账户将旅游就业的特色概括为四个方面：① 旅游需求的强波动性将引致旅游就业巨大空间；② 虽然大型旅游企业提供了大量的就业岗位，但中小型旅游企业更具有就业优势；③ 旅游业的主要产业是劳动力密集型产业；④旅游主要产业中就业增长高于国民经济整体就业的增长速度。显然，旅游就业更适合于低端劳动力就业，因而对征地农转非人员非农就业具有强大的支持力。

因此，在未来的城市化建设与发展中，引入“旅游城市化”思路，不仅有利于城市自身的发展，而且还有利于非农就业。从上述两种旅游城市化的模式看，我们不仅可以通过“景区城市化”的旅游业发展来提供大量的就业岗位，我们还可以通过“城市旅游化”的城市经营来发展城市经济、通过城市旅游业的发展来创造新的就业机会。

第七章　就业促进与征地农转非人员创业

采取各种措施鼓励弱势群体创业，是当今世界的国际经验。在我国正在建设创业社会的大背景中，促进创业也是征地农转非人员非农就业的一种有效路径。根据征地农转非人员创业的特殊性，实施积极的帮扶促进，是地方政府应该着力的重要工作。当前应当注重创业培训与指导，建构有针对性的创业支持系统。

第一节　征地农转非人员创业的现实性

一、创业是征地农转非人员就业的一种重要选择

创业是一个或多个人根据市场需求的研究与判断，结合创意和才智，通过生产要素的组合，形成相应的企业、产业和职业岗位，创造出满足社会需要的市场产品与服务并实现其潜在价值的经济行为（林强、姜彦福、张健，2001；赖礼强，2009；卡尔·

丁·施拉姆,2007)。

一方面,创业代表着增长和繁荣;另一方面,劳动者创业,不仅解决了自己的就业问题,还可带动更多的人就业,创业带动就业具有倍增效应。采取各种措施鼓励和支持某一弱势群体创业,从而使他们摆脱弱势地位进而走上发展之路,是当今世界的国际经验(ULLA HY fTI,2003)。OECD的研究指出:在大部分国家经济中,创办的中小企业(SMEs)提供了40%～80%的就业岗位;在美国,创业型就业是经济发展的主要推动力之一,是美国就业政策成功的核心,鼓励创业是带动就业增长的主要措施,美国超过80%的新工作岗位是由小企业而不是大企业创造的;1997～1998年,澳大利亚45%的新工作是由新企业创造的;1994～1998年,荷兰新创企业及高增长企业产生了超过80%的新工作岗位。20世纪70年代,法国经济遭遇萧条和产业结构调整,失业率高达20%左右,为解决这一问题,法国成立了"创业创办者援助与辅导中心",帮助失业人员创办企业,经该中心培训的学员创办业的成功率高达80%(郑风田、孙谨,2006)。近年来,中国中央政府与地方各级政府采取了一系列的政策、措施,积极推进各个层次、各种规模的创业活动,有效促进了社会经济的快速发展(崔波,2006)。有数据表明,在我国目前的经济结构下,1个职工创业一般可以带动5个职工实现就业。

从征地农转非人员非农就业的实践情况来看,由于文化素质、非农技能、就业渠道等多方面的限制,以及用工单位的一些就业歧视,征地农转非人员直接获取非农就业岗位有一定的困难,需要一定的时间;即使就业,其收入也不高,随着时间的推移和农转非人员城市社会交往网络的扩大，还有转换就业岗位和职业的需要。于是，不少的征地农转非人员进入城市后，或早或迟地选择了自主创业。在浙江171名征地农转非人员的非农就业中，“做小生意”是仅次于“去企业应聘”的第二选择（马弛、张荣，2004）；在安徽芜湖市22个村（居委会）190户征地农转非人员再就业途径调查中，做小生意（27.54%）、外出打工（11.69%）、去企业应聘（9.30%）分列前三位（李祥兴，2004）；在成都市龙泉驿区、郫县和都江堰市三地，打零工与从事个体经营是征地农转非人员非农就业的两大主体（朱冬梅、方纲，2008）；在杭州市五年内被政府征用过土地的200户居民中，已经实现非农就业者的就业路径主要是到企业工作（14.5%）、出外打工（13.3%）、做小生意（11.0%）（高君，2008）；章辉美等的调研数据显示，打工者（城市打工者28.0%和乡村各类打工者9.0%）和个体工商户（14.2%）是征地农转非人员最主要的就业职业类型（章辉美、易帆，2008）。

另一方面，一些地方政府也开始关注和推进征地农转非人员的创业发展。笔者在第五章论述到的“留地安置”模式，不仅是发展征农转非人员的集体经济，也是通过预留土地开发为征地农转非人员提供创业平台的实践；第二章论述的“异地经营农业”亦是征地农转非人员创业的探索。在浙江，部分金融机构利用小额贷款支持征地农转非人员自主创业，取得了积极的成效，如台州市商业银行将征地农转非人员作为主要贷款对象，受到了征地农转非人员的欢迎，到2006年9月末，台州市商业银行共有六家支行开办了微小贷款业务，累计发放1 221笔、6 957万元贷款金额，平均放款额度5.7万元，其中征地农转非人员占了90%，所有放贷款的加权平均利率为14.03%，无不良贷款发生（人民银行杭州中心支行课题组，2007）。

二、征地农转非人员创业的优劣势

其一，征地农转非人员处在一个创业型社会建设的大好环境中。21世纪是创业盛行的世纪。自主创业、创业致富是千百年来中华民族一直秉承的传统美德，我们靠自己的辛勤劳动创业致富，十分自豪和光荣，也是我们时代的主旋律（徐明夫，2008）。基于我国当前就业压力大和创业带动就业的倍增效应，国家已经着力就业政策措施的转轨变型，建立创业型社会。在全社会形成有利于创业的体制和机制，变过去政府主导创业为民众自主创业，变过去以政府提供岗位、安置就业为主，转变为个人自主创业、自我就业（白津夫，2008）。党的十七大提出了"实施扩大就业的发展战略，促进以创业带动就业"、"完善支持自主创业、自谋职业政策，加强就业观念教育，使更多劳动者成为创业者"的战略部署（胡锦涛，2007）；2007年8月30日第十届全国人民代表大会常务委员会第二十九次会议通过了《中华人民共和国就业促进法》。为贯彻落实党的十七大提出的"实施扩大就业的发展战略，促进以创业带动就业"的总体部署，全面实施《中华人民共和国就业促进法》的有关规定，国家人力资源社会保障部、发展改革委、教育部、工业和信息化部、财政部、国土资源部、住房城乡建设部、商务部、人民银行、税务总局、工商总局11部委联合出台了"关于促进以创业带动就业工作的指导意见"。在创业型社会建设的大背景中，一系列促进创业、以创业带动就业的政策措施已经和正在出台，为征地农转非人员的创业发展提供了良好的条件。

其二，征地农转非人员拥有创业的一些相对优势。一方面，当前我国城乡居民的创业意识还很不足。不论是学有所长的大学毕业生，还是从农村转移到城市的年轻打工者，就业时多数都是托亲靠友，希望能找到一份稳定的工作，很少有人主动地去创业、去办企业。教育部统计表明，2005 年自主创业的本科毕业生只占毕业生总数的 0.4%；2006 年北京市 17.5 万名高校毕业生中，选择自主创业的也仅有 146 人，不到毕业生总数的 0.1%。在这样的情况下，征地农转非人员如果先行一步，自主创业，就可能享有更多更好的政策优惠，就可能更容易获得创业的先机。

另一方面，农民的可塑性特质使征地农转非人员具有创业的先天优势。市场经济机制能最大程度地激发人们的创造力，把人们的潜在天赋、情感意志、知识才能等全部转化为现实的生产力，从而推动经济发展和社会进步（张新光，2004）。中国农民是农村改革创新的基本推动力量，从安徽省凤阳县小岗村农民的家庭承包经营制开始，到乡镇企业发展、农产品贸易市场化、农村劳动力转移和土地承包经营权流转的试验、农业税费改革及农业税的取消和对农业生产补贴等一系列变迁，农民充当了制度变革的主角和首创者（陈秉谱、张宇、杨清，2009）；农民表现出较强的可塑性，即在一定的社会环境作用下，农民受外部因素影响所表现出来的积极的应变能力，特别是其主动的适应能力和潜在的自主创新能力（陈晓宏，2005），在市场经济的激发下显现出强烈的“市场主体的首创精神”（张新光，2004）。这是中国农民的特质，他们冲动又冷静，热爱劳动又能吃苦耐劳，这些是自主创业的必需条件。被征地前，农转非人员生活在大中城市的郊区，商业氛围相对浓厚，交通便利，比其他农民更容易接触市场经济的影响；被征地后，已经没有了土地，没有再回去“过自给自足生活”的退路，面对生活压力和就业困难，蕴藏在征地农转非人员内心的“农民的可塑性”将推动他们去寻求创业发展的新路径，去在创办个体、民营企业中闯荡一下，冲出一条新的出路(张亚、郑予捷、潘渝棱，2005)。调查发现，很多征地农转非人员都有创业的冲动和愿望，他们希望政府帮助他们发展二、三产业，靠劳动致富，希望通过就业实现自身价值，解决生产生活出路，而不是单纯地依赖政府的愿望十分强烈。

其三，征地农转非人员创业的问题与需求。在征地农转非人员的自主创业中，存在的一些普遍问题，也构成了创业发展的需求。科学认识这些问题与需求，正是促进征地农转非人员创业发展的着力点。笔者认为，征地农转非人员创业最主要的问题与需求有以下四个方面。① 创业意向的形成与强化。创业意向是实施创业行为的一个先决因素。实施某种行为的意向决定于一个人对这种行为的态度，良好的态度有助于使意向转化为行为，也同时决定了实现的方式。因此，推进征地农转非人员创业，首先要着力培育其创业意向。② 创业机会的识别与把握。机会或者机遇是为创新和创造价值提供的独一无二的显著的可能性、积极的外部倾向或外部变化(玛丽·库尔特，2004)。创业机会是通过把资源创造性地结合起来，适应和满足市场需求的可能性。创业机会的识别与把握，是把创业意向转化为创业行为的基础，不能识别和把握创业机会，即使拥有再强烈的创业意向，也是空谈。③ 创业行为的实践与优化。包括以创业企业经营管理实施与优化为核心的一系列内容，它是把握创业机会、实现创业目标的关键。征地农转非人员素质能力的局限、信息网络渠道的弱势，使之在创业企业的经营管理上出现诸多的盲区与误区，他们迫切期望相应的指导。④创业资金的扶助与支持。包括创业启动资金的支持、创业企业运行中相关费用的减免等。应当看到，征地农转非人员离开土地时的补偿不足、进城后由于没有及时就业而没有新的收入，或者即使就业也因岗位层次低而收入不多，因此创业启动资金和运行费用是他们自主创业的“拦路虎”，他们迫切需要获得积极有效的支持与扶助。

基于上述问题与需求，笔者认为，当前推进征地农转非人员自主创业，应当注重创业培训与指导，建构有针对性的创业支持系统。其中，创业培训与指导着力促进征地农转非人员形成和保持强烈的创业意向、主动寻找科学判别创业机会、以良好的经营管理把握创业机会实现创业目的；创业支持着力形成有针对性的资金支持与相关费用减免政策，为征地农转非人员创业运行创造良好的外部条件。

第二节　征地农转非人员创业培训与指导

一、农转非人员创业意向培育

农转非人员创业意向的形成，受宏观背景、中观环境和个人因素三个方面的影响（图 7—1）。征地农转非人员在这些因素的整体或局部影响下，形成创业意向与创业行为。其中，宏观背景中的对创业的政策导向与社会文化对创业的尊重、中观环境中的市场机会与创业教育、个人因素中的素质能力与社会资本等因素尤为重要。

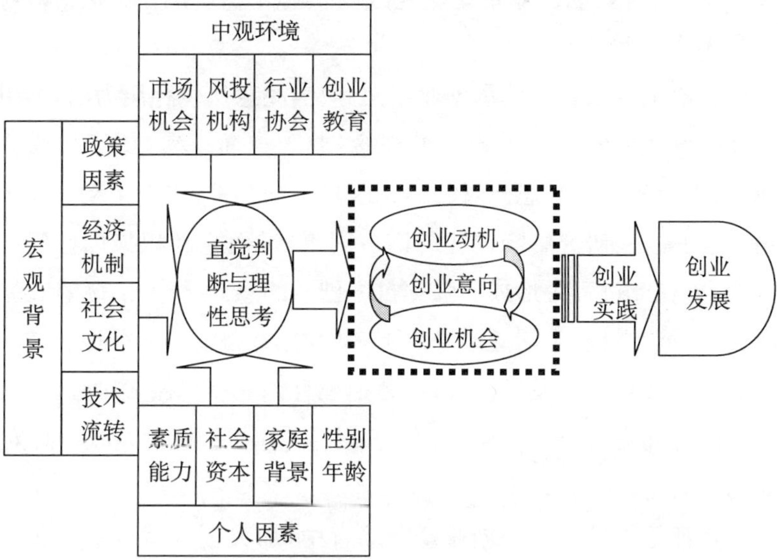

图 7—1　农转非人员创业意向的决定因素模型

创业活动可以分为生存型创业与发展型创业两种类型，前者是指创业者为了生存而进行创业，后者是指创业者因为有吸引力的机会而选择创业。目标设置理论认为：行为者对其任务有具体的目标将会影响其如何做，以及做得好坏。目前，绝大多数征地农转非人员面临生存的压力，他们会在生存目标的驱使下，在从业就业面对困境和不如意中，对创业就业形成强烈的创业意向；

并且，在生存目标的激励与约束下，农转非人员的创业就业会更加努力、坚韧，其克服创业阻力的能力会更强、效果会更好。因此，农转非人员的创业，首先是“生存型”创业。这与为实现自我价值的“机会型”创业截然不同。这既是农转非人员目前的现状所决定，也与我国创业带动就业战略实施不久、全民创业意识与氛围不强相符。

当前培育农转非人员创业意向，应当注意从生存压力出发，引导和教育征地农转非人员转变观念，敢于直面现实，勇于接受挑战，破除“等、靠、要”思想，树立自立、自强的精神，进而主动寻找出路，主动关心、研究影响创业的诸多因素，进而主动积累创业资源与能力，在此过程中形成和强化自主创业的意向。当然，随着在城市获得就业岗位、生活逐渐稳定下来后，也有必要引导征地农转非人员再去寻求新的发展机会，或者把现有创业项目做大做强，或者因时因势而变进行再次创业，实现从“生存型”创业到“机会型”创业的过渡与转换。

在征地农转非人员创业意向培育中，加大创业就业的宣传力度，亦是培育农转非人员创业意向的有效措施。农转非人员是被动进城，主观上准备不足，对城市非农从业与创业有诸多的不了解、不清楚，也有诸多的担心与害怕。因此，要利用各种会议和新闻媒体大力宣传创业光荣、致富可敬的理念；大力宣传党委政府鼓励创业、支持创业、服务创业的政策措施；大力宣传创业的先进典型、先进经验，用创业的精神激励人、用先进的事迹鼓舞人、用成功的经验启迪人。

二、创业机会的识别与选择

（一）农转非人员的创业机会来源

创业机会存在于社会与经济的变革过程之中，德鲁克把外部环境潜在的机会分为七种，即出乎意料的情况、实际状况与预期状况间的不一致、过程或程序的需要、产业与市场结构的变化、人口统计数据反映的顾客偏好及购买力、人们的认知变化、新知识及其运用等。蒂莫斯认为创业机会主要来自于法规的改变、技术的快速变革、价值链或是配销通路的重组、技术的创新、现有管理或投资者的不良管理或没落、具创业精神的领导、市场领导者受限于客户需求而忽视下一波客户需要七个方面(Timmos，1999)。

笔者认为，创业机会就是"没有被满足的市场需求"，凡是有需求的地方，就会有发展机会。基于自身素质能力、资源资金实力等局限，征地农转非人员首先应从服务社区市场做起。应当立足于身边"没有被满足的市场需求"，从"以实用技术开发与应用的创业项目的企业化服务于地方经济和繁荣社区市场的基础型创业"做起，从事适应性的创业项目，如在自己生活的社区、城区的餐饮服务、配运服务、装修装饰、送货上门等进入和退出风险壁垒"双低"的城市消费型服务领域中首先创业。

其次是农村农业产业化领域。"十一五"期间，我国将适时推出新型农民创业培植工程，力争到2010年培植10万名从事农业专业化生产和规模化经营的农场主和农民企业家(陈晓宏，2005)；随着社会主义新农村建设的进一步推进，国家在此方面的工作将进一步加大。征地农转非人员根据自己的资源异地参与到农业产业化链条的相关环节，其创业的成功概率较大。

再次是区域经济社会发展的空白领域与趋势领域。通过区域经济社会发展的差异比较，把发达地区先进的事物复制和延伸到本地市场，填补本地市场的空白点，形成创业机会和创业活动；根据区域经济结构的变化趋势和产业生命周期，选择处于成长期的产业领域进行创业，实现持续经营与长期利益。

（二）创业机会的识别

机会隐藏在每个人的身边，机会的不确定性和隐藏性说明了机会并不是很容易就被感知和识别的，外部环境变化的程度和差异只是在一定程度上决定了机会的多少和大小，并不能保证机会被感知和识别。因此，创业机会是需要发掘和识别的。

创业机会的识别一般要经过感知、发现和创造三个不同的过程。感知是指感觉到或认识到市场需求和未得到充分利用的资源；发现是指识别或发现特定市场需求和专门资源间的配合，或者表现为未匹配，或者表现为在总量、时间、空间上的匹配差异；创造是指以商业概念等形式创造一个独立的需求与资源间的新的配合，它是对资源的重组和重新定位，即不仅是调整现有资源和市场需求的配合，还可能导致对现有企业进行重组或彻底的改革(郭军盈，2006)。

征地农转非人员创业机会的识别，除了农转非人员自己要积极去感知、发现和创造外，社区、政府、社会各界也要通过各种渠道帮助农转非人员去感知、发现和创造。政府应引导社会各界在对本市现有产业的生产、生活配套服务进行全面调查、科学评估和深入测算基础上，为征地农转非人员及时、准确地提供创业所需市场信息、政策信息；提供与征地农转非人员素质能力对应的、多样化的项目选择。

三、创业企业运营管理的培训与指导

创业是有经济风险的。创业的成功，不仅需要有强烈的创业意向、科学识别创业机会，更需要有效的运营管理。从管理运行角度看，创业活动包括“预想企业阶段”和“实际企业阶段”两个阶段（林强、姜彦福、张健，2001），前者是指制作商业计划和组织创业资源的过程，后者是指创业组织正式运行后的阶段。前者需要创业知识培训，后者需要创业过程指导。

在征地农转非人员的创业培训与指导中，有几个关键点需要注意。

一是对创业人才的培养。1988年，美国政府开始实施为小企业发展服务的项目，在全国建立了一批“小企业发展中心”，负责对小企业主以及准备创办小企业的人员进行创业培训，效果十分明显（郑风田、孙谨，2006）。在征地农转非人员创业的培训对象上，一方面要注意充分把握征地农转非人员创业的起点与走向，注意与其他人员的创业培训的特点与差别；另一方面要注重对创业领头人的培养与引导。一般地，创业型人才培养有高端型、普通型和基础型三种模式（表7—1）（张项民，2008）。征地农转非人员的创业人才培养应首先从“以实用技术开发与应用的创业项目的企业化服务于地方经济和繁荣社区市场的基础型创业”做起。

表 7—1 创业型人才培养模式

模式	高端型创业人才培养模式	普通型创业人才培养模式	基础型创业人才培养模式
创业项目	高新技术	应用技术的开发与应用	实用技术开发与应用
实现途径	高新技术产业化	创业项目市场化	创业项目的企业化
运作基础	创业管理	创业管理	创业管理
发展导向	培养增强国家自主创新能力	推动区域经济的发展	服务地方经济和繁荣社区市场

二是对创业培训内容的选择。应从创业的基本知识和运作规程入手,包括投资项目的分析评估选择、经营管理理论与方法、市场分析与运营、心理素质训练等方面。目前,国际劳工组织针对培训微小型企业创办者的需要而专门开发的 SIYB(意即创办和改善你的企业)课程体系值得借鉴。该课程是国际组织针对微小企业创办者提高能力,帮助微小企业发展、促进就业而专门研究开发的一系列小企业家培训课程。它包括“产生你的企业想法”(GYB)、“创办你的企业”(SYB)、“改善你的企业”(IYB)、“扩大你的企业”(EYB)四个培训阶段。SIYB 课程通俗、易懂、实用性强,已在 84 个国家使用,被誉为小老板的 MBA。我国由劳动和社会保障部于 2000 年引入。2004 年全国各地采用 SYIB 培训 17 万人,培训后的创业成功率达 60%(陈晓宏,2005)。另一方面,一些地方开始根据区域经济社会发展的需求和征地农转非人员的特点,根据征地农转非人员的年龄、性别、文化水平,分行业、分项目,区别培训,探索和开发针对性更强的培训内容。创业培训的内容,还应强化

企业运营管理相关法律法规的培训，这是企业正常运营的基本要求和征地农转非人员法制观念相对淡薄的客观需要。

三是贯彻新的创业培训理念。包括以培训对象为主体，创造良好的课堂环境和实践环境，使培养对象的想法得到充分的表达、行为得到充分的表现、创造性得到充分的尊重与发挥；集知识传授、技能培养、思维开发为一体，注重思维开发和技能培训，尤其是整合社会资源能力的培训与提高；通过创业教育和创业实践，使更多的培训对象重新进行自我认识、自我评价，充分了解自己已经具有的创业素质，在自觉地强化这些创业素质的同时，培育、开发其他相关方面的素质。

四是强化创业过程指导。在征地农转非人员的创业中，个性化、有针对性的创业过程指导更加需要。这是因为，一方面，征地农转非人员文化水平不高，过多的理论知识传播容易使创业培训流于形式；另一方面，创业是实践性很强的一种创新活动，征地农转非人员空有理论知识，亦无从下手。政府部门应着力创新机制以积极引导专家学者、业界精英、各种实践能手成为征地农转非人员创业过程的指导者。

第三节　征地农转非人员创业支持

一、一般创业支持系统

创业所包括的是一种人类积极进取的生存方式、经济跃动增长的发展模式、社会自我更新的变革形式。创业的发展离不开国家和社会对创业的支持。在美国、欧洲诸国及秘鲁、阿根廷等许多国家,都纷纷出台针对不同目标人群的各种政策支持和促进创业。20 世纪 90 年代,美国经济持续高速增长,在很大程度上应归功于空前的创业热潮以及社会对创业的支援。在我国,实施创业带动就业,既不是依靠国家投资办厂、办项目来安排就业,也不是在现有各类企业中去扩展就业,而是由劳动者自筹资金、自找项目、自主经营、自负盈亏、自担风险来创造新的岗位。实施创业带动就业,是就业政策取向的重大转轨,将是一个庞大的系统工程。创业支持系统应从宏观、中观、微观三个子系统展开(表 7—2)。

在政府操作层面上,国家今后将在制度与机制上强化四个体系建设:一是进一步完善劳动者创业的政策体系,包括财税、金融、工商、场地等方面的政策支持,特别是要切实解决影响劳动者创业的税费减免、小额信贷等政策“瓶颈”问题,为劳动者创业营造好的政策环境;二是加强和完善创业培训体系,提高创业成功率;三是创业服务支持体系,强化项目支持、开业指导、跟踪服务等措施;四是创新工作体系,为创业活动提供工作支持,从中央到地方,部署推动促进创业带动就业工作(潘光林,2001)。

在征地农转非人员创业就业支持上,一要对接中央和地方政府创业带动就业的支持体系,积极推进农转非人员创业就业;二要实施有针对性的帮扶措施,促进农转非人员创业就业的发展壮大。当前,尤其要在创业项目、创业资金、创业知识技能、政策支持四个方面予以重点帮助。

表 7—2 创业支持系统的内容构成

创业支持系统	宏观子系统：培养和塑造创业环境	政策选择	税率、贷款利率、创业板市场等对创业活动倾斜	降低创业成本与风险
		经济制度	市场经济分散决策机制及其对个人价值的承认与尊重	形成创业动机
		社会背景	形成“创业是令人尊敬”的文化氛围	对创业动机具有强大的暗示作用
		技术背景	技术、管理、知识技能多渠道获得	便利生产要素重组
	中观子系统：提供创业技能和创业启动资金	市场环境	市场供求在总量、时间、空间上的差异形成的市场机会	形成创业动力与机会
		创业教育	对技术、管理、营销进行培训	应对创业的复杂技能需求
		行业协会	提供该领域发展的历史、现状及前景等有关资料	帮助创业者确定创业方向、获取技术援助
		风险投资机构	评估、确认创业计划，注入风险资金	促使创业项目启动和正常运转，并使创业者降低或规避财务风险
	微观子系统：培养和形成创业品质	家庭环境	鼓励和支持创业	降低创业精神风险和社会风险，使创业者产生旺盛而持续的工作热情
		角色偶像	创业者的榜样、导师和目标	追随、赶超角色偶像，降低创业过程中的挫折感
		个人素质	强烈的独立性、成就感和责任心	能把握市场机会，承受创业艰辛
		个人体验	运用经验、学习和思考等体验创业	促成独立、进取、诚实、创造欲、成就感、责任心等个人非智力因素的产生

二、征地农转非人员创业资金支持

（一）征地农转非人员创业自有资金不足

创业需要一定的资本作为后盾，征地农转非人员的创业资金严重短缺，其原因一是征地后的收入来源减少，二是日常生活支出增加，三是征地补偿金过低。从征地利益补偿来看，补偿不足难以支撑农转非人员创业。主要表现在以下四个方面。

其一，征地农转非人员在失地时补偿标准偏低（李文星、朱凤霞、何代忠，2007；美国农村发展研究所，2004；张桂梅、李中东，2007）。普遍只能维持3～5年，征地安置补偿费用完后，若无收入来源，征地农转非人员将面临生存危机（陈晓宏，2005），更别说拿补偿费来创业。东南沿海省市由于经济相对发达，其对征地农转非人员的补偿标准与全国平均水平相比略有提高，但大多数农户仍然表示不满意（王新亚、潘海平、葛如江，2003）。据调查，福建征地农转非人员实际能得到的征地费总额（包括附着物及设施补偿费）平均为17 943元/亩，人均仅9 715元，不及普通公务员一年的工资。中国社会科学院农村发展研究所和国家统计局农村经济调查总队联合发布的《2005年农村经济绿皮书》也指出：低价征用农民土地，致使征地农转非人员生活得不到保障，已成为当前“三农”问题一个敏感的焦点。学者们普遍认为，在征地补偿时，没有考虑土地的潜在收益和利用价值、土地对农民承担的生产资料和社会保障的双重职能、土地市场的供需状况、土地的增殖部分、地区经济发展水平的差异会导致地价的差异等（国土资源部征地制度改革研究课题组，2003；高勇，2004）；全国人大常委会秘书处的蔡定剑指出，当前对农民财产的侵害最严重的表现之一就是对农民的土地征用(肖海霞，2008)。

其二，补偿标的内容不全。新土地管理法确定的农用地征用补偿范围主要包括土地补偿费、劳动力安置补助费、地上附着物和青苗补偿费。补偿的范围仅限于与土地有直接联系的一部分损失，残地损失和其他间接的损失没有列入补偿标准的范围(陈江龙、曲福田，2002)。四大标的中仅有安置补助费包括对农民就业、生活保障和福利功能的补偿，也包括了对农户土地承包经营权的补偿，把对土地承包经营权的补偿笼统地包括在安置补助费中，是对农户利益的极大损害，是不合理的(梁亚荣，万颖萍，2003；史娟，2004)。

其三，补偿费分配不合理。征地补偿费主体应给予农民，美国农村发展研究所建议，对公共目的征地，集体获得补偿费的5%～25%，农户则获得75%～95%；经营性用地流转，按国家5%、集体5%～25%、农户70%～90%的比例分配(美国农村发展研究所，2004)。但实际是村以上政府及部门得到60%～70%，农民只得到5%～10%(蔡运龙、霍雅勤，2002)；集体组织利用自己的优势参与对征地补偿费的争夺(项兆伦等，2004)，这看似由农民自主决定土地收益的分配，实质上是将支配权交给了少数村组干部(王明祥，2003)，与土地承包法关于土地流转收益归承包农户的规定也不衔接；农民不仅得到的补偿很少，而且农民之间的分配比较混乱，不同的村进行分配的依据往往不同，农村户口、农龄、口粮、田亩面积等因素都可能构成分配的依据，不同的依据会产生错综复杂的矛盾(卢海元，2003)。

其四，社会保障内容体系不全。针对征地农转非人员的社会保障，学者们提出了如下观点。观点一，政府或社会保障部门应该建立面向征地农转非人员的特殊社会保障，按照不同年龄，设立教育、养老、医疗、最低生活保障等多种保障，凭身份证和失地证明办理（杨盛海、曹金波，2005）。观点二，根据目前国家和社会的实际情况，征地农转非人员社会保障可以涉及养老社会保险、医疗社会保险、失业社会保险（杨杰等，2003）。观点三，对征地农转非人员的社会保障要有区别、有重点地加以实施，认为保障涵盖养老保障、教育培训、促进就业、土地征用资金及集体资产管理增值等方面（安危森、邹璇，2006）。应对失地劳动力、已到退休年龄的征地农转非人员、未成年征地农转非人员分别建立不同的社会保障体系（朱明芬、李一平，2002）。观点四，建立征地农转非人员社会保障体系的目标应该是包括征地农转非人员最低生活保障、养老保障、医疗保障、为征地农转非人员提供受教育和培训的机会，为征地农转非人员提供法律援助（徐元明，2004），成立农会、土地法庭，同时建立一个律师援助系统，让农民在打官司时请得起律师（杜润生，2003）。观点五，针对日益增多的征地农转非人员，建构社会保障的目标不仅仅停留在基本生活保障上，而是要保障其实现小康（梁世盛，2004）。

（二）征地农转非人员创业资金的政府支持

恩格斯曾指出："为了农民的利益而必须牺牲的一些社会资金，从资本主义经济的观点看来好像只是白花钱，然而这却是一项极好的投资，因为这种物质牺牲可能使花在社会改造上的费用节省90%。因此，在这个意义上说来，我们可以很慷慨地对待农民。”面对征地农转非人员非农就业的困境和自主创业的积极意义，各级政府应当多方努力，帮助他们获得一部分创业资金。

一是建立征地农转非人员创业基金。目前我国已经出现有专门针对大学生、归国人员、青年、中小企业等设立的创业发展基金，可以借鉴这些发展基金的思路，专门设立征地农转非人员的创业基金来解决他们的创业启动资金问题。可以考虑从土地出让金中提取一定比例的资金、政府直接提供资金、从“留地”的经营收益中提取一定比例的资金、以政府信用或者预留的“非农”用地为担保发行创业金融债券等多渠道筹集征地农转非人员创业基金（陈晓宏，2003；关宏超，2007）。征地农转非人员创业基金应采用市场化的管理运作模式，分别设置基金管理机构与基金经营机构，前者负责对后者的监管，后者负责基金的筹集、投资运营和创业基金的发放等。

二是提供创业贷款担保及贴息。一方面，政府可以通过当地银行政策性的援贷资金和政府财政拨款，向通过银行贷款创业的征地农转非人员提供信用担保和利息补贴；刺激金融机构加大对征地农转非人员创业信贷资金的投放，包括强化农业银行和其他商业金融组织对征地农转非人员创业的支持责任，提高信用社对征地农转非人员创业的贷款覆盖面；发展小额信贷机构，允许设立更多的以市场商业运作为基础的小额信贷机构发展（韩俊，2006），服务征地农转非人员创业。另一方面，政府应引导农转非人员集体经济组织、社区经济组织及其他经济组织为征地农转非人员提供贷款信用担保和融资咨询，在科学测评征地农转非人员的信誉度和创业项目发展前景基础上提供担保；要建立和形成担保机构与银行风险共担机制，一旦出现征地农转非人员不能还款的情况，两者按一定的比例共同承担损失。

三是政府实施鼓励创业的税费减免优惠政策。对征地农转非人员创业，在创业初期减收或者免收他们的营业税、所得税；个人和企业投入创业的资金可以相应抵扣个人或企业所得税；对微型以至中小企业所有者应改变现行的企业所得税和个人所得税双重征税的制度。

（三）鼓励征地农转非人员多渠道筹集创业资金

第一，培育项目优势争取创业资金。

项目优势是项目内在品质的独特性或运作模式的创新性或市场潜力的成长性等形成的良好市场价值，即项目届时可盈利，它是能够影响、制约、吸引别人投资该项目的因素。项目与资金之间存在着“有条件地相互需要的关系”（赵延忱，2008）。一方面，项目需要资金，当项目具备优势时，外部资金的注入方能使优势发挥出来；另一方面，资金需要项目，当项目的优势能够显现时，资金与之集合可以实现资金的保存和增加，就如血液需要已经存在的健康的肌体，才能够保存自己，才能够借助肌体的造血功能使自己增量。

因此，创业者应着力培育和造就项目的优势。这里有两个环节需要注意。一是项目的前期培育问题。创业者要根据自己对市场商机的判断和把握，寻求创业机会，根据项目自身的发育机理，解决其中的障碍与制约因素，推进其发育。显然这需要对项目进行前期投入。二是投资者对项目优势的认同问题。创业者要善于运用恰当的方式向可能的投资人传达项目的信息，如参加专业性的博览会、展销会、洽谈会，利用网络进行推广等；要简洁明了地突出项目的优势、会给投资人带来的效益。

第二，利用各种优惠争取创业资金。

一是积极争取政府政策性创业扶持资金。应该看到，随着农转非问题的凸显，各地对于农转非人员的创业，正在采取更加积极的态度和更加宽松的政策，创造更为便利的条件，而不是局限于多种客观和主观的困难与不足。

二是争取银行提供的免担保创业信贷。一般人们总认为，要向银行贷款必须自己提供担保或者抵押，其实情况并非都是如此，现在银行为了拓展信贷业务，充分考虑了创业者寻找担保的实际困难，纷纷主动寻找担保方，为有意创业的人提供免担保贷款。如工商银行上海分行曾推出过个人助业贷款，力邀柯达公司作为担保方，为申请开办柯达快速彩扩店的业主提供信贷资金。这种信贷业务种类繁多、手续简便，但是一般都有较强的时效性，而且不同的银行可提供的贷款额度也不尽相同，创业者可到各大银行进行咨询。

三是以低代价转来亏损企业向银行抵押贷款。选择那些负债累累、濒临倒闭的工厂，以“零转让”的形式接手工厂所有的动产不动产以及全部债务；然后以厂房作为抵押物向银行申请贷款，利用自己的优势（或市场或技术或产品）创业发展。

四是投资者提供的风险投资。如今有很多的大公司大集团甚至个人手中都掌握着大笔的闲置资金，他们正为没有好的投资项目而心烦，他们也十分希望能找到一个可靠的投资对象。因此，假如你有好的项目，不妨找找风险投资。通过亲朋好友的介绍，或委托专门的风险投资公司代理，或做寻资广告等。

五是新闻媒体提供的支持创业活动资助。近年来，残酷而激烈的媒体大战迫使各大媒体纷纷采取积极主动的态度，在贴近读者、服务读者上动足脑筋、做足文章。不少报纸杂志、电台电视甚至一些大型网站都紧紧抓住人们希望致富的心理，不断设计和推出一些资助创业的活动，有效地帮助那些想创业却又没资金的人实现了心愿。

六是大公司提供的加盟设备资金支持。有许多大公司为了扩大市场份额，正在纷纷选择连锁经营的方式来扩充自己，为了有效而快速地扩大连锁经营的覆盖面，他们广泛吸收个体业主加盟经营。为此他们常常会推出一系列优惠待遇给加盟者，包括优惠待遇或是免收加盟费等。

第三，自主筹措创业资金。

一是自有资金用作创业资金。一方面，要引导农转非人员树立“先生产后生活”的观念，将征地补偿款拿出一小部分用作基本生存之需要外，尽可能多地支持自主创业；另一方面，政府部门要按照国家有关规定和地方经济发展实力，给予尽可能多的征地补偿费，为农转非人员创业提供部分资金基础。

二是向亲朋好友借款用作创业资金。向亲友、邻里、熟人等借款，只要有还款信用，手续比较简便，从提出借款到获得资金一般只需 1～2 天，短的仅几小时。

三是合作筹资共同创业。寻求合作伙伴，共同出资，共同创业，共担风险，共享收益。

三、征地农转非人员创业环境支持

一是积极搭建创业平台，放宽创业限制。除国家法律法规禁止或限制经营的项目外，都应是允许农转非人员自主选择的经营范围和项目，缩短登记时间，减少前置审批，放宽注册资本、经营场所等方面的限制。贵州省望谟县给予农转非人员经营门面，使农转非人员有了创业平台，其创业的动力和热情大大增强（赵延忱，2008）；2007 年上半年，上海市已宣布对马路设摊有条件地解禁。

二是成立创业服务机构，负责对征地农转非人员创业的管理与服务。创业服务机构的主要职能是协调政府各有关部门对自谋职业、个体经营和开办私营企业的法规、政策，简化各部门的办事程序，为创业者的注册、经营、管理和发展提供全方位的、高质量、高效率的服务。同时，创业服务机构还可以与当地的培训与企业咨询机构、行业协会建立密切的联系，通过聘请的方式，提供咨询服务。中心由上级管理机构根据工作绩效和服务项目予以拨款。

三是建立创业服务网络，健全创业服务体系。任何一个城市都存在就业空间，关键是缺乏对本市现有产业的生产、生活配套服务进行全面调查、科学评估和深入测算，政府部门要在此有所作为。应协调政府各有关部门，不断完善和创新服务内容，为创业者提供信息、咨询、策划等服务（王旭，2004；崔波，2006）。

四是在推进城市化进程中着力区域产业结构的优化升级与经济实力的提升。因为一个地区的产业结构处于升级阶段，经济实力强就会创造更多的就业机会（陈晓宏，2005）；经济发展水平在很大程度上影响创业机会的形成，东部地区比中西部地区经济发展水平高，东部地区的创业机会也就比中西部地区多。

第八章　就业促进与政府推动

征地农转非人员就业促进是一个庞大的系统工程，从农转非人员个人、用工单位到政府、社会各界都需要做出积极的努力。其中，政府的推动尤为重要。需要明确政府部门在推动征地农转非人员非农就业工作中的首要性及具体职责，进而形成政府推动的主动性与创造性，调动社会各界广泛参与，实现征地农转非人员非农就业。

第一节　征地农转非人员就业促进的政府责任

一、政府推动的现实缺位性

应该说，基于征地农转非人员非农就业的困境，各地政府部门做出了各种的努力，提供了多种多样的服务。但是从整体情况看，政府对征地农转非人员非农就业的促进还不够完善，工作还不够深入，措施缺乏系统性、持续性。在征地农转非人员的就业开发安置时，政府只是在大的原则上给予了界定，缺少具体的操作方法。各部门在具体执行过程中，只能根据自己的理解去操作执行。部分地区还存在“等”、“看”、“模”等应付方式，即“等”政策出台我再干、“看”别人干我再干、“模”仿人家干(王洪元，2008)。

2006年6月至9月，中南财经政法大学公共管理学院和湖北省就业与再就业研究中心对全国17个省市区部分市县征地农转非人员“失地后有关部门为你做了什么?”的调查显示，政府为征地农转非人员就业提供用工信息、就业指导、就业培训、工作岗位等直接帮助的占到样本数的43.0%，提供其他形式的间接服务的达到51.9%，无任何形式支持的仅占5.1%(杜今锋、王芸芸，2008)。

苏楠、胡静在对湖北省344名征地农转非人员的调查中发现，征地农转非人员对政府提供就业帮助的认识，有80%(276)的人认为没有得到任何帮助，仅有20%的人认为获得过一些工作信息(34人)、相关单位提供的免费职业培训(20人)、政府提供工作岗位(14人)；对政府相关政策的知晓度不高，有57%(196人)的人选择没有任何优惠政策，有33%(104人)的人选择说不清楚，仅有10%(34人)的人认为有一些优惠政策；对是否知道政府开办了免费职业培训班这个问题时，绝大多数被调查者表示听说过，但缺乏具体了解，因此导致很少有人参加政府部门组织的免费职业培训(苏楠、胡静，2007)。说明政府对征地农转非人员非农就业的帮扶措施较少，且仅有的帮助措施也因宣传不到位、没有深入到基层而难以达到政策应有的效力。

之所以出现这样的状况，有如下几个方面的背景和原因。

其一，征地农转非人员就业促进的地方政府责任被淡化。

1994 年国家税收体制改革，把一些关系到国家大局和实施宏观调控的税种都划归了中央，把收入稳定、数额较大的税种设为共享收入，使得地方财政收入减少。迫于地方财政收入增加的压力，一方面，地方政府凭借经济资源的巨大配置权必然表现出利益偏好，于是地方政府官员利用经济发展的决策权和自主权，调节和控制着地方经济的发展，着力实现地方经济指标的短期较大程度提升，形成短期内经济繁荣而社会发展相对滞后的局面。表现在城市化过程中，对"经营土地"产生极大的热情，期望从土地经营中获得利益，期望以较低的土地使用权出让价作为招商引资的优惠条件以吸引外资发展地方经济。在经济发展目标凸显及经济发展后地方政府官员官位晋升的影响和刺激下，地方政府不仅缺乏纠正土地资源配置外部性的激励，反而成为加速农地非农化的主要力量（胡靖、于香情，2008），于是地方政府对征地农转非人员就业促进责任就被有意无意地忽视，地方政府的就业促进主体缺失，从而直接导致征地农转非人员不仅在征地中利益无法保障（周艳，2008），而且失地后的后续保障也无人足够重视，征地农转非人员的权益保障与可持续发展较为博弱。

另一方面，由于地方财政收入的不足，加上就业促进的系统性与艰巨性、长期性，在征地农转非人员面临就业困难时，一些地方政府官员缺乏足够的热情和耐性。王道勇在对 D 市城郊征地农转非人员就业的考察中就发现，部分市政府与街道办事处认为自己一没有能力为征地农转非人员安排工作，二不给征地农转非人员安排工作是合理的（王道勇，2006）。

其二，体制转换中基层政权对征地农转非人员就业促进的无力。随着城市化进程的推进，城郊农村基层党组织和政权组织简单地改为城市社区党组织和政府组织，其功能出现减弱甚至缺失（彭穗宁，2005）。一方面，这些基层党员、干部也有与其他征地农转非人员一样的困惑和问题，他们也担心自己被城市化后的出路；另一方面，从农村到城市的转变，从农村基层管理到城市社区服务，其运行机制、工作内容和活动方式将出现很大的变化，这些基层党员、干部也有一个转轨的过程，在转轨中他们或者工作不主动、难深入，或者沿袭"老一套"、"家长式"或"随意式"的工作方式，其结果都难以令征地农转非人员满意。

而且，在城市化的激进体制转轨过程中，当农民的利益与上级政府的利益不一致时，代表农民的基层组织（特别是村民委员会）的干部为了保全自己会站在政府一边（卢继宏、郭建军，2008），难以充当保护农民权益的主体，难以为征地农转非人员的就业需求奔走呼号。

因此，无论从个人素质能力、观念意识，还是非农就业转换的复杂与艰难、体制转换的阵痛与持续，都决定了基层政权对征地农转非人员就业促进的无力。而当地方政府对征地农转非人员就业促进的重视不够、推动不力时，基层政权的这种"无力"将更为严峻。

其三，征地农转非人员就业促进的企业主体缺失。企业是征地农转非人员就业转移的主要吸纳者，应充分发挥企业特别是征地单位对就业的促进作用。然而，在实践中，我们看到，企业在征地农转非人员就业促进中积极性不高，出现主体缺失。从企业的发展过程看，一般会经历"只顾挣钱、在追求规模中开始注意声誉、综合考虑经济利益与政治和文化利益”三个阶段，当企业还处于第一、二阶段而地方政府对企业又没有“政治和文化利益”引导时，企业的征地农转非人员就业促进主体责任必然淡化，主体地位必然缺失。刘燕丽等对日照经济开发区的企业调查表明，占地企业对社会发展的态度表现为无视、妄为、满足表面需求三种情况（刘燕丽、刘冬文、刘佳，2008）。

在市场经济体制中，我们显然不能强求企业对征地农转非人员实施就业促进，但我们可以引导、激励企业，并让企业看到实施就业促进的积极社会效应，促使企业形成征地农转非人员就业促进的自觉性与主动性。如果缺少政府的积极引导与鼓励，企业主体地位缺失就成为“当然”。

二、政府推动的现实必要性

其一，促进就业是征地农转非人员对政府的基本要求。在计划经济时代，就业促进的主体是各级政府，政府通过一系列行之有效的政策措施，促使相关企事业单位积极参与，农民“以土地换就业”，很好地解决了就业问题及生存发展问题。在市场经济体制时代，由于传统有效的政府安置方式逐渐失灵，各地政府多以“利益补偿”的方式做最快的了断，而对其就业促进尚未提上议事日程或引起足够的重视，政府的就业促进主体身份淡化。从理论上讲，在征地与解决就业的相互关系上，应当遵循“谁占地谁安置就业”的原则，但是随着各级企业用工方式的市场化，占地单位安置就业的主体身份亦逐渐淡化。于是，农民失去了土地，没有谁来承担农民就业的责任。失业矛盾的焦点、解决就业的能力、实现就业的压力等都集中在征地农转非人员自己身上（黄爱芳、林俊岚，2007；高君，2008）。

然而，征地农转非人员进入城市后，成为不同于其他社会群体的一个特殊弱势群体，面对城市新的生存发展环境，农转非人员客观上存在一定的盲目性，再就业遇到的诸多困难，大多是他们自己难以克服的困难。因此，在进城后面临就业与创业困难时，征地农转非人员自然首先想到政府的帮助，他们迫切需要政府部门及社会各界的大力扶持。张海波、童星抽样调查征地农转非人员“最希望政府解决的问题”时，有44.2％的人回答是“帮助就业”，其需求占全部需求的近一半（张海波、童星，2006）。笔者在重庆市高新区有代表性的八个征地农转非人员安置小区中抽样836户调查也发现，33.1％的征地农转非人员急切期望政府帮助就业，在就业帮助中又特别是期望政府针对农转非人员建立专门的就业信息服务部门（40.7％）、增加就业岗位（38.3％）、组织培训以提高待业人员就业能力（20.2％）（陈绍友等，2009）。

从各地的实践来看，凡是对征地农转非人员再就业重视的地方，社会就相对稳定，征地农转非人员就平稳进入城市、尽快实现新的就业，推动地方经济建设与发展，社会就相对稳定；相反，则征地农转非人员在生活压力下出现这样那样的问题，形成并发生不稳定事件，影响城市化建设与地方经济发展。

其二，促进征地农转非人员就业是政府的基本职责之一。一方面，征地农转非人员失地带有强烈的被动性，他们是为城市化建设和地方经济社会发展作出了贡献的，因此政府主导型的城市化，要求城市化过程中产生的征地农转非人员的就业安置也应是政府主导型的(武玲娟,2006)。另一方面,政府或国家是社会的公共机构,是全社会公共利益的当然代表,其行为目标是全社会公共福利的最大化。政府掌握着各种资源,拥有征地农转非人员权益保障与就业促进中的强制优势、组织优势和效率优势,唯有政府才能承担起保护权益保障与就业促进的重任(卢继宏、郭建军,2008)。征地农转非人员的就业与创业,存在着观念、资金、技术、信息、保障等不少障碍,政府可以通过经济调节手段和社会管理手段弥补这些不足,化解或减少这些障碍。

即使从"利己"的角度讲,政府亦当承担起征地农转非人员就业促进的责任(黄寰,2009)。应当看到,伴随着城郊土地被大量征用,如果越来越多的征地农转非人员的基本生活没有保障,他们的心理会逐渐失衡,会对社会、政府产生不满,会出现群体性事件或恶性案件。近些年里出现的诸多"失地农民事件"就是很好的证明(附件3)。这不仅与为了经济发展而征地的初衷相悖,而且可能损害已取得的经济成果。对于当事领导干部而言,也可能影响其仕途前程。也许有人会认为,由于信息的不对称,上级政府难以对地方就业问题与社会稳定问题作出及时的反应(胡靖、于香情,2008),难以及时处理一些不作为的干部,因而部分地方干部存在侥幸心理;或者认为自己努力发展地方经济,也是全心全意为人民服务。笔者认为,征地农转非问题已经成为一个全社会问题,全心全意地着力于征地农转非人员的权益保障、后续服务和就业促进,正在成为全社会的要求和中央的取向,侥幸或以偏概全都是不可取的。

因此,对征地农转非人员的就业促进,政府推动既是政府职责的逻辑推导，又是政府不可推卸的责任（周志雄，2007），各级政府应当起着主导作用（张克俊、李瑛，2008）。近年来，中央要求各地政府把征地农转非人员就业创业纳入工作职责中。如 2006 年中央“一号文件”（《中共中央国务院关于推进社会主义新农村建设的若干意见》）中强调指出，要进一步探索改革经验，完善对征地农转非人员的合理补偿机制，加强对征地农转非人员的就业培训，拓宽就业安置渠道，健全对征地农转非人员的社会保障（杨涛，2007）。2006 年 4 月 10 日国务院办公厅转发了劳动保障部《关于做好被征地农民就业培训和社会保障工作指导意见》（国办发[2006]29 号），要求各级政府要落实被征地农民就业安置责任，努力促进被征地农民就业。2008 年 1 月 1 日起施行的《中华人民共和国就业促进法》第五十二条规定：各级人民政府要对身体状况、技能水平、家庭因素、失去土地等原因难以实现就业，以及连续失业一定时间仍未能实现就业的就业困难人员实行优先扶持和重点帮助。

三、政府责任的理性认识与分解落实

推进征地农转非人员实现非农就业，是政府的责任，各级政府在推进征地农转非人员实现非农就业中居于主导地位，这既是现实的呼唤也是理论的推导。然而，“主导地位”并非具体负责、全面负责，而恰恰相反，政府应当从当前推进征地农转非人员非农就业的具体事务中解脱出来，集中精力调动更多的社会资源、培育更多的就业促进主体，这才是政府推进征地农转非人员实现非农就业“主导地位”的真正含义。在征地农转非人员非农就业的实践中，有两种政府做法都是不当的：一是不管、缺位，二是全管、越位。事实上，在社会主义市场经济体制中，对“征地农转非人员非农就业”政府是包不起的，也不应该由政府包起来，而应当发挥政府的特殊地位与作用，调动和培育多种多样的就业促进主体，形成征地农转非人员非农就业的强大合力，让最广大的征地农转非人员实现非农就业。这才是征地农转非人员就业促进之政府责任的理性认识。

征地农转非人员非农就业的实现，一方面需要农转非人员自身及其家庭的积极努力，另一方面更需要地方政府、占地企业及社会相关组织的大力推进与积极参与。我们既要承认市场化自主择业是征地农转非人员非农就业的基本方式，更要强调在充分尊重市场规律基础上多方面的积极促进；在征地农转非人员就业促进中，既要强调各级政府部门的主导地位，更要着力培育清晰多样的就业促进主体，并在“清晰”中“多样”，在“多样”中“有效”。因此，政府推动征地农转非人员非农就业，可以从直接推动与间接推动两个方面的路径展开：“直接推动”是通过体制机制建设，让各级政府部门主动介入、创新工作，形成直接推动；“间接推动”是政府利用自身优势动员广泛的社会力量参与其中形成间接推动。两个方面的推动，政府的职责可以具体分解如下。

一是引导。通过一系列制度、战略、政策的安排，形成征地农转非人员就业促进的良好态势，引导社会各界（包括农转非人员自身）为农转非人员就业提供具体、有效的帮助，推进农转非人员就业实现。

二是整合。以政府的力量和信用，调动社会各方资源与力量，形成促进农转非人员就业的强大合力，推进农转非人员就业实现。

三是监控。通过农转非人员就业实现的规划、措施安排、指标设计及相关的激励办法，促使各相关主体在农转非人员就业促进工作中奋发图强、开拓创新，推进农转非人员就业实现。

四是指导。通过考察、交流、研讨会、总结会等多种形式，对农转非人员就业促进工作进行具体指导，解决具体问题，形成丰富经验，推进农转非人员就业实现。

第二节　征地农转非人员就业促进的政府直接推动

征地农转非人员实现就业，发展事业，进而融入城市、享受和发展城市文明，需要政府、社区及社会、农转非人员自身在各自的层面上做出积极的努力，并形成联动效应。其中，政府的直接推动尤为重要和必要，要强化政府的就业促进责任，优化体制机制，创新管理思想。

一、征地农转非人员就业促进体制机制优化

其一，体制机制的建设。一是在土地管理体制上实行省级以下土地管理部门垂直管理，即地方土地管理部门的人事任命权和财权主要由上级国土资源管理部门管理，使之更好地对地方政府的用地行为进行监督。

二是把征地农转非人员就业促进与转移工作作为地方政府工作重点之一，纳入劳动保障等就业行政管理部门的统一管理之中，

将征地农转非人员非农就业与城市就业工作放在同等的位置上考虑。地方政府要制订符合地方实际情况的征地农转非人员就业转移计划，在领导分工、机构设置、人员力量、资金投入安排等方面，如国土资源局负责征地补偿，公安局负责做好“农转非”工作，劳动局负责就业培训工作，民政局、社保局、人寿保险公司负责社会救济、养老保险，扶贫局负责扶持产业开发(魏有玲、王青娟，2006)。

三是通过相关法律法规的建立与健全，改变地方各级政府“执行国民经济和社会发展计划、预算，管理本行政区域内的经济、教育、科技、文化、卫生、体育事业、环境和资源保护、城乡建设事业和财政、民政、公安、民族事务、司法行政、监察、计划生育等行政工作”的笼统规定，明确、细化进而强化地方政府在征地过程中的就业促进责任。例如，四川省南充市将征地农转非人员就业及生活保障纳入重大工程建设项目稳定风险预测评估，从四个方面着手：一是中央及省、市有关农转非人员就业和生活保障的政策能否贯彻落实；二是农转非人员的基本生活保障能否落实到位；三是符合“低保”条件的农转非人员能否应保尽保；四是农转非人员劳动技能培训方案和帮助、指导其实现再就业能否落到实处(蒋弟永、何小云，2007)。

其二，工作指导的引导。一方面要求各级政府部门不等、不靠、不拖，充分调动民政、工商、税务、国土、规划、金融、交通、教育等部门的积极性、主动性与创造性，以解决农转非人员的细小问题为切入点和突破口，形成部门工作的合力。例如，湖北恩施市政府成立失地农民就业安置办公室，研究就业对策，促进征地农转非人员再就业(李杰，2008)。

另一方面，充分发挥镇、街道、村组、社区和中介组织的积极性（张克俊、李瑛，2008）。镇、街道和村组是上联上级政府和部门、下联农民的桥梁和纽带，具有组织能力强、信用程度高、信息比较充足和真实等优势，应当发挥其在促进农转非人员就业中的组织、引导作用；农转非社区对农转非人员的思想、行为、各种需求及就业真实愿望了解比较充分，应发挥其信息收集、观念转变、就业组织等重要帮手作用；可以在镇、街道、社区设立劳动就业服务信息中心或工作站，村社或街道设联络员，开展用工信息搜集、失业登记、求职登记、职业指导、就业介绍、政策咨询、劳动事务代理等服务，最大限度地减少征地农转非人员盲目和无序的流动，形成一定区域内城乡统筹的就业机制。社会中介组织市场化程度高、信息灵敏，应引导和鼓励它们提供农转非人员与用人单位的对接和中介服务，分类整体向企业推荐。

二、征地农转非人员就业促进管理制度创新

其一，着力农转非人员就业促进的基础制度创新。一是土地征用制度创新。如明晰土地产权，维护农转非人员的利益，为发展农转非集体经济提供制度保障。同时，保障农转非人员在较短时间内获得较高的经济收益，有利于其城市创业。

二是征地补偿费发放方式创新。可以尝试为征地农转非人员开设个人账户，采取“分期付款”的方式发放土地补偿费用，使土地补偿费用的发放与征地农转非人员的长期生活保障相结合（杨雪，2006）；或以“上保险”加上“每年取得收益”的方式，取代一些地方在耕地转为城市建设用地过程中，一次性支付给农民征地费的做

法(张平,2008)。如此既避免了农转非人员在“一夜暴富”下的挥霍消费,又促使其在生存压力下积极寻求非农就业。

三是社会保障制度创新。如为征地农转非人员建立失业保险制度,进行失业登记,由社保机构发放失业保险金。对农转非人员的生活与发展,要舍得投入。

四是将征地农转非人员就业纳入地方法规。一要遵循《宪法》、《劳动法》的相关规定,保障农转非人员就业权的实现;二要关注相关配套措施的制定,保证与我国法律体系的统一性,不与上位法相冲突;三要清理并废除与法律相悖的、限制农转非人员就业权实现的政策;四要简化征地农转非人员在城市务工的各项手续。

五是扫除制度障碍,改革城乡分割的二元就业制度,取消就业中的城乡歧视,发挥市场在调整就业中的基础性作用,逐步建立城乡劳动者自主择业、平等就业的就业制度;建立城乡统一的劳动力市场网络,实现用工信息共享;建立城乡统一的就业服务机构,构筑起完善的就业服务网络,使农转非人员与城镇居民一样平等地享有就业培训、择业指导、职业介绍等方面的就业服务。

其二,着力农转非人员就业促进的管理制度创新。一是从自谋职业优惠政策、企业吸纳征地农转非人员优惠政策、征地农转非人员就业困难援助政策、就业服务政策、财政投入政策、社区平台政策等方面着力,建立征地农转非人员就业支持政策体系(万吉明、林海,2004)。

二是将已实行的针对城市下岗人员的优惠政策扩大到农转非人员,用优惠政策鼓励农转非人员自谋职业和自主创业,使农转非人员也像下岗工人一样能得到政府实实在在的政策扶持。

三是对劳动力流动进行合理的调控（刘家强、唐代盛、蒋华，2004）。应针对本地社会经济、剩余劳动力的现状制定相应的对策：根据本地就业的吸纳能力和征地农转非人员劳动力的数量规模和结构特征，有序地组织劳动力的转移；在城乡劳动力市场信息体系尚不完善的情况下，运用政府强大的管理资源、信息资源，组织对农转非人员的技能培训和劳务输出。

四是注重对农转非就业促进工作的过程监控与绩效评估。在宏观上，要注重各方面对征地农转非人员就业促进工作的过程监控，注重从宏观的就业环境、就业机会、就业政策到微观的就业意识、就业能力、就业实现等形成多方位的检查与督促，要引导城市人与农转非人员和谐共处相互帮助，要着力农转非人员就业促进与其他人员就业帮助的资源共享机制建立健全等。在微观上，要加强对地方政府责任履行的监管，促使地方政府把征地农转非人员就业促进与安置工作纳入重要议程当中，实施就业促进工作考核。在不同的时期侧重不同的考核指标，如初期应注重对农转非人员的非农就业意识的改变、就业能力的提高；中期应强化农转非人员的就业发展、城市融入；最终全面评价和管理，包括稳定的工作、不低于当地城镇居民平均水平的收入、享受与城镇居民相同的社会保障水平、农民身份的转变、知情权与自主权、有秩序的生活等（表 8—1）（张汝立，2006）。在监管与考核中，征地农转非人员的就业率和失业率应是核心指标（谢维俭，2007）。

表 8—1　“有发展的安置”的指标设计

指标	指标性质	指标内涵
1. 稳定的工作	经济方面	能够找到适合自己的相对稳定(工作合同有一定稳定期)的工作,以确保一定的稳定收入;或者通过获得小额贷款或其他由政府提供的优惠形式从事工商业创业活动。
2. 不低于当地城镇居民平均水平的收入	经济方面	即以当地城镇居民为参照系,而非当地农民。否则会出现从“农村富裕群体”转变为“城市贫民”。
3. 享受与城镇居民相同的社会保障水平	社会方面	以城市居民的身份进入城镇社会保障体系,而不是以农民或者如有些地区那样以小城镇居民身份进入一个较低水平的社会保障体系。
4. 农民身份的转变	社会方面	在思想观念、生活方式、行为习惯等多方面实现从农民向市民的转变。
5. 知情权与自主权	政治方面	不是被动的单向被告知,而是较全面的双向沟通了解;不只是知情,还应成为征地过程中的谈判主体。
6. 有秩序的生活	政治方面	生活有秩序,不主动对抗,不形成问题。

三、征地农转非人员就业促进管理思想创新

在当今世界,观念决定行动,思路决定出路。思想的统一,才会有行动的统一。基于征地农转非人员就业促进管理的政府主导地位及其职责分解,在实施征地农转非人员就业促进管理时,政府

应当避免先前“见子打子”、“盲目应付”的思想，而应强化系统管理思想与一般管理思想，从整体和全局着眼、着力，以“有效”与“及时”为基本标准，扎实推进农转非人员就业促进工作。

其一，系统管理思想的创新。系统管理思想是基于一般系统理论而形成的管理思想。一般系统理论认为，系统是由若干要素（或因素或部分或子系统）互相联系、互相作用而形成具有特定功能的有机整体。系统具有整体性、层次性、目的性、环境适应性等基本特征。运用一般系统理论进行管理，应当注意几个原则和思想：一是系统整体最优，即通过系统内部构成要素的培育和要素结构的优化来促进系统整体功能的最大化；二是系统时空有序推进，即管理要注意资源的有序利用、实现系统的层次推进，顺序的混乱是最大的浪费；三是目的指导行动，即不同的目的要求不同的行动，不同的行动为了不同的目的；四是权变与创造，即在充分关注环境变化基础上，既要根据环境要求确定恰当的发展目的，又要预测环境变化创新以应对。

基于系统管理思想，政府在进行征地农转非人员就业促进及其管理时，一方面要把农转非人员就业促进纳入经济社会发展战略，实施相应的管理。既要把征地农转非人员就业促进当作一个重大的战略任务来抓紧抓好，又需要把其当作城市化建设、城市经济发展和社会进步的长远战略来推进和实施，并逐渐将其与社会其他人员的就业融为一体。着力实施有利于就业的经济发展方式，如实施特色城镇化战略、城乡统筹发展战略、特色经济发展战略，通过地区经济的发展、产业的扩张来促进就业。为农转非人员创造更多的就业机会，包括实施公共就业工程计划，把解决农转非人员再就业问题同加强城市的绿化、环保、卫生、交通、便民服务等各项事业结合起来。

另一方面，在征地农转非人员就业促进工作运行中，要注意把握农转非人员就业的节奏安排，既要加快又不能不顾一切，要根据农转非人员的素质能力基础及其变化、区域经济社会发展阶段去推进；要明确不同农转非人员的不同就业需求，或从业或创业，或稳定或提高，根据不同的需求采取不同的行动；要立足现实，开拓创新，农转非人员就业促进是一项非常重要的工程，各地当动员各方力量积极有效地推进，不能等、不能拖；农转非人员就业促进又是一项新的工程，许多方面需要发挥各方面的“首创精神”。

其二，一般管理思想的创新。管理是协调共同劳动以达到预定目标的过程。为最好地达到预定目标，管理也强调投入产出的比较，力求最小的投入获得最大的产出。但是，相比于将侧重点放于解释问题的经济学，管理学更多的功能是解决问题。因此，在管理活动中，没有最优，只有合适；没有最优的效益，只有合适的效益；没有最优的行动，只有合适的措施。

基于一般管理思想，各级政府部门实施征地农转非人员就业促进及其管理时要注意如下两个方面。

一是以“有效”与“及时”为标准，扎实推进农转非人员就业促进工作。不要纠缠于“科学与不科学”的争论，而要着力于解决农转非人员的实际问题；要了解征地农转非人员的基本情况和就业需求，实施相应的培训和引导，提高其就业素质能力；要收集城市用工信息，组织征地农转非人员就业供需见面，促进其实现就业；要了解征地农转非人员就业情况，协助用人单位提高其工作技能，优化其职业意识，实现稳定就业。

二是注重总结推广。既要着力解决一个又一个农转非人员的就业问题，又要善于从中总结提炼一条又一条带共通性的经验加以推广；既要算投入产出的经济账，更要算投入产出的社会账；既要探索新的就业方式，实施对应的管理与指导，又要研讨和出台相应的政策措施与工作方式，促进征地农转非人员就业。

第三节　征地农转非人员就业促进的政府间接推动

一、动员最广泛的社会资源促进就业

在征地农转非人员就业促进机制的运行中，存在着多方力量与资源动用的博弈。征地农转非人员的就业促进需要全社会最大的积极投入，需要调动最广泛的积极性，不仅农转非人员自己，而且征地单位、地方政府、相关部门、社区街道等都当做出积极的努力，就连社会最普通的大众亦应尽可能地做出自己的努力。因此，征地农转非人员实现非农就业，除了强调农转非人员自身努力与政府推动责任的首位性外，还当通过各级政府的推动，引导和动员最广泛的力量与资源参与其中，形成最大程度的促进合力，使征地农转非人员尽快实现较好的非农就业。政府推动可以在如下四个方面形成积极效应。

第一，政府以公共资源优势优先启动征地农转非人员就业促

进，在就业培训、农转非社区建设上优先着力，形成农转非人员就业促进的良好态势，使其进入一个新的战略高度，形成农转非人员非农就业的良好基础。

第二，政府以政策资源优势，调集和整合相关的组织、部门和社会团体动用自己的资源积极参与到征地农转非人员就业促进工作中，形成良好的工作态势与工作氛围；同时，鼓励和表彰那些积极参与并卓有成效的农转非人员就业促进的单位与个人，吸引更多更大的社会资源参与到农转非人员就业促进工作中。

第三，实施对“征地农转非人员就业促进机制”的调控与管理，使其良性运行，政府可以通过总结、考核、宣传等手段促进和指导就业促进工作资源的有效配置，实现资源的最大化效应；同时，政府还可以推动农转非人员就业促进与社会其他人员就业促进相互借鉴、相互促进、相互融合，从而形成农转非人员就业促进的长效机制。

第四，采取各种积极措施，实施有效的激励，以调动最广泛的主动性、积极性和创造性，推动征地农转非人员非农就业。随着政府对征地农转非人员就业促进的积极推动，农转非社区管理与服务、就业培训机构逐渐发挥越来越重要的作用，农转非人员自身亦主动地训练自己，积极地寻求就业发展。此时，政府推动将退出直接干预环节，而着力于征地农转非人员就业促进的管理与调控，使征地农转非人员就业促进工作健康、有序的运行，并注意与其他人员的就业促进工作有机整合。

二、引导和鼓励占地企业接纳征地农转非人员就业

一方面，企业用工自主，农转非人员自谋职业，这是市场经济的基本要求。我们显然不能强求占地企业安置征地农转非人员；另一方面，作为已有企业的扩张或企业的新生，占地企业是需要新员工的，是有就业岗位的。特别是在被征土地用于工业开发或房地产开发、开发企业属于劳动密集型产业时，项目建成的产业生产、公益服务、勤杂服务等岗位，一般农转非人员都能够胜任。因此，我们可以引导、激励占地企业吸纳征地农转非人员就业，并让企业看到积极的经济效益与社会效应，从而促使企业形成征地农转非人员就业促进的自觉性与主动性。

在引导与鼓励占地企业接纳征地农转非人员就业中，各级政府应当注意如下三个方面。

一是发挥财政资金转移支付的功能，建立征地农转非人员就业保障金。鼓励和引导企事业单位、社区吸纳农转非人员就业，用行政手段和优惠政策促使用人单位优先安排和接收农转非人员，对招用农转非人员的单位，施行收费减免、社保补贴、岗位补贴等优惠政策，使占地企业及其他单位接纳征地农转非人员就业的成本降低，从而有吸纳被征地人员的经济积极性。例如，宁波市鄞州区政府设立“被征地人员就业贡献奖”，年终在全区评选出十个企业“被征地人员就业贡献奖”，给予每个获奖企业5万元的奖励；对用人单位（除公益性岗位）招收大龄被征地人员（如男50周岁、女40周岁以上劳动年龄段被征地人员），给予用人单位每人每月150元的用工补贴（徐岳平、陆国咪、刘智，2006）。

二是积极帮助占地企业发展。通过政府积极有效的服务，帮助占地企业顺利解决进入一个新地方初期的诸多矛盾与问题，企业亦会感恩于政府，为政府分忧，帮助政府解决征地农转非人员的就业问题，从而实现政府与企业的“双赢”。

三是就业安置纳入占地成本。即占地企业接纳征地农转非人员就业，在占地成本上可以减免；相反，占地企业确实不能接纳征地农转非人员就业（或主观或客观），则在占地成本上适当提高。

附件1 全国各地征地农转非人员“失业情况”文献数据汇总

一、全国

1. 2003年，国家统计局农村社会经济调查总队对全国28个省、市、区的2 942农户7 187名失地农民的调查发现，有45.20%的征地农转非人员处于失业状态。

2. 国务院发展研究中心农村部部长韩俊：失地农民已经成为庞大的社会群体，其中完全失地、没有工作的农民至少在1 000万人以上，占失地农民的20%。

3. 2005年，胡同泽等基于福建、上海、广东、江苏、辽宁、天津、甘肃、广西、宁夏、四川、云南共11个省、市、自治区农调队抽样调查后公布的调查报告进行分析后认为，我国东部地区有35.45%的征地农转非人员失业，西部有48.73%的征地农转非人员失业。

4. 浙江大学冯培恩教授调查发现，255个农户的601人适龄劳动力中，无业者149人，占24.8%，欠发达地区这个比例更高达31%。

5. 章辉美等进行的抽样调查发现，有27.6%的征地农转非人员处于失业状态。

6. 李富田等根据西南科技大学经济管理学院学生在2005年寒假对全国28个省（市、区）失地农民就业情况的调查发现，有26.68%的征地农转非人员处于失业状态。其中，东、中、西部地区处于失业和半失业状态的比例分别为19.1%、31.06%和27.68%。

7. 2006年6月至9月，中南财经政法大学公共管理学院和湖北省就业与再就业研究中心共同组织对湖北、湖南、江西、河南、安徽、福建、广东、广西、海南、辽宁、吉林、黑龙江、山东、四川、云南、江苏、浙江等省的部分市县进行调查，结果显示，有56%的征地农转非人员处于失业状态（无职业1.8%、农民40.2%、其他14%）。

8. 康岚在2008年7～8月随机抽样调查上海、河南商丘、辽宁沈阳、广东湛江四地630名失地农民发现，有38.9%失业或在家。

二、东部10省

1. 宁波市海曙区8 600多个失地劳动力，失业在家的人数达1 648人，占比19.16%，是城区失业人员的近3倍。

2. 2003年，陈映芳对上海市失地农民的一项调查发现，有23.35%的征地农转非人员失业。

3. 2003年，国家统计局农村社会经济调查总队对河北迁安、高碑店市失地农民的调查发现，有80 %的征地农转非人员失业。

4. 2003年,杭州市有关部门对全市(不含滨江、萧山、余杭区)的失地农民就业统计表明,有52%的征地农转非人员失业。

5. 福州市失地农民被调查的对象中仍有30%以上无法就业。

6. 2003年,中国社科院社会政策研究中心在2003年7月对杭州市江干区失地农民的调查发现,有34%的征地农转非人员失业。

7. 2005年,朱京燕等对北京丰台区卢沟桥乡农村劳动力的调查发现,有19%的征地农转非人员失业。

8. 2005年,马弛等对浙江宁波北仑区、余姚市、台州路桥区、温岭市、嘉兴秀州区、桐乡市、绍兴越城区、绍兴县、衢州柯城区和龙游县等地200户农民(居民)的调查发现,有34.5%的征地农转非人员失业。

9. 青岛市农村社会经济调查队对青岛市城阳区城阳村、小寨子村、小北曲村、北疃村、南疃村、古庙头村等16周岁以上劳动力的调查发现,有41%的征地农转非人员失业。

10. 元露丰根据相关省农调队调查资料整理发现,广东、天津、浙江失地农民(人均耕地面积在0.3亩以下)中的劳动力失业率(含经营农业与赋闲在家)分别为40.9%、30.8%、37.3%。

11. 2006年,沈志兰对上海市南汇区36 820名适龄失地劳动力的就业调查发现,有38%的征地农转非人员失业。

12. 余秀江、崔国校2005年2月对广东省电白县三角墟失地劳动力抽样调查显示,有31.2%的征地农转非人员失业。

13. 南京市561位失地农民的实证调查显示,有30.9%的征地农转非人员失业。

14. 2006年,徐岳平等对宁波市鄞州区失地农民的调查发现，有30%的征地农转非人员失业。

15. 截至2004年9月底，石家庄市裕华区27 460名失地劳动力(男16～60岁，女16～50岁)，暂无业和处于失业状态的有9 309人，失业率达34%。

16. 2003年，南京师范大学学生对江苏省失地农民的调查发现，有64.29%的征地农转非人员失业。

17. 2006年，肖志锋等对朝阳区东坝乡6 569名失地农民的调查发现，有33%的征地农转非人员失业。

18. 2007年，叶继红对南京市江宁区和浦口区失地农民就业的调查发现，有29.7%的征地农转非人员失业。

19. 刘跃发等2006年对廊坊市和涿州市80个自然村260户1 139名失地农民的调查发现，有28%的征地农转非人员失业。

20. 2007年，高君对杭州市城郊10个行政村200户居民就业情况调查发现，有36.4%的征地农转非人员失业。

21. 王洪元等对江苏徐州市的云龙区、泉山区、鼓楼区和九里区的3 742名失地农民的调查，发现没有工作的比例达47.8%。

22. 2003年，浙江省统计局对全省进行的调查发现，有68.5%的征地农转非人员失业。

23. 2007年，倪静等对天津市“潘楼村”调查发现，有46.8%的征地农转非人员失业。

三、中部6省

1. 2003年，国家统计局农村社会经济调查总队调查发现，河南漯河市源汇区失地农民有43.50%失业，河南孟津县失地农民有 47.8%失业。

2. 元露丰根据相关省农调队调查资料整理发现，湖南、江西、安徽失地农民（人均耕地面积在 0.3 亩以下）中的劳动力失业率（含经营农业与赋闲在家）分别为 44.7%、51.5%、40%。

3. 2005 年，钟业喜等对江西樟树市城北开发区失地农民的调查发现，有 40.9%的征地农转非人员失业。

4. 2006 年，程再玲等对安庆市 44 484 名劳动适龄人口的就业调查发现，有 67.34%的征地农转非人员失业。

5. 2007 年，苏楠等对湖北武汉市江夏区、汉阳区、武汉经济技术开发区的 14 个村 400 多名失地农民的调查发现，有 40%的征地农转非人员失业。

6. 2007 年，湖南长沙市雨花区洞井镇、黎托乡等五个单位处于就业年龄段失地农民的调查发现，有 49.05%的征地农转非人员失业。

7. 2008 年，湖北恩施市市委政研室对全市失地农民的调查发现，有 70%的征地农转非人员失业。

四、西部 12 省

1. 2003 年，国家统计局农村社会经济调查总队对陕西省失地农民的调查发现，有 38%的征地农转非人员失业。

2. 2003 年，国家统计局农村社会经济调查总队对云南省失地农民的调查发现，有 24.6%的失地农村劳动力处于“赋闲在家”的状况。

3. 2004 年，陈悦对重庆市高新区大竹林镇、人和镇、石桥镇、石桥铺街道 34 987 名征地转非人员的调查发现，农转非劳动力失业率平均在 50%左右。

4. 钟瑶奇2005年对重庆市高新区埝山苑社区女16～45岁和男16～50岁的走访调查发现,有70%的征地农转非人员失业。

5. 元露丰根据相关省农调队调查资料整理发现,甘肃、广西、云南失地农民(人均耕地面积在0.3亩以下)中的劳动力失业率(含经营农业与赋闲在家)分别为55.9%、45.7%、54.8%。

6. 2005年,彭州市行政学校课题组对彭州市13 129位失地劳动力的调查发现,未就业的7 254人,占55.3%。

7. 2005年,中共郫县县委课题组对四川省郫县失地农民的调查发现,7 899名失地劳动力,未就业的3 352人,有43%的征地农转非人员失业。

8. 2003年,四川省劳动和社会保障厅对全省134.12万名征地农转非人员的调查发现,有51.8%的征地农转非人员失业。

9. 四川省政府2004年对全省141万名失地农民的调查发现,有40%的征地农转非人员失业。

10. 成都市失地农民中劳动力未就业的占55.3%。已就业的劳动力占劳动力总数的44.7%,这其中包括做蔬菜生意、蹬三轮车和出去打工等形式。

11. 2003年,时丽艳、王力对重庆市江北区征地农转非人员的调查发现,失业比例五里店社区达62.89%、万丰社区达69.92%、复盛镇达100%、寸滩街道达85%、鱼嘴镇达88.00%、铁山坪街道达75%。

12. 2005年,成都市青白江区政府对七个镇的6 223名失地农村劳动力的调查发现,有56.4%的征地农转非人员失业。

13. 尹忠槐等2007年对曲靖市麒麟区白石江街道办事处108

名失地农民的就业调查发现，有 37.97%的征地农转非人员失业。

14. 2006 年，朱冬梅等组织西南交通大学人文学院经济学学生 2006 年暑期对成都市龙泉驿区、郫县和都江堰市三地 25～50 岁失地农民的调查发现，有 28.4%的征地农转非人员失业。

15. 2006 年，邓小虎对重庆市高新区天宫殿街道的走访调查发现，有 36.5%的征地农转非人员失业。

16. 2006 年，唐爱玲对咸阳市秦都区陈杨寨街道办事处的调查发现，截至 2006 年 7 月底，八个村处于劳动年龄段内（男 16～60 岁，女 16～50 岁）的 9 001 名失地农民，目前暂无业和处于失业状态的有 8 309 人，失业率高达 84%。

17. 甘肃省农调队 2003 年对全省五个县区十个乡镇的 100 户失地农户的调查发现，有 55.93%的被调查者处于失业状态。

18. 2008 年，陈绍友等对重庆市高新区 23 个农转非集中安置小区中人数较多的 15 个小区的调查发现，有 43.6%的征地农转非人员失业。

19. 文晓波对西部甘肃、广西、宁夏、四川、云南五省区农调队抽样调查后公布的 576 户失地农民就业状况的数据资料的分析，发现五省区失地农民失业率分别为 55.93%、46.31%、56.25%、33.13%、54.75%，说明西部地区的失地农民就业状况令人担忧。

五、东北 3 省

1. 张凤龙在“吉林省失地农民社会保障问题研究”一文中谈到，吉林省近年来失地农民的人数逐年增多，今后十年中每年还会有数以万计的农民离开土地。

2. 赵建国、苗莉在“促进大连市失地农民就业的对策”一文中谈到，随着“大大连”建设的推进，大连失地人员数量增多。据不完全统计，大连市甘井子区、金州区、经济技术开发区失地农民就达6.5万人。大量失地农民在面临失去土地、转化身份的同时，也面临着失地后的就业和保障问题。

3. 张时飞等对吉林长春、吉林、延吉三市的调查后认为，由于人均耕地占有量大，土地被征用的数量少，因此，吉林省完全失地的农户不多，相对于沿海经济发达省份，吉林省农民失地问题并不凸显。特别是该省在实行土地承包到户时，普遍采用的方式是根据村级集体土地的肥力、灌溉条件等因素，分片分块均分到户。也就是说，农户持有的集体土地基本上不在同一地块上。如果政府不是大面积或整村征地。很难在短时间内把农户持有的土地全部征完。因此，吉林省征地农转非人员相对较少。

六、征地农转非人员失业率调研数据汇总(附表1—1～2)

附表1—1 汇总一

失业率比例(%)		25以下	25～35	35～45	45～55	55～65	65～75	75～85	85以上	合计
总体		2	3	2	2	1	0	0	0	10
东部10省		4	11	5	3	1	1	1	0	26
中部6省		0	1	5	3	0	2	0	0	11
西部12省		1	3	6	6	8	2	2	3	31
东北3省		目前失地农民相对较少，在未来将会凸显								
合计	数据个数	7	18	18	14	10	5	3	3	78
	比例(%)	8.97	23.08	23.08	17.95	12.82	6.41	3.85	3.85	100.01

续表

失业率比例(%)		20以下	20～30	30～40	40～50	50～60	60～70	70～80	80以上	合计
总体		0	4	3	2	1	0	0	0	10
东部10省		3	3	12	4	1	2	0	1	26
中部6省		0	0	1	7	1	1	1	0	11
西部12省		0	3	4	5	11	2	2	4	31
东北3省		目前失地农民相对较少,在未来将会凸显								
合计	数据个数	3	10	20	18	14	5	3	5	78
	比例(%)	3.85	12.82	25.64	23.08	17.95	6.41	3.85	6.41	100.01

附表1—2 汇总二

失业率比例(%)		25以下	25～35	35～45	45～55	55～65	65～75	75～85	85以上	合计
东部10省	数据个数	4	11	5	3	1	1	1	0	26
	比例(%)	15.39	42.31	19.23	11.54	3.85	3.85	3.85	0.00	100.02
中部6省	数据个数	0	1	5	3	0	2	0	0	11
	比例(%)	0.00	9.09	45.45	27.27	0.00	18.18	0.00	0.00	99.99
西部12省	数据个数	1	3	6	6	8	2	2	3	31
	比例(%)	3.23	9.68	19.36	19.36	25.81	6.45	6.45	9.68	100.02
失业率比例(%)		20以下	20～30	30～40	40～50	50～60	60～70	70～80	80以上	合计
东部10省	数据个数	3	3	12	4	1	2	0	1	26
	比例(%)	11.54	11.54	46.15	15.39	3.85	7.69	0.00	3.85	100.01
中部6省	数据个数	0	0	1	7	1	1	1	0	11
	比例(%)	0.00	0.00	9.09	63.64	9.09	9.09	9.09	0.00	100.00
西部12省	数据个数	0	3	4	5	11	2	2	4	31
	比例(%)	0.00	9.68	12.90	16.13	35.48	6.45	6.45	12.90	99.99

附件2　全国各地征地农转非人员被征地后“生活水平”文献数据汇总

数据1:赵志凌等2003年对著名的建筑之乡——海门的被征用土地的669名征地农转非人员的调查显示,在市场经济比较发达的沿海地区海门市,征地后只有20%认为生活水平有所提高,仍有30%认为生活水平有所下降。

数据2:2003年,九三学社进行的一项调查表明,由于土地被征用,失地农民生活水平提高的只占10%,维持征地前水平的占30%,而60%以上的失地农民生活水平下降或基本没有收入来源。

数据3:在目前的失地农民中,60%的人生活处于十分困难的境地,有稳定经济收入、没有因失地影响基本生活的只占30%。

数据4:万吉明等对重庆高新区农转非人员调查显示,石桥铺街道和大竹林镇征地农转非人员征地后人均纯收入下降达到19.23%、3.50%。

数据5:陈悦对重庆高新区大竹林镇、人和镇、石桥镇、石桥铺街道34 987名征地农转非人员的调查发现,农转非家庭人均纯收入除人和镇基本持平且略有增加之外，石桥铺街道人均纯收入由农转非前的2 600元下降到2 100元，仅相当于1998年的水平，由“基本小康”倒退到了“温饱”；大竹林镇农转非后人均纯收入年年下降，2000年下降幅度达5.06%，农转非后六年平均人均纯收入低于2001年的水平。

数据6：浙江宁波的北仑区和余姚市、台州的路桥区和温岭市、嘉兴的秀州区和桐乡市、绍兴的越城区和绍兴县、衢州的柯城区和龙游县等五市十个区已实现就业的失地农民，月收入在500元以下的占28.18%，在500～599元的占21.55%，600～699元的占8.84%，700～799元的占5.52%，800～899元的占11.61%，900～999元的占7.73%，在1 000元以上的占16.57%。

数据7：据云南省农调队调查资料显示，耕地被占用前125户农民人均纯收入为1 528.9元，耕地被占用后年人均纯收入为1 131元，失地后纯收入下降了26%；而耕地被占用前后，人均生活消费支出增加的有66户，占52.8%，持平的有13户，占10.4%，减少的有46户，占36.8%。

数据8：中国社会科学院一份研究报告显示，西南某省20%的失地农户仅靠土地征用补偿金生活，25.6%的失地农户最急需解决的是吃饭问题，24.8%的失地农户人均年纯收入低于625元，处于绝对贫困状态。

数据9：杨雪依据甘肃省农调队在全省抽选了5个县区的10个乡镇100户农户进行专题调查的资料发现，他们的年人均收入减少(－10.7元)，年人均生活消费支出增加(＋60.1元)，生活水平下降。

数据 10:南京市 561 位失地农民,超过 1/5 的调查对象的收入在城市居民最低生活保障线以下,近一半调查对象的收入低于城市职工最低工资水平。

数据 11:胡同泽等基于 11 省、市、自治区农调队公布的调查数据,分析发现,无论是东部的福建、上海、广东、江苏、辽宁、天津,还是西部的甘肃、广西、宁夏、四川、云南,失地农民在被征地后个人、家庭的生活水平均下降(附表 2—1、附表 2—2)。

附表 2—1 东西部占地后年人均纯收入增加与年人均生活消费支出增加情况

地区	东部	西部	最高增加额省份:天津
年人均纯收入增加额	104.44 元	-81.96 元	405.00 元
年人均生活消费支出增加额	343.60 元	-10.68 元	836.00 元
生活水平变化	-239.16	-71.28	-431.00

附表 2—2 东西部占地后家庭年均纯收入与年均生活消费支出变化情况

地区	东部			西部		
	平均上升比例	最高上升比例省份:天津	最高下降比例省份:福建	平均上升比例	最高上升比例省份:云南	最高下降比例省份:广西
家庭年均纯收入变化(%)	51.98	71.00	76.20	26.20	32.08	75.25

续表

地区	东部			西部		
	平均上升比例	最高上升比例省份:天津	最高下降比例省份:福建	平均上升比例	最高上升比例省份:云南	最高下降比例省份:广西
家庭年均生活消费支出变化(%)	60.43	74.00	42.50	41.25	52.60	64.36
生活水平变化	收不抵支	收不抵支	收不抵支	收不抵支	收不抵支	收入相对增加

数据 12:江苏省南通市崇川区 107 户失地农民中,反映生活下降的有 97 户,占 91%。

数据 13:李燕琼、嘉蓉梅等的调查数据显示,目前东、中、西部分别有 20.92%、23.24%、27.28%的失地农民收入较失地前下降。

数据 14:国家统计局农调总队的一项全国性调查结果显示,土地被征用后,46%的失地农户年人均纯收入下降。

数据 15:高进云等对武汉市城乡交错区的 31 个村的被征地农民调查显示,农地城市流转导致农户总体福利水平略有下降,除居住条件有所改善外,农民的经济状况、社会保障、社区生活、环境、农民心理状况都有不同程度的恶化。

数据 16:中国社会科学院农村发展研究所和国家统计局农村经济调查总队联合发布的《2005 年农村经济绿皮书》指出:农民在

土地被征用以后，生活水平降低的占 60%以上。中国社会科学院一份研究报告(2007)显示，在东部某省历年统计形成的 200 余万失地农民中，有 30 万人属于失地贫困人口。中西部地区问题更为突出，西南某省 20%的失地农户仅靠土地征用补偿金生活，25.6%的失地农户最急需解决的是吃饭问题，24.8%的失地农户人均年纯收入低于 625 元，处于绝对贫困状态。

数据 17：李文星等于 2005 年 8 月至 2006 年 9 月对西部某大城市周边六个乡镇失地青年农民的调查显示，有 2/3 的失地青年农民家庭的人均年纯收入至少损失在 1 200 元以上，即：失地青年农民家庭的人均年纯收入为 3 333 元，而同期该市所辖的农民人均纯收入为 4 485 元。

数据 18：西南交通大学人文学院经济学学生 2006 年暑期对成都市龙泉驿区、郫县、都江堰市的征地农转非人员调查发现，征地农转非人员的零收入人数大为增加，不论平均收入还是最高收入，失地后都有所下降(附表 2—3)。

附表 2—3 成都征地农转非人员征地前后的收入

收入	没有收入	500 元以下/月	500～1 000/月	1 000 元以上/月	平均月收入	最高收入
征地前	2.4%	60.3%	30.8%	6.5%	572.85 元	3 500 元
征地后	36.1%	32.5%	26.1%	5.4%	392.60 元	2 000 元

数据 19：江西省 FL 县 XH 镇耕地被占用前的农民年人均纯收入约为 2 640 元，耕地被占用后的年人均纯收入约为 1 730 元。在被调查的农户中，有 65%的人认为生活水平与征地前相比“下

降了”。

数据 20：国家统计局对近 3 000 家农户调查显示，耕地被征收前年人均纯收入平均为 2 765 元，征收后下降了 26 元。

数据 21：西南科技大学经济管理学院学生在 2005 年寒假对全国 28 个省（市、区）失地农民的调查数据显示，失地农民中 10.93%的完全失业者完全没有劳动收入来源，处于不稳定就业状态的 15.74%人员，收入极不稳定；已经有稳定就业的人员，其劳动收入水平与失地前比高、平、低的比重分别为 20.49%、20.05% 和 59.44%，也即是说，有将近 60%的已就业失地农民的生活水平可能会下降。

数据 22：聂鑫、张安录对地处江汉平原的湖北仙桃市的调查数据显示，征地农转非人员征地前的农业收入为 1 673 元/月，征地后为 1 455 元/月，净减少 218 元/月；征地前的非农业收入为 5 883元/年，征地后为 3 266 元/年，净减少 2 617 元/年；征地前的生活支出（为日常生活基本支出，不包括医疗、教育、人情往来等）为 621 元/月，征地后为 1 141 元/月，净增加 520 元/月；征地前的户均食品开支为 268 元/月，征地后为 626 元/月，净增加 358 元/月；恩格尔系数由征地前的 43%增加到征地后的 55%。

数据 23：孟祥林的调查结果表明，被征地后的农民的生活质量的变化情况有很大的不同，其中生活质量提高的占 25.3%，有了基本生活保障的占 10.7%，收入得到提高的占 3.5%，有了创业资金的占 0.6%，生活水平下降的占 13.2%，没有发生多大变化的占 1.7%，就业非常困难的占 4.4%。

数据 24：叶仁荪等对江西省南昌市双港村、上罗村、下罗村的调查显示，双港村与上罗村有 78.57%和 62.5%的人表示收入明显减少，而下罗村由于地理位置优越，村集体经济发展迅速，有 84.62%的人表示收入明显增加。

数据 25：云南省农调队对 125 户征地农转非人员调查资料显示，失去土地后，收入增加的户数（32.8%）不如支出增加的户数（52.8%），收入减少的户数（64.0%）大于支出减少的户数（36.8%），说明生活水平下降。

数据 26：福建尤溪县一位移民说："以前一年四季从来不要买青菜和鸡、鸭、蛋，想什么时候吃都有，就是水果一年四季也从没间断过，现在吃什么都要用钱买，开支太大。"他还说如果目前这种状况不改变，居住在新村中的这些人 100%收入会下降，80%的人今后将无法维持生计。

数据 27：重庆高新区征地农转非人员，家庭人均年收入普遍偏低，3 000 元/年以下的占到 54.6%，3 000～8 000 元/年的占 34.7%，8 000～15 000 元/年的占 8.8%，15 000 元/年以上的占 1.9%，即将近 90%的农转非人员家庭人均年收入在 8 000 元以下，月均在 670 元以下。

数据 28：刘乐等对山东省泰安市高新技术产业开发区失地较多的 10 个村庄、200 个农户的调查显示，户均总收入从失地前的 20 258.93 元变为失地后的 21 230.34 元，净增加 971.41 元（相对数为 4.79%）；而户均一般消费支出从失地前的 10 358.39 元变为失地后的 14 371.97 元，净增加 4 013.58 元（相对数为 38.75%）；两相比较，户均总收入净减少 3 042.17 元。按照样本户均人口 3.38 人，则失地后人均收入净减少 900.05 元。

附件3　近年来全国因征地而引起的“社会问题”文献汇总

2002年上半年，国土资源部接受群众反映征地纠纷、违法占地的问题，占信访接待部门受理总量的73%，其中40%的上访人诉说的是征地纠纷问题，其中又有87%反映的是征地补偿安置问题。

2003年上半年，农业部收到的农村土地问题来信增长了174%。

2003年，国土资源部共接到群众信访3 394件，接待群众来京上访1 015批，共3 681人次，来京上访中集体上访147批，共1 863人次。其中，涉及征地补偿安置有关问题的占来访的12.2%，占来京上访批数和人次数的29.9%和36.6%；涉及非法占地有关问题的占来信上访的51.7%，占来京上访批数和人次数的32.2%和31.3%。

2003年，国家信访局受理土地征用的初信初访达4 116件，大部分聚焦在失地失业问题上。

2003年，全国人大常委会办公厅信访局受理有关土地问题的群众来信 2 938 件，2004 年受理 5 407 件，这些信件反映的问题主要集中在非法征用、侵占耕地、土地补偿不合理、安置不到位等方面。

在 2004 年以来发生的 130 起农村群体突发性事件中，有 87 起是因土地问题而发生的警农冲突，共造成数百名农民受伤，3 人死亡，160 余人被关押；有 12 起动用了特警或防暴警察，有 7 起出动了武警，最多动用警察数百人。

中国社科院发布的《2005 年中国社会蓝皮书》预测，农民失地引发社会矛盾在困扰中国的六大问题中居首位。

据北京朝阳区信访办统计，2005 年以来，在绿化隔离带建设地区，农民因就业问题上访人数、次数都已占到群众上访总数的 30%以上，已经成为绿化隔离带建设地区群众上访的主要原因。

2007 年全国受理土地信访案件中，大部分为农民失地又失业问题。

2009 年 3 月 6 日，上海白领王帅因为发帖举报家乡河南省灵宝市政府征地手续有问题，遭遇当地公安跨省抓捕，3 月 13 日，灵宝市警方以“证据不足”将王帅做了取保候审，4 月 16 日，河南省公安厅承认跨省追捕有错，当日晚 11 点，河南省灵宝市党政公众网发布“关于对‘王帅发帖事件’处理情况的答复”：灵宝市委、市政府负有领导责任，同时按《国家赔偿法》对王帅予以赔偿；随后，灵宝市派专人赴上海向王帅道歉，并对案件相关的责任人作出处罚。

2011 年 3 月 24 日，“2010 中国网络舆情指数年度报告(IRI)”在重庆发布。这份报告通过对 1 000 余个热点事件进行分析梳理后发现，征地拆迁、反腐倡廉和涉警形象成为网民最关注的三大问题。

附件4　近几年关于“征地农转非人员就业困难障碍”的文献观点汇总(附表4—1)

附表4—1　失地农民就业困难障碍统计

序号	失地农民就业困难障碍	资料来源
1	土地征用制度和补偿标准不合理;就业培训制度不健全;政府责任不到位;失地农民社会保障制度缺失。	张雷:“失地农民就业权的平等保护”,《重庆工学院学报》,2008年第9期。
2	土地征用制度与失地农民非农化;城乡二元分割制度使失地农民难以市民化;进城成本过高限制失地农民市民化。	刘跃发、李红叶:“河北省失地农民就业和社会保障问题研究——关于廊坊市、涿州市失地农民的调查报告”,《河北农业大学学报》,2008年第1期。
3	征地安置措施单一;失地农民就业政策不完善、农民自身因素。	高君:“杭州市失地农民就业问题分析”,《辽宁工程技术大学学报》,2008年第1期。

续表

序号	失地农民就业困难障碍	资料来源
4	有关失地农民就业的法律、政策不完备；用工单位诚实信用缺失，挫伤失地农民的就业积极性；失地农民自身主客观因素的限制。	张雁荣、史正保："甘肃省失地农民就业问题初探"，《发展》，2008年第10期。
5	土地征用制度的不完善；城市化发展水平不高，就业措施滞后；失地农民自身文化素质不高，就业观念落后。	李杰："关于恩施市失地农民就业问题的思考"，《科技创业月刊》，2008年第8期。
6	目前城市发展水平滞后，缺乏对失地农民就业的承载力；补偿标准过低，安置方式单一；失地农民自身观念陈旧，就业能力较弱。	屈晓娟："渭南市失地农民就业能力研究"，《中国乡镇企业会计》，2008年第7期 。
7	政府有关部门认识不到位；社会就业环境不利于失地农民就业；失地农民自身素质不高。	王洪元："城市化进程中失地农民就业问题初探"，《内蒙古电大学刊》，2008年。
8	征地政策不合理；安置补偿政策不合理；缺乏维护农民利益的观念。	肖海霞："城市化进程中失地农民就业问题探讨"，《中国乡镇企业会计》，2008年第5期。
9	农村土地产权与土地征用制度存在缺陷；我国劳动力总体上供过于求，就业形势严峻；我国劳动力市场不完善，失地农民遭受就业歧视和不公平待遇；失地农民自身综合素质欠缺，不能提供有效劳动供给。	汪小红："我国失地农民就业问题探析"，《法制与经济》，2008年第4期。

续表

序号	失地农民就业困难障碍	资料来源
10	多种因素造成城镇吸纳富余劳动力能力有限;征地制度缺陷使农民在城市化中处于不利地位;失地农民城市化中处于弱势群体地位;失地农民遭受就业歧视和不公平待遇;失地农民自身的因素影响就业竞争力的提高。	韦递平、陈敏:“农村城市化过程中促进失地农民就业的探讨”,《贵州农业科学》,2008年第1期。
11	失地农民素质偏低,在人才市场竞争中处于劣势;各级政府缺乏切实有效的针对失地农民的职业培训措施;基层政府扭曲的政绩观和村集体管理水平低下,直接影响失地农民就业的质量;城市经济的发展状况远远不能满足劳动力就业的需求。	胡加荣:“城市化进程中失地农民就业实证研究”,《北京农学院学报》,2007年第3期。
12	失地农民自身的因素;国家政策的原因(土地补偿、社会保障);政府服务职能缺位(就业培训,就业管理、引导、创造、服务);就业市场竞争因素。	尹忠槐、丁春艳:“城市化过程中失地农民就业问题研究——以曲靖市麒麟区白石江街道办事处为例”,《大理学院学报》,2007年第9期。
13	征地制度不完善,使失地农民失地又失业;社会保障制度的缺失,阻碍了失地农民的就业安置;失地农民素质偏低,择业观念落后,就业竞争力弱。	陈美荣:“城市化过程中的失地农民就业问题探讨”,《现代商业》,2007年第6期。

续表

序号	失地农民就业困难障碍	资料来源
14	征地补偿费用过低导致农民缺乏有效保障和自主创业资金；缺乏针对性、形式化的职业培训使多数失地农民不满意；失地农民流动性差，导致就业范围过小。	苏楠、胡静："对湖北省失地农民就业现状的调查研究"，《长江大学学报》，2007年第1期。
15	思想观念陈旧；产业发展缓慢；自身素质不高；相关政策不配套。	肖志锋、杨宝玲、于良佐："北京市绿化隔离带建设地区失地农民就业现状及对策分析——以朝阳区东坝乡为例"，《小城镇建设》，2007年第2期。
16	制度因素（征地制度缺陷、培训制度缺陷、保障制度缺陷）；个人因素（文化素质、就业观念和思想意识、依赖征地款、依恋土地、留恋一产）；市场因素（外来人员不断涌入，增加了本地劳动力就业的压力）。	王俊："对失地农民就业问题的思考"，《沿海企业与科技》，2006年第12期。
17	城镇吸纳富余劳动力能力有限；现行征地制度存在缺陷；失地农民处于弱势群体地位；失地农民遭受就业歧视和不公平待遇。	杨雪："失地农民就业问题研究"，《理论学刊》，2006年第1期。
18	就业观念保守落后，缺乏就业的主动性；吃苦耐劳精神不足，缺乏就业的自觉性；自身素质技能较低，缺乏就业的竞争力；二三产业发展滞后，缺乏就业的承载力。	中共郫县县委课题组："促进失地农民充分就业 加速推进城乡一体化进程——城市近郊失地农民就业状况的调查与分析"，《理论与改革》，2006年第1期。

续表

序号	失地农民就业困难障碍	资料来源
19	土地征用过程过快过急;现行征地安置方式单一,法定安置途径存在缺陷;失地农民择业观念落后、就业技能缺乏,就业培训跟不上,造成就业竞争力弱;城镇吸纳富余劳动力的能力有限。	张彦丽、王峰:“失地农民就业问题研”,《新疆农垦经济》,2006年第12期。
20	失地农民不能享受和市民同等待遇;补偿标准过低、安置方式单一;失地农民劳动素质和技能偏低、就业观念落后。	陈世伟、王志雄:“郊区被动型城市化中失地农民就业保障问题的实证研究——以J市近郊JX村为个案”,《商场现代化》,2005年第10期。
21	政策不够完善;失地农民就业观念亟待转变;失地农民文化程度普遍较低造成就业难;政府为失地农民提供的就业岗位较少;失地农民的就业受到外来民工竞争的影响;失地农民中的“弱势群体”就业尤为困难。	彭州市行政学校课题组:“彭州市推进城乡一体化进程中失地农民就业问题的调查”,《成都行政学院学报》,2005年第6期。
22	失地农民就业时面临着劳动力市场不统一、就业信息不充分的困难;失地农民的素质能力不高;相当数量的失地农民依赖性强、就业预期高。	朱京燕、王尤贵:“北京郊区失地农民就业问题研究”,《北京农业职业学院学报》,2005年第1期。
23	失地农民长期不能享受“国民待遇”是阻碍他们就业和再就业的重要原因;补偿标准过低,安置方式单一;失地农民就业的最大困难:缺乏非农产业从业技能;乡镇企业和新兴产业对劳动力吸收不足。	马弛、张荣、彭霞:“城市化与失地农民就业”,《华东经济管理》,2005年第1期。

附件5　全国各地征地农转非人员“初中及以下文化程度人员占比”调研数据汇总

一、调研数据

数据1：重庆高新区石桥镇柳背桥小区农转非居民中，初中及以下文化程度所占比重为66%。

数据2：重庆高新区大竹林镇、人和镇、石桥镇、石桥铺街道34 987名征地转非人员中，初中及以下文化程度所占比重为86.24%。

数据3：浙江杭州市江干区失地农民中，初中及以下文化程度所占比重为86.4%。

数据4：截至2004年4月底，北京朝阳区来广营乡劳动年龄人口共计4 943人中，初中及以下文化程度的占78.5%。

数据5：徐君(2005)研究发现，目前的失地农民中，初中及以下文化程度所占比重为80.64%。

数据6：安徽省农调队对120户农民家庭中的290个劳动力的调查统计显示，初中及以下文化程度所占比重为95.6%。

数据7：广州番禺地区的286名失地农民劳动力调查结果显示，初中及以下文化程度所占比重为61.50%。

数据8:邵国平等调查浙江省金华市秋滨街道227户失地农民,初中及以下文化程度达到203户,所占比重为89.43%。

数据9:四川彭州市13 129位失地劳动力中,初中及以下文化程度所占比重为86.30%。

数据10:陈世伟、王志雄发现J市近郊JX村农民,初中及以下文化程度所占比重为98.63%。

数据11:余秀江、崔国校2005年2月调查发现,广东省电白县三角墟538名失地劳动者(18～60岁)中,初中及以下文化程度所占比重为84.58%。

数据12:四川郫县失地农民中,初中及以下文化程度所占比重为92%。

数据13:上海南汇区54 784名失地农民中,初中及以下文化程度所占比重为79%。

数据14:南京市561位失地农民的实证调查,初中及以下文化程度所占比重为74.8%。

数据15:重庆高新区失地农民中,初中及以下文化程度所占比重为87.21%。

数据16:宁波市鄞州被征地农民中,初中及以下文化程度所占比重为90.4%。

数据17:成都市失地农民文化,初中及以下文化程度所占比重为86.3%。

数据18:安徽安庆市失地农民中,初中及以下文化程度所占比重为91%。

数据19:廖雅珍(2006)研究发现,在全部失地农民中,初中及以下文化程度的有 6 335 人，占总人数的 86.5%。

数据 20：北京市朝阳区东坝乡 8 169 名农业劳动力中，初中及以下文化程度的有 6 335 人，占总人数的 77.5%。

数据 21：北京城市边缘区某中等水平村失地农民中，初中及以下文化程度所占比重为 74%。

数据 22：长沙市雨花区洞井镇、黎托乡等五个单位处于就业年龄段失地农民中，初中及以下文化程度所占比重为 76.93%。

数据 23：贵州省玉屏侗族自治县 3 000 余失地农民中，初中及以下文化程度所占比重为 77%。

数据 24：铁岭市失地农民中，初中及以下文化程度所占比重为 84.4%。

数据 25：重庆高新区人和街道 7 935 个农转非劳动力中，初中及以下文化程度有 6 436 人，占比 79.98%。

数据 26：西部某大城市周边六个乡镇失地青年农民中，初中及以下文化程度所占比重为 61.3%。

数据 27：陈美荣(2007)研究发现，目前的失地农民中，初中及以下文化程度所占比重为 89.6%。

数据 28：2006 年暑期西南交通大学人文学院经济学学生对成都市龙泉驿区、郫县和都江堰市三地 26～50 岁的青壮年失地劳动力调查显示，小学和初中文化程度的占 70.4%，不识字或识字很少的人占 16%。

数据 29：贵阳市白云区尖坡村的 60 户失地农民的 192 个劳动力中，初中及以下程度的劳动力占 95%；在曹关村的 70 户农民中，初中及以下程度的占 90%。

数据30：王洪元发现江苏徐州市云龙区、泉山区、鼓楼区和九里区3 742名失地农民中，初中及以下文化程度的有3 200人，所占比重高达85.54%；在18～40岁的主体劳动力中，初中及以下文化程度的占到89.2%。

数据31：河北省廊坊市和涿州市失地农民中，初中及以下文化程度所占比重为93.00%。

数据32：西南科技大学经济管理学院学生在2005年寒假对我国东部、中部和西部地区28个省（市、区）失地农民的抽样调查显示，东、中、西部地区初中及以下文化程度所占比重分别为75.41%、68.07%、79.43%。

数据33：银川市的盈北社区、清水苑社区等180人失地农民中，初中及以下文化程度所占比重为91.1%。

数据34：湖北仙桃市146户被调查户征地农转非人员，初中及以下文化程度人口占到了总人口的73.3%。

数据35：广州市番禺区失地农民中，初中及以下文化程度所占比重为60%。

数据36：2006年7月底，咸阳市秦都区陈杨寨街道办事处八个村9 001名失地劳动力，初中及以下文化程度所占比重为84.6%。

数据37：渭南市失地农民中，初中及以下文化程度所占比重为68.1%。

数据38：湖北恩施市失地农民中，初中及以下文化程度所占比重为60%。

数据39：合肥市217位失地农民家庭代表（年龄在16周岁以上）的调查显示，初中及以下文化程度所占比重为82.1%。

数据40:陈纵等对胶东地区1 043户村民的调查显示,初中及以下文化程度所占比重为82.1%。

数据41:珠三角城郊失地农民,初中及以下文化的占86.6%。

数据42:重庆高新区失地农民中,初中及以下文化程度所占比重为67%。

数据43:文军对上海市某郊区7个镇18个村(居)委的实地调查发现,500名30～60岁失地农民中,初中及以下文化程度所占比重为78%。

数据44:成得礼、谢子平抽样调查发现,北京市和青岛市初中及以下学历水平的失地农民分别占样本总量的50.9%和49.8%,而成都市和南宁市的这一比例则高达78.4%。

二、数据分析(附表5—1)

附表5—1 失地农民初中及以下文化程度所占比重调研数据汇总

区域(%)	40～50	50～60	60～70	70～80	80～90	90～100	合计
全国				1	3	1	5
东部10省	1	1	2	7	6	2	19
中部6省			2	2	1	2	7
西部12省			4	3	5	4	16
东北3省					1		1
合计	1	1	8	13	16	9	48

参考文献

1. Amelina, M. 2000. *Why Russian Peasant Remain in Collective Farms a Household Perspective on Agricultural Restructuring*. Post-Soriet Geography and Economics.
2. Angela, S. et al. 2004. *What is Cornpetence? A Constructivist Approach as a Way out of Confusion*. Human Resource Management.
3. Berry, A. 2001. *When Do Agricultural Export-help the Rural Poor? A Political-economy Approach*. Oxford Derelopment Studies.
4. Berry, J. W. 1980. *Acculturation as Varieties of Adaptation*. Boulder, CO: Westview.
5. Brandao. A. S. P. G. 1995. *Regulatory Policies and Reform: the Case of Land Markets*. Frisehtak, Regulatory Policies and Reform: A Comparative. Washington D. C..
6. Butler, S. 2002. *Comments: Making the Legal Basis for Prirate Rights Operational and Effective*. Budapest: the World Bank Land Workshop.
7. Fearnside, P. M. 2001. *Land-tenure Issues as Factors in Environmental Destruction in Brazilian Amazonia: the Case of Southern Para*. World Development.
8. Hannigan, J. A. 1995. *Tourism Urbanization*. Urrent Sociology.
9. Harvey et al. 1965. *The Nature and Economies of Urban Sprawl*. A Quarterly Journal of Planning, Housing & Public Utilities.
10. Herring, R. J. 1999. *Persistent Poverty and Path Dependency—agrarian Reform: Lessons from the United States and India*. IDS Bulletin.
11. Kironde. L. 2002. *Comments on Management of Peri-urban and Taxation*. Kampala: the World Bank Regional Land Workshop.
12. Mabogunje, A. L. 1992. *Perspectire on Urban Land and Urban Management Policies in Sub-Sabaran Africa*. Technical Paper, Washington D. C..

13. Marshall, A. 1920. *Principles of Economics*. Macmillan. London.
14. Mullins P. 1991. Tourism Urbanization. *International Journal of Urban and Regional Research*.
15. Pearce,D. W. 1999. Methodological Issues In Economic Analysis. *The Economics of Involuntary Resettlement: Challenges and Questions*. The World Bank, Washington D. C..
16. Ray, M. Northam. 1975. *Urban Geography*. John Wiley & Sons, New York.
17. Redfield, R. 1956. *Peasant Society and Culture*. University of Chicago Press.
18. Spencer, L M. and Spencer. S M. 1993. *Competence at Work: Models for Superior Performance*. John Wiley& Sons. Inc,New York.
19. Timmos,JA. 1999. *New Venture Creation*. Irwin McGraw-Hill.
20. ULLAHYFTI,DSC(ECON&BUS ADM). 2003. *From Unemployment to Entrepreneurship: Constructing Different Meanings*. Workingpaper, Poland.
21. World Bank, 2001. *Involuntary Resettlement Operational Policy*.
22. World Population Prospects, 1998. *The* 1996 *Revision*. United Nations. NewYork.
23. 安危森、邹璇:“失地农民补偿问题研究”,《求索》,2006 年第 6 期。
24. 白书祥:“农民劳动就业权益的缺失及保障”,《学术交流》,2004 年第 11 期。
25. 白津夫:“简论以创业带动就业”,《中共杭州市委党校学报》,2008 年第 1 期。
26. 鲍洪俊:“浙江建安置失地农民长效机制,推行征地制度改革”,《人民日报》, 2005 年 3 月 25 日。
27. [美]保罗・萨缪尔森、威廉・诺德豪斯著,萧琛主译:《微观经济学》,人民邮电出版社,2004 年。
28. 包宗顺:《亚洲非农化发展研究》,南京出版社,1988 年。
29. 蔡传斌、方竞:“失地农民安置方式及其影响因素分析”,《乡镇经济》,

2006年第12期。
30. 蔡运龙、霍雅勤："耕地非农化的供给驱动"，《中国土地》，2002年第7期。
31. 查学明："浅析我国城镇集体经济(上)"，《中国集体经济》，2008年第7期。
32. 陈秉谱、张宇、杨清："尊重农民首创精神进一步推进农村改革"，《发展》，2009年第3期。
33. 陈传锋等：《被征地农民的社会心理与市民化研究》，中国农业出版社，2005年。
34. 陈红："浅谈对城镇下岗失业人员的就业指导服务"，《中小企业管理与科技》，2008年第25期。
35. 陈建明、陈忠浩："让失地农民有个家——关于构筑失地农民集体经济组织的思考"，《国土资源》，2005年第8期。
36. 陈江龙、曲福田："土地征用的理论分析及我国征地制度改革"，《江苏社会科学》，2002年第2期。
37. 陈金田："失地农民留地安置的个案研究——对厦门市金包银工程的分析"，《中国农村观察》，2006年第4期。
38. 陈立新："论土地征用中失地农民的权益保护"，《求索》，2004年第2期。
39. 陈美荣："城市化过程中的失地农民就业问题探讨"，《现代商业》，2007年第6期。
40. 陈平："美国社会保障法评析"，《青海师范大学学报》(哲学社会科学版)，2001年第2期。
41. 陈平、郭辉："城市化进程中解决失地农民就业问题对策研究——以铁岭市为例"，《农业经济》，2007年第5期。
42. 陈世伟、王志雄："郊区被动型城市化中失地农民就业保障问题的实证研究——以J市近郊JX村为个案"，《商场现代化》，2005年第10期。
43. 陈绍友："社会主义市场经济中社会保障制度建设探讨"，《重庆师大学报》(哲社版)，2005年第2期。
44. 陈绍友等："重庆高新区征地农转非人员居住小区管理现状调研报告"，2009年。
45. 陈书荣："我国城市化现状、问题及发展前景"，《城市问题》，2000年第

1 期。
46. 陈锡文:“关于中国征地制度改革的背景”,《中国财经》,2003 年。
47. 陈兴锐:“大力发展中小型企业,在城市化进程中切实解决失地农民就业——以重庆西部新城拓展为例”,《重庆行政》,2008 年第 5 期。
48. 陈晓宏:“失地农民创业的主体性、现实路径及对策研究”,《中共福建省委党校学报》,2005 年第 12 期。
49. 陈晓永:“突破失地农民就业困境的思路与路径选择”,《河北经济研究》,2006 年第 9 期。
50. 陈小英:“失地农民就业出路问题的思考”,《湖北经济学院学报》,2007 年第 5 期。
51. 陈伊哲:“创建失地农民社区的构想和实践途径”,《农村经济与科技》,2008 年第 10 期。
52. 陈悦:“农转非中的突出问题研究——重庆高新技术开发区农转非专题调研”,《探索》,2004 年第 6 期。
53. 陈纵:“城乡结合部失地农民就业问题研究”,《山东社会科学》,2008 年第 10 期。
54. 成得礼、董克用:“城乡结合部(北京市)失地农民劳动力供给的影响因素研究”,《经济科学》,2004 年第 4 期。
55. 程连升:“中国经济高增长、低就业的变化趋势和原因分析”,《教学与研究》,2007 年第 3 期。
56. 程平:“职业指导师成为社会需求热门”,《中国旅游报》,2002 年 12 月 20 日。
57. 程再玲、韩承全、董国平:“建立失地农民就业和长效保障机制——安庆市失地农民调查与补偿模式研究”,《安庆师范学院学报》,2006 年第 6 期。
58. 崔波:“支持创业:经济社会健康稳步发展的保障”,《求是》,2006 年第 12 期。
59. 崔海龙:“小堡村帮失地农民搞三产”,《京郊日报》,2004 年 7 月 10 日。
60. 崔砺金:“护佑浙江失地农民”,《半月谈》,2003 年第 9 期。
61. 戴林:“经济转型时期城市化与农民出路的关系问题”,《学术探索》,2002

年第5期。
62. 道格拉斯·C. 诺斯:《制度,制度变迁与经济绩效》,上海三联书店,1994年。
63. 邓小虎:“高新园农转非居民现状调查及建议对策”,《重庆国土资源》,2008年第3期。
64. 董建辉:《环境保护与可持续发展》,西北大学出版社,2003年。
65. 杜今锋、王芸芸:“失地农民的择业心理倾向与就业促进”,《江苏技术师范学院学报》,2008年第7期。
66. 杜洪梅:“城市化进程中城郊农民融入城市社会问题研究”,《社会科学》,2004年第7期。
67. 杜伟、黄善明:“失地农民权益保障问题研究综述及建议”,《生产力研究》,2007年第2期。
68. 杜润生:“在征地制度改革专家座谈会上的发言”,2003年。
69. 段汉明、张刚:“西安城市地域空间结构发展框架和发展机制”,《地理研究》,2002年第5期。
70. 樊亢、宋则行等:《主要资本主义国家经济简史》,人民出版社,1984年。
71. 费孝通:“靠我们自己的力量解决征地农民就业问题”,《浦东开发》,1998年第1期。
72. 费孝通:“认真解决农民的就业问题”,《社会》,1998年第2期。
73. [美]菲利普·科特勒:《营销管理——分析、计划和控制》,上海人民出版社,1996年。
74. 冯明:“对工作情境中人的胜任力研究”,《外国经济与管理》,2001年第8期。
75. 高君:“杭州市失地农民就业问题分析”,《辽宁工程技术大学学报》,2008年第1期。
76. 高勇:“失去土地的农民如何生活——关于失地农民问题的理论探讨”,《人民日报》,2004年2月2日。
77. 葛红岩、吕彦儒:“城市化与失地农民就业问题思考”,《农业经济》,2006年第5期。
78. 葛金田:“我国城市化进程中的失地农民问题”,《山东社会科学》,2004年第8期。
79. 耿虹、张凯:“生态农业发展战略:经济欠发达地区小城镇转型发展之路”,《小城镇建设》,2008年第1期。
80. 谷凯、杰夫瑞·沃:“海南快速城市化过程分析”,《国外城市规划》,2002年第2期。
81. 顾朝林:《中国城市地理》,商务印书馆,1999年。
82. 顾高英、朱孔芳:“征地农转非居民的社区服务需求实证调研——以上海市浦东新区为例”,《华东理工大学学报》,2004年第3期。
83. 顾文选:“中国城镇化的速度与目标问题”,《城市问题》,2008年第1期。
84. 顾吾浩:“农村集体土地市场化运作研究”,《上海市经济管理干部学院学报》,2008年第1期。
85. 关宏超:“如何构建失地农民创业的金融支持体系”,《浙江金融》,2007年第7期。
86. 管志利:“社区管理模式之比较选择”,《山西青年管理干部学院学报》,2008年第3期。
87. 郭虹:“农转非与中国的户籍制度改革”,《经济体制改革》,2004年第4期。
88. 郭军盈:“中国农民创业问题研究”,南京农业大学博士学位论文,2006年。
89. 郭正林:《中国农村权力结构》,中国社会科学出版社,2005年。
90. 国家统计局农调队,《中国农村经济调研报告——2004》,中国统计出版社,2004年。
91. 国家统计局:“2008年末全国农民工总量为22 542万人”,国家统计局网站,2009年3月25日。
92. 国土资源部征地制度改革研究课题组:“征地制度改革研究报告”,《国土资源》,2003年第11期。
93. 国务院研究室课题组,《中国农民工调研报告》,中国言实出版社,2006年。
94. 桂恒恒、朱冠雷:“产业集群与城镇化的互动发展研究”,《经济论坛》,2007年第13期。

95. 韩俊:“失地农民的就业和社会保障”,《科学咨询》,2005年第12期。
96. 韩俊:“中央经济工作会议:健全统筹城乡发展的体制机制”,《人民日报》,2006年12月27日。
97. 韩俊、张云华:“村级集体经济发展要有合适定位”,《发展研究》,2008年第11期。
98. 韩梅竹:“企业应注重培训投资回收”,《中国培训》,2005年第6期。
99. 贺建平等:“城中村农转非居民身份认同与人际传播探析——以重庆渝北回兴城中村为个案”,《新闻界》,2008年第6期。
100. 胡宏伟、唐莉:“征地制度改革的初步设想”,《新疆农垦经济》,2005年第4期。
101. 胡加荣:“城市化进程中失地农民就业实证研究”,《北京农学院学报》,2007年第3期。
102. 胡靖、于香情:“失地农民权益流失的政府责任——基于委托代理理论的博弈分析”,《价值工程》,2008年第10期。
103. 胡锦涛:《高举中国特色社会主义伟大旗帜为夺取全面建设小康社会新胜利而奋斗》,人民出版社,2007年。
104. 胡同泽、文晓波、黄利军:“东西部失地农民生存状况的对比分析研究——基于11省、市、自治区农调队公布的调查报告”,《乡镇经济》,2006年第5期。
105. 胡伟、王晓敏、查吉德、王雪莲:“失地农民再就业培训调查研究——以广州市番禺区为个案”,《特区经济》,2008年第4期。
106. 胡勇、李自然:“40、50人员在物业管理活动中大有用武之地”,《湖南房地产》,2005年第12期。
107. 黄爱芳、林俊岚:“浅析失地农民就业问题”,《湖北经济学院学报》,2007年第2期。
108. 黄春新、何志聪:“胜任力模型如何适用于高科技企业研发团队的管理”,《经济论坛》,2004年第8期。
109. 黄焕山:“企业员工培训市场化运作”,《继续教育》,2002年第4期。
110. 黄寰:“以就业推动失地农民的安置”,《经济问题探索》,2009年第1期。
111. 黄美均:“浅谈城市化进程中的‘城市定位’”,《城市开发》,2003年第

11 期。
112. 黄伟祥:“失地农民职业能力开发的实践探索——以绍兴县为例”,《江苏技术师范学院学报》,2008 年第 7 期。
113. 黄卫堂:“集体经济缺失村的公共品供给问题思考——基于国家与社会互动的视角”,《中共浙江省委党校学报》,2009 年第 2 期。
114. 黄乐桢:“高增长与高失业并存‘无就业增长’警示中国”,《中国经济周刊》,2006 年 7 月 10 日。
115. 黄翔、柯丹:“论发展旅游业对全面推进城市化的作用”,《华中师范大学学报》,2001 年第 2 期。
116. 黄祖辉:“失地农民培训意愿的影响因素分析及其对策研究”,《浙江大学学报》,2007 年第 3 期。
117. 黄祖辉、毛迎春:“浙江农民市民化——农村居民进城决策及进城农民境况研究”,《浙江社会科学》,2004 年第 1 期。
118. 黄祖辉、俞宁:“失地农民培训意愿的影响因素分析及其对策研究”,《浙江大学学报》,2007 年第 3 期。
119. 惠晓峰、马伸义:“对失地农民就业问题的对策思考”,《延安教育学院学报》,2006 年第 1 期。
120. 霍永刚、张桂香:“加快我国城市化进程的现实意义”,《山西经济管理干部学院学报》,2005 年第 3 期。
121. 纪军:“企业培训资源与新趋势”,《现代企业教育》,2002 年第 7 期。
122. 姜作培:“农民市民化的对策选择”,《云南财贸学院学报》,2003 年第 2 期。
123. 江小涓:“加快服务业发展是贯彻新发展观的重要举措”,《中国社会科学院院报》,2004 年 6 月 8 日。
124. 江跃鱼:“依托社区教育网络　开展失地农民就业培训”,《中国科技信息》,2005 年第 16 期。
125. 江泽民:“全面建设小康社会,开创中国特色社会主义事业新局面”,《江泽民文选》(第三卷),人民出版社,2006 年。
126. 蒋弟永、何小云:“失地农民就业保障评估”,《四川劳动保障》,2007 年第 9 期。

127. Joseph M. Putti、Heinz Weihrich、Harold Koontz:《管理学精要:亚洲篇》,机械工业出版社,1999 年。
128. 卡尔·丁·施拉姆:《创业力》,上海交通大学出版社,2007 年。
129. 康岚:"从征地前后看失地农民的权益与保障",《南京社会科学》,2009 年第 3 期。
130. 赖礼强:"政府促进失地农民创业分析",《金卡工程:经济与法》,2009 年第 8 期。
131. 郎晓波:"论城市化进程中农村集体经济改制的社区整合意义",《农业经济问题》,2009 年第 5 期。
132. 兰玉杰、陈晓剑:"人力资本的概念界定及其性质研究",《科学学与科学技术管理》,2003 年第 4 期。
133. 劳动和社会保障部劳动科学研究所:《2002 年:中国就业报告——经济体制改革和结构调整中的就业问题》,中国劳动社会保障出版社,2003 年。
134. 厉以宁、昊世泰:《西方就业理论的演变》,华夏出版社,1988 年。
135. 厉无畏、王振:《中国产业发展前沿问题》,上海人民出版社,2003 年。
136. 黎建飞:《劳动法的理论与实践》,中国人民公安大学出版社,2004 年。
137. 李朝玉:"农转非安置房分配实现",《重庆国土房产》,2008 年第 1 期。
138. 李德凡:"浅析城市社区管理",《消费导刊》,2008 年第 20 期。
139. 李登祥:"三次改革浪潮对集体经济的深刻影响",《中国集体经济》,2008 年第 11 期。
140. 李敦富:"关于海口市郊区农村城市化和农民市民化的探讨",《广东行政学院学报》,1994 年第 2 期。
141. 李富田:"失地与失业:城市化进程中失地农民就业状况调查",《江汉论坛》,2009 年第 2 期。
142. 李富田、张媚迪:"城市化进程中失地农民就业状况调查",《西南科技大学学报》,2008 年第 4 期。
143. 李俊夫:《城中村的改造》,科学出版社,2004 年。
144. 李杰:"关于恩施市失地农民就业问题的思考",《科技创业月刊》,2008 年第 8 期。

145. 李培林:“中国就业面临的挑战和选择”,《中国人口科学》,2000 年第 5 期。
146. 李慎恒:“浅谈企业员工培训”,《经济师》,2003 年第 2 期。
147. 李世平、江美丽、孙寒冰:“失地农民贫困现状缘于中国农民权利贫困”,《农村经济》,2006 年第 1 期。
148. 李少春:“城市化中的贫困现象与和谐发展”,《光明日报》,2006 年 6 月 26 日。
149. 李文星、朱凤霞、何代忠:“城乡统筹中失地青年农民培训及就业的困境及对策——对西部某大城市周边六个乡镇的实证研究”,《生产力研究》,2007 年第 10 期。
150. 李祥兴:“失地农民创业的制约因素及其对策”,《山东科技大学学报》,2007 年第 1 期。
151. 李荣:“上海郊区农村征地将推行农民集体留用土地制度”,http://news.sohu.com/20050323/n224828177.shtml,2005 年 7 月 23 日。
152. 李燕琼、吕维平:“我国不同地区失地农民的住房安置状况及政策实施效果评析”,《农业经济问题》,2007 年第 10 期。
153. 李玉萍:“投资 4.8 亿元为失地农民建集中安置房”,《资源与人居环境》,2009 年第 6 期。
154. 李友梅:“退路与行动空间——90 年代浦东大开发前沿的征地农民问题”,上海市社会科学界联合会 2004 年学术年会会议论文。
155. 李佐军:《中国的根本问题:九亿农民何处去》,中国发展出版社,2000 年。
156. 李义平:“城市化的关键是市场化”,《光明日报》,2003 年 7 月 2 日。
157. 林红:“当前我国就业问题现状分析”,《现代经济信息》,2008 年第 5 期。
158. 林惠玲:“关于失地农民就业的几点建议”,《台湾农业探索》,2006 年第 4 期。
159. 林民书、李文溥、林枫:“郊区被动型城市化农民就业问题研究”,《财经研究》,2002 年第 9 期。
160. 林强、姜彦福、张健:“创业理论及其构架分析”,《经济研究》,2001 年第 9 期。

161. 林松华:“城镇集体(合作)经济改革发展需要甘于奉献的带头人”,《中国集体经济》,2009 年第 2 期。
162. 林治波:“就业是民生之本”,《人民日报》,2007 年 4 月 16 日。
163. 练景波:“发展壮大村集体经济的途径探索”,《农村经营管理》,2009 年第 6 期。
164. 廖雅珍、谢瑶华:“城郊失地农民就业能力提升研究”,《甘肃农业》,2006 年第 7 期。
165. 廖小军:《中国失地农民研究》,社会科学文献出版社,2005 年。
166. 梁世盛:“从全面建设小康社会的高度认识和解决农民失地问题”,《中国乡镇企业》,2004 年第 5 期。
167. 梁伟、袁堂明:“失地农民权益流失探析”,《农业经济》,2003 年第 11 期。
168. 梁亚荣、万颖萍:“对土地承包经营权应予以补偿——《农村土地承包法》对土地征用补偿的影响”,《中国土地》,2003 年第 4 期。
169. 刘迪香:“失地农民社会保障制度完善与创新中的政府责任”,《湖南城市学院学报》,2008 年第 5 期。
170. 刘家强、唐代盛、蒋华:“区域就业理论研究框架的构建”,《经济学家》,2004 年第 6 期。
171. 刘乐、杨学成:“开发区失地农民补偿安置及生存状况研究——以泰安市高新技术产业开发区为例”,《中国土地科学》,2009 年第 4 期。
172. 刘伟红、刘洪燕:“城市社区管理体制演变的资源支持”,《岭南学刊》,2008 年第 3 期。
173. 刘晓霞、汗继福:“失地农民的可持续生计问题及其对策探析”,《税务与经济》,2008 年第 5 期。
174. 刘晓鹰:“试论小城镇发展的现状及其特点”,《农村经济》,2002 年第 7 期。
175. 刘希平、施利民:“城市化进程中失地农民市民化问题的调查与思考”,《浙江社会科学》,2003 年第 4 期。
176. 刘云友:“失地农民就业问题及对策”,《农民日报》,2006 年 7 月 3 日。
177. 刘月平:“浅析城市社区管理体制中存在的问题与改革措施”,《新西部:下半月》,2008 年第 6 期。

178. 刘先莉、蒋志强:“失地农民就业面临的挑战与出路”,《安徽农业科学》,2007 年第 30 期。
179. 刘香玲:“城中村集体经济改制的限制性因素及对策分析”,《山西高等学校社会科学学报》,2009 年第 5 期。
180. 刘燕丽、刘冬文、刘佳:“失地农民与企业社会责任”,《特区经济》,2008 年第 3 期。
181. 刘勇:《中国城镇化战略研究》,经济科学出版社,2004 年。
182. 刘泽文、刘华山、张建新:“青少年早期职业不确定性的影响因素”,《心理科学》,2006 年第 1 期。
183. 陆大道:“我国的城镇化进程与空间扩张”,《城市规划学刊》,2007 年第 4 期。
184. 陆飞杰:“对城郊失地农民再就业问题的思考”,《城市问题》,2006 年第 3 期。
185. 陆林:“旅游城市化:旅游研究的重要课题”,《旅游学刊》,2005 年第 4 期。
186. 陆林、葛敬炳:“旅游城市化研究进展及启示”,《地理研究》,2006 年第 4 期。
187. 陆学艺:《当代中国社会阶层研究报告》,社会科学文献出版社,2002 年。
188. 陆支明:“充分就业是缩小收入差距的硬道理”,新华网,2006 年 7 月 6 日。
189. 陆治原:“产业集聚理论的历史发展与展望(上)”,《西安财经学院学报》,2006 年第 5 期。
190. 卢海元:“土地换保障:妥善安置失地农民的基本设想”,《中国农村观察》,2003 年第 6 期。
191. 卢海元、卢敏:“建立被征地农民社会保障制度的主要做法、经验和制度前景”,中国社会保障网,2009 年 7 月 13 日。
192. 卢继宏、郭建军:“政府在失地农民权益保障中的角色定位”,《农村经济》,2008 年第 2 期。
193. 路小昆:“关注城市化进程中的‘新市民’群体”,《学习时报》,2005 年。

194. 罗拾平:"失地失业的富农群体就业研究——关于农村城市化进程中失地农民的调查报告",《中国人力资源开发》,2007 年第 2 期。
195. 罗文:"产业集群对城市化进程的意义",《科技与管理》,2005 年第 1 期。
196. 骆建艳、周春蕾:"基于社区教育的失地农民就业培训体系研究",《现代经济》,2008 年第 7 期。
197. 吕维平:"失地农民住房安置模式探讨",《城市问题》,2007 年第 5 期。
198. 马弛、张荣:"城市化进程中实地农民就业问题研究",《软科学》,2004 年第 6 期。
199. 马弛、张荣、彭霞:"城市化与失地农民就业",《华东经济管理》,2005 年第 1 期。
200.《马克思恩格斯选集》第 4 卷,人民出版社,1995 年。
201. [英]马歇尔:《经济学原理》,商务印书馆,1964 年。
202. 麻渝生:"农村集体经济组织的演变、问题及对策",《中共成都市委党校学报》,2008 年第 6 期。
203. 玛丽·库尔特,吴秀云译:《创业行动》(第二版),中国人民大学出版社,2004 年。
204. 麦克·M. 塞尔内亚:"安置的新经济学:对赔偿原则的社会学批判",《国际社会科学杂志》,2004 年第 1 期。
205. 迈克尔·波特:《国家竞争优势》,华夏出版社,2002 年。
206. 迈克尔·M. 塞尼:《移民与发展》,水库移民经济研究中心译,河海大学出版社,1996 年。
207. [美]曼昆:《经济学原理》,机械工业出版社,2004 年。
208. 茅丽华、徐志华:"增强农村集体经济实力的再思考",《中国集体经济》,2008 年第 9 期。
209. 美国农村发展研究所:"征地制度改革与农民土地权利",《中国农民权益保护》,中国经济出版社,2004。
210. 孟祥林:"城镇基础设施建设的市场化融资策略选择",《小城镇建设》,2005 年第 9 期。
211. 孟祥林:"城市化进程趋向与土地的征用补偿制度",《广州大学学报》,2008 年第 9 期。

212. 孟祥斐、华学成:“被动城市化群体的转型适应与社会认同——基于江苏淮安市失地农民的实证研究”,《学海》,2008 年第 2 期。
213. 孟德拉斯:《农民的终结》,中国社会科学出版社,1991 年。
214. 闵捷:“中国百姓蓝皮书·城市化(一)”,《北京青年报》,2002 年 9 月 2 日。
215. 牟跃进、江渝、周定华、孟昭霞:“农转非安置小区物管工作思考”,《重庆国土房产》,2006 年第 5 期。
216. 聂洪辉:“失地农民经济贫困与社区建设——以经济社会学理论为分析视角”,《河南社会科学》,2008 年第 4 期。
217. 宁国玉:“失地农民就业保障的研究述评”,《南方论刊》,2008 年第 7 期。
218. 宁启文:“我国确定十一五农民基于发展目标以培养新型农民、技能型人才和农村实用人才为重点”,《农民日报》,2005 年 11 月 17 日。
219. 牛若峰:《当代农业产业一体化经营》,江西人民出版社,2002 年。
220. 牛雅妮:“我国失地农民安置模式比较研究”,《中国国土资源经济》,2008 年第 5 期。
221. 欧杏春、李纪顺、王文华:“加强失地农民技能培训”,《中国老区建设》,2006 年第 5 期。
222. [美]R. E. 帕克等:《城市社会学》,宋俊岭等译,华夏出版社,1987 年。
223. 潘光林:“创业及其支持系统”,《统计教育》,2001 年第 3 期。
224. 潘科、朱玉碧:“现有失地农民安置方式的比较分析”,《西南农业大学学报》,2005 年第 2 期。
225. 彭穗宁:“论失地农民到市民的再社会化”,《理论与改革》,2005 年第 6 期。
226. 彼得·F. 德鲁克:《创新与创业精神》,上海人民出版社,2002 年。
227. 彼得·圣吉:《第五项修炼》,东方出版社,2006 年。
228. 齐震:“产业结构与充分就业的经济学分析”,《技术与市场》,2008 年第 10 期。
229. 钱凤魁、王秋兵:“建立和完善失地农民多途径安置模式研究”,《安徽农业科学》,2006 年第 23 期。
230. 秦启轩:“人力资本、经济发展和教育制度变迁”,《四川师范学院学报》,

2003 年第 3 期。
231. 秦吴扬、赵文远:"新时期'农转非'制度评析",《西南交通大学学报》,2004 年第 5 期。
232. 邱兴:"论城市农转非新移民子女的社会融入问题",《四川教育学院学报》,2008 年第 3 期。
233. 曲丽秋、魏红敏:"论现代城市社区管理与物业管理",《学理论》,2008 年第 18 期。
234. 屈晓娟:"渭南市失地农民就业能力研究",《中国乡镇企业会计》,2008 年第 7 期。
235. 人民银行杭州中心支行课题组:"浙江省利用小额贷款支持失地农民创业的实践与思考",《浙江金融》,2007 年第 1 期。
236. 闰刚平:"农村集体土地国有化是完善我国土地制度的必然选择",《中共山西省委党校学报》,2008 年第 4 期。
237. 邵峰:"城中村家庭结构变化对失地农民居住和养老模式的影响——以青岛城中村为例",《经济纵横》,2008 年第 7 期。
238. 邵艾群:"提高失地农民职业核心能力的职业教育举措",《成人教育》,2008 年第 7 期。
239. 沈建国:"世界城市化的未来趋势",《城市发展研究》,2000 年第 7 期。
240. 沈关宝:《一场悄悄的革命》,云南人民出版社,1993 年。
241. 沈关宝、王慧博:"解读'失地农民问题'——国内外失地农民问题研究综述",《江西社会科学》,2008 年第 1 期。
242. 沈小红:"论征地农转非社区建设面临的问题与对策",《小城镇建设》,2007 年第 3 期。
243. 沈乐毅:"留地安置:一种行之有效的失地农民安置模式",《浙江国土资源》,2006 年第 5 期。
244. 沈志兰:"南汇区失地农民就业状况和对策建议",《上海农村经济》,2006 年第 1 期。
245. 深圳图书馆网站:"深圳辉煌二十年专栏",http://szlib.szptt.net.cn/hh20/chengjiu/jinrong/right.html,2005 年 3 月 29 日。
246. 世界银行:"世界银行资助项目中的非自愿移民所产生的社会问题(运

作手册说明 2.33)”,1980。
247. 史娟:“城市化进程中失地农民问题研究述评”,《山东农业大学学报》,2004 年第 7 期。
248. 宋斌文、荆玮:“城市化进程中失地农民社会保障问题研究”,《理论探讨》,2004 年第 3 期。
249. 宋超智、程宝栋、宋维明:“发展中国家农村剩余劳动力就业问题研究”,《林业经济》,2008 年第 8 期。
250. 苏楠、胡静:“对湖北省失地农民就业现状的调查研究”,《长江大学学报》,2007 年第 1 期。
251. 孙俐:“从社会角色转换看农民市民化”,《现代化研究》,2004 年第 4 期。
252. 孙璐:“失地农民的社区融入和社区支持研究”,《广西社会科学》,2009 年第 2 期。
253. 孙秋明、叶海平:“失地农民就业权益的法律保障——以成都市‘城乡一体化’实践为例”,《成都大学学报》,2006 年第 4 期。
254. 孙文华:“失地农民问题地区差异:表现、成因与政策涵义”,《江苏省社会主义学院学报》,2007 年第 6 期。
255. 孙绪民:“我国失地农民保护问题研究”,《理论探讨》,2006 年第 5 期。
256. 孙永军:“我国失地农民安置问题”,《合作经济与科技》,2007 年第 4 期。
257. 谭开翠:“城市化进程中失地农民的科学发展观之探析”,《三峡大学学报》,2008 年第 2 期。
258. 谭晓辉:“社区管理:由政府一统到多元自治”,《城市问题》,2008 年第 8 期。
259. 谭志豪、谢奕:“国外企业员工培训的新模式”,《上海劳动保障》,2002 年第 5 期。
260. 唐爱玲:“失地农民社会保障问题调研”,《西北农林科技大学学报》,2008 年第 5 期。
261. 汤志林、陈芳:“国外土地政策研究:价值导向、特征和热点”,《中国地质大学学报》,2007 年第 1 期。
262. 田睿寰、侯婷:“关于促进失地农民自主创业的实践思考”,《法制与社会》,2009 年第 2 期。

263. 万吉明、林海："重庆市高新区农转非人员就业问题研究"，《重庆大学学报》，2004年第5期。
264. 汪光焘："走中国特色的城镇化道路"，《求是》，2003年第16期。
265. 汪小红："我国失地农民就业问题探析"，《法制与经济》，2008年第4期。
266. 王道勇："政府缺位、路径依赖与地方性资源——对D市城郊失地农民就业的考察"，《学习与实践》，2006年第11期。
267. 王冬萍、阎顺："旅游城市化现象初探———以新疆吐鲁番市为例"，《干旱区资源与环境》，2003年第5期。
268. 王飞："入粤农民工数量达946万人　未就业率仅占4.86%"，《广州日报》，2009年3月3日。
269. 王菲："关于我国农民市民化问题的思考"，《农业经济》，2008年第4期。
270. 王福岭："城镇合作经济的作用不可忽视——建国60年城镇合作经济发展的回顾与思考"，《中国集体经济》，2009年第5期。
271. 王红霞："中国究竟需要什么样的城市化——中国城市化进程的深度剖析"，《社会观察》，2005年第12期。
272. 王洪元："城市化进程中失地农民就业问题初探"，《内蒙古电大学刊》，2008年第3期。
273. 王景新："中国农村土地制度变迁30年：回眸与瞻望"，《现代经济探讨》，2008年第6期。
274. 王俊："对失地农民就业问题的思考"，《沿海企业与科技》，2006年第12期。
275. 王明祥："江苏省实施征地制度改革的思考"，《中国土地科学》，2003年第8期。
276. 王如渊、孟凌："对我国失地农民'留地安置'模式几个问题的思考——以深圳特区为例"，《中国软科学》，2005年第10期。
277. 王晓莉："让农转非人员乐业"，《当代党员》，2006年第4期。
278. 王晓君："略论我国失地农民就业及非农生产技能培训"，《职教论坛》，2007年第6期。
279. 王晓云："世界博览会与城市旅游：互动中共创辉煌"，《旅游学刊》，2004年第2期。

280. 王新宝:“绍兴县:为失地农民免费提供‘培训券’”,《中国劳动》,2003年第11期。
281. 王新亚、潘海平、葛如江:“失地农民:一个值得关注的人群”,新华网浙江频道,2003年11月18日。
282. 王玉霞:“以人为本 加强对失地农民的再就业教育培训”,《继续教育研究》,2008年第7期。
283. 王旭:“望谟妥善解决失地农民长远生计”,《黔西南日报》,2004年10月12日。
284. 王智聪、郑庆昌:“城中村集体经济组织改革分析——基于结构行为绩效模型”,《中国集体经济》,2008年第10期。
285. 卫俊杰:“城市定位与城市再造——以浙江省富阳市东洲城市分区规划为例”,《现代商业》,2009年第9期。
286. 魏定仁、甘超英、付思明:《宪法学》,北京大学出版社,2004年。
287. 魏宪朝、于学强:“发展我国农村集体经济组织的几点思考”,《当代世界与社会主义》,2008年第5期。
288. 魏有玲、王青娟:“青海失地农民就业和社会保障问题思考”,《青海社会科学》,2006年第1期。
289. 文军:“农民的‘终结’与新市民群体的角色‘再造’——以上海郊区农民市民化为例”,《社会科学研究》,2009年第2期。
290. 文晓波:“西部地区失地农民就业状况调查分析———以5省区农调队公布的调查报告为例”,《经济论坛》,2009年第2期。
291. 沃纳·赫希:《城市经济学》,中国社会科学出版社,1990年。
292. “我国城市化过程中农民的社会保障与农村土地制度改革研究”课题组:“失地农民社会保障问卷调查资料”, 2006年。
293. 伍冠玲:“发达国家解决失地农民问题的经验及启示”,《中国房地产金融》,2008年第1期。
294. 吴丽、吴次芳:“杭州经济技术开发区失地农民生活质量指数评价及影响因素研究”,《中国土地科学》,2009年第4期。
295. 武玲娟:“城市化进程中‘政府主导型’的失地农民就业安置模式”,《山东省农业管理干部学院学报》,2006年第2期。

296. 吴绍琪、薛育余:“重庆城郊农转非社区问题及对策——石桥镇柳背桥小区个案分析”,《城市问题》,2004年第6期。
297. 吴爽等:“城市化进程中失地农民身份认同研究进展”,《安徽农业科学》,2008年第23期。
298. 吴兴兴:“经营城市:‘中国城市经济发展新思路’”,《湖南商学院学报》,2008年第4期。
299. 吴玉兰:“关于失地农民的住房问题”,《中国城市经济》,2005年第2期。
300. 吴子力:“长江三角洲地区的工业化为何不导致城市化——江苏省城市化滞后原因实证分析”,《南京社会科学》,2000年第7期。
301. 吴忠民:“用科学发展解决社会建设难题(9)”,《北京日报》,2008年10月6日。
302. 席酉民:《经济管理基础》,高等教育出版社,1998年。
303. [美]西奥多・W. 舒尔茨,吴珠华译:《论人力资本投资》,北京经济学院出版社,1990年。
304. [美]西奥多・W. 舒尔茨:《人力资本投资——教育和研究的作用》,商务印书馆,1990年。
305. 夏涛:“统筹城乡发展中重庆失地农民就业培训考察”,《重庆工商大学学报》,2008年第2期。
306. 肖海霞:“城市化进程中失地农民的现状分析”,《企业家天地》,2008年第3期。
307. 肖海霞:“城市化进程中失地农民就业问题探讨”,《中国乡镇企业会计》,2008年第5期。
308. 肖更生、李崇光、苏竣:“当前我国城市化进程对失地农民就业的消极影响及对策研究”,《广东农业科学》,2008年第10期。
309. 肖志锋、杨宝玲、于良佐:“北京市绿化隔离带建设地区失地农民就业现状及对策分析 以朝阳区东坝乡为例”,《小城镇建设》,2007年第2期。
310. 项兆伦、周其仁、Ellickson、汪丁丁等:“征地制度改革一个重大理论和实践问题”,《“中国征地改革”国际研讨会简报》,2005年。
311. 谢俊贵、曾笑丽:“失地农民的职业转换及其促进策略——基于广州LG

镇的初步调查”,《广州大学学报》,2007年第8期。
312. 谢圣远:“失地农民问题与土地管理制度的完善”,《经济地理》,2007年第6期。
313. 谢胜瑜:“工作七十年的员工”,《读者》,甘肃人民出版社,2006年第23期。
314. 谢维俭:“治本之策:以创业带动就业”,《毛泽东邓小平理论研究》,2007年第12期。
315. 邢月梅:“城市化进程中失地农民再就业问题探讨”,《山西财经大学学报》,2006年第1期。
316. 徐明夫:“进一步鼓励和支持个体劳动者创业致富”,《宁波经济》,2008年第4期。
317. 徐元明:“失地农民市民化的障碍与对策”,《现代经济探讨》,2004年第11期。
318. 徐岳平、陆国咪、刘智:“设的重大现实问题——基于宁波市鄞州区的个案研究”,《中共宁波市委党校学报》,2006年第4期。
319. 许方丽:“对失地农民生存和发展问题的思考”,《江西行政学院学报》,2006年第1期。
320. 许经勇:“论凯恩斯的就业理论及其现实意义”,《经济评论》,2000年第4期。
321. 许欣欣:《当代中国社会结构变迁与流动》,社会科学文献出版社,2000年。
322. 亚当·斯密:《国民财富的性质和原因的研究》(上卷),商务印书馆,1972年。
323. [英]J.C. 亚历山大:《国家与市民社会》,中央编译出版社,2002年。
324. 严浩:《我国城市社区发展政策研究》,中国计划出版社,2002年。
325. 严敏:“征地农转非型社区的治理模式探析”,《农村经济》,2009年第1期。
326. 阎小培、毛蒋兴:“高密度开发城市的交通与土地利用互动关系:以广州为例”,《地理学报》,2005年第5期。
327. 杨华:“留地安置模式探析——以西安市高新区为例”,《安徽农业科学》,2007 年第 20 期。
328. 杨河清:《劳动经济学》,中国人民大学出版社,2002 年。
329. 杨杰等:“征地制度改革中社会保障制度建设的研究——以江苏省太仓市为例”,《南京社会科学》,2003 年第 7 期。
330. 杨明:“论职业核心能力及其培养策略”,《教育与职业》,2007 年第 8 期。
331. 杨盛海、曹金波:“失地农民市民化的瓶颈及对策思路”,《广西社会主义学院学报》,2005 年第 2 期。
332. 杨涛:“城市化进程中失地农民利益保障研究”,河海大学博士学位论文,2007 年。
333. 杨涛、施国庆:“我国失地农民问题研究综述”,《“三农”问题研究》,2006 年第 9 期。
334. 杨雪:“失地农民就业问题研究”,《理论学刊》,2006 年第 1 期。
335. 杨宜勇:“社区服务业:潜力巨大的就业领域”,《人民日报》,2002 年 9 月 29 日。
336. 杨宜勇:《就业理论和失业治理》,中国经济出版社,2000 年。
337. 杨宜勇:“城市化创造就业机会与城市就业空间分析”,《管理世界》,2000 年第 2 期。
338. 姚从容:“失地农民的征地补偿与就业安置及社会福利政策趋向”,《贵州社会科学》,2008 年第 9 期。
339. 姚丽芬、李庆辰:“山区小城镇旅游业可持续发展研究——以河北省太行山区为例”,《河北省科学学院学报》,2004 年第 2 期。
340. 姚瑞敏、熊家国:“农村转移劳动力的胜任力模型构建”,《安徽农业科学》,2007 年第 3 期。
341. 叶继红:“失地农民就业的类型、路径与政府引导——以南京市为例”,《经济经纬》,2007 年第 5 期。
342. 叶继红:“从生产、生活和交往看失地农民的城市适应”,《中州学刊》,2008 年第 3 期。
343. 叶仁荪、曾国华:“欠发达地区失地农民安置路径问题研究——基于江西省南昌市的调查与思考”,《江西社会科学》,2008 年第 9 期。
344. 佚名:“武汉居民医保新接纳失地农民等三大群体”,《工友》,2008 年第

10期。
345. 尹庆双、杨锦英:“解决就业问题的理论思考和政策选择”,《当代经济研究》,1999年第10期。
346. 尹忠槐、丁春艳:“城市化过程中失地农民就业问题研究——以曲靖市麒麟区白石江街道办事处为例”,《大理学院学报》,2007年第9期。
347. 余秀江、崔国校:“激进式农村城镇化的失业问题研究”,《农业经济问题》,2006年第1期。
348. 于浩淼、陈绍军:“失地农民的心理场及其重构——基于‘仙居雅苑’安置社区的个案研究”,《河海大学学报》,2007年第2期。
349. 于建嵘:“土地问题已成为农民维权抗争的焦点”,《瞭望东方》,2004年第6期。
350. 于学强、魏宪朝:“论发展我国农村集体经济组织的意义”,《新乡学院学报》,2008年第4期。
351. 喻萍:“失地农民再就业与制度创新”,《兰州学刊》,2004年第2期。
352. 郁晓辉、刘海波:“失地农民的社会认同与社会建构”,《中国农村观察》,2006年第1期。
353. 元露丰:“失地农民就业问题比较研究”,《财经政法资讯》,2005年第4期。
354. 臧志军:“企业培训如何成为可能——论企业的培训意愿及政府的合理干预”,《职教论坛》,2006年第4期。
355. 曾海鹰:“城市化进程中非自愿失地农民的再就业问题研究”,《生产力研究》,2006年第2期。
356. 张传华、邓凌、邱道持:“征地过程中失地农民心理特点探析”,《农村经济》,2005年第9期。
357. 张春龙、聂玉梅:“农民向市民的转化——城市化进程中农村人口的再社会化”,《城乡建设》,2001年第8期。
358. 张德红、王朗玲:“旅游‘经济就业力’对二元经济理论困境的破解”,《生产力研究》,2006年第8期。
359. 张桂梅、李中东:“拉美失地农民问题对我国的启示”,《中国国土资源经济》,2007年第8期。

360. 张海波、童星:“我国城市化进程中失地农民的社会适应”,《社会科学研究》,2006年第1期。
361. 张虹、社会化:“员工培训的方向”,《中国培训》,2002年第1期。
362. 张俊浦、李朝:“社区:从一个社会学概念到一种基本的分析框架”,《甘肃理论学刊》,2008年第5期。
363. 张克俊、李瑛:“开发区失地农民就业问题研究”,《农村经济》,2008年第3期。
364. 张雷:“失地农民就业权的平等保护”,《重庆工学院学报》,2008年第9期。
365. 张平:“天津滨海新区土地改革中失地农民的利益保护”,《经济论坛》,2008年第3期。
366. 张琪:“农村城市化过程中促进转居农民就业的对策研究”,《人口与经济》,2003年第1期。
367. 张汝立:“从主动边缘化到被动边缘化——农转工人员进城行为研究”,《农业经济问题》,2004年第3期。
368. 张汝立:“从农转工到农转居——征地安置方式的变化与成效”,《城市发展研究》,2004年第4期。
369. 张汝立:“建设征地与‘有发展的安置’——安置失地农民的一种思路”,《社会科学辑刊》,2006年第5期。
370. 张显萍:“城市定位问题浅谈”,《铜陵学院学报》,2008年第2期。
371. 张兴校、马翡玉:“关于新时期‘农转非’问题的思考”,《中国发展》,2007年第2期。
372. 张新光:“新时期发挥农民首创精神的科学依据与实践基础”,《新疆大学学报》,2004年第2期。
373. 张瑛、周国新:“南京失地农民征地补偿标准测算研究”,《南京社会科学》,2008年第7期。
374. 张晓伟:“内蒙古土地征收中失地农民补偿与安置问题研究”,《内蒙古统计》,2009年第1期。
375. 张媛媛、贺利军:“城市化过程中对失地农民就业问题的思考”,《社会科学家》,2004年第2期。

376. 张雁荣、史正保:“甘肃省失地农民就业问题初探”,《发展》,2008 年第 10 期。
377. 张莹:“以工兴镇农村城镇化模式思考”,《中国乡镇企业》,2002 年第 1 期。
378. 张亚、郑予捷、潘渝棱:“失地农民就业问题探讨”,《南方农村》,2005 年第 3 期。
379. 张志超:“农民工就业问题:民工荒与返乡潮——一个出口导向增长模式的视角”,《经济师》,2009 年第 6 期。
380. 张鸿雁:“城市定位的本土化回归与创新:找回失去 100 年的自我”,《社会科学》,2008 年第 8 期。
381. 张项民:“创业型人才的培养模式选择”,《中国人才》,2008 年第 10 期。
382. 章建民:“农民呼唤农业保险”,《中国改革》,2003 年第 2 期。
383. 章辉美、易帆:“城市化背景下失地农民的职业转移”,《求索》,2008 年第 3 期。
384. 赵蓓蓓、韩俊:“关注‘失地农民’尊重农民土地权益很重要”,《人民日报》,2005 年 12 月 9 日。
385. 赵福祥、李全德:“少数民族地区开展社区旅游的思考”,《云南师范大学学报》,2003 年第 5 期。
386. 赵继新、裴新岗、丁娟娟:“城镇化过程中失地农民多模式利益补偿研究”,《生产力研究》,2009 年第 4 期。
387. 赵同春:“失地农民角色转换研究”,《民族论坛》,2007 年第 7 期。
388. 赵延忱:“如何解决创业资金问题”,《中国电子商务》,2008 年第 8 期。
389. 郑风田、孙谨:“从生存到发展——论我国失地农民创业支持体系的构建”,《经济学家》,2006 年第 1 期。
390. 郑沪生、张林样:“关注失地农民城市适应问题”,《新长征》,2009 年第 4 期。
391. 郑之:“浅谈影响大学毕业生就业的原因及对策”,《福建教育学院学报》,2008 年第 10 期。
392. 甄月桥、王裕豪、陈辉、刘泽文:“农民工就业通用胜任力模型的构建”,《人类工效学》,2008 年第 3 期。

393. “征地制度改革研究”课题组:“征地制度改革的初步设想”,《中国土地》,2000 年第 4 期。
394. 支军:“武夷山与国际旅游城市”,《城市问题》,2004 年第 5 期。
395. 钟梅燕:“银川市失地农民住房问题调查研究”,《昌吉学院学报》,2008 年第 4 期。
396. 钟瑶奇:“从农转非小区看城市化进程中的社会问题城市社会学”,《城市发展研究》,2005 年第 4 期。
397. 中华人民共和国国家统计局和社会发展统计公报:“中华人民共和国 2006 年国民经济”, 2007 年 2 月 28 日。
398. 中共郫县县委课题组:“促进失地农民充分就业 加速推进城乡一体化进程——城市近郊失地农民就业状况的调查与分析”,《理论与改革》,2006 年第 1 期。
399.《中国共产党第十六次全国代表大会文件汇编》,人民出版社,2002 年。
400. 中国农业年鉴编委会:《中国农业年鉴》,中国农业出版社,2006 年。
401. 中国社会科学院语言研究所词典编辑室:《现代汉语词典》(第 5 版),商务印书馆。
402. 周芙蓉、朱国亮、姜雪城:“西部农村劳动力何时能成劳动力市场‘香饽饽’”,《经济参考报》,2006 年 3 月 23 日。
403. 周建瑜:“失地农民社区的形成及典型模式探析——主要基于对成都城乡一体化的调查”,《中共四川省委党校学报》,2008 年第 2 期。
404. 周林树:“失地农民再就业问题研究综述”,《经济研究导刊》,2008 年第 4 期。
405. 周锐波、阎小培:“集体经济:村落终结前的再组织纽带——以深圳‘城中村’为例”,《经济地理》,2009 年第 4 期。
406. 周艳:“失地农民利益表达的困境及其成因分析——一个社会学的分析视角”,《山东农业大学学报》,2008 年第 2 期。
407. 周银珍:“从比较优势理论看对口支援及三峡库区经济发展”,《理论月刊》,2003 年第 1 期。
408. 周云华、谈玉坤:“切实增强失地农民再就业培训的实效”,《中南林业科技大学学报》,2007 年第 4 期。

409. 周志雄:“论建立失地农民的就业保障制度”,《争鸣与探索》,2007 年第 5 期。

410. 周志雄:“农村土地市场化的改革走向”,《河北学刊》,2007 年第 4 期。

411. 周中林:“主要发达国家关于失地农民安置的做法及对我国的启示”,《长江大学学报》,2007 年第 6 期。

412. 朱冬梅、方纲:“城郊失地农民就业意向、就业选择与社会支持网研究——以成都市龙泉驿区、郫县、都江堰市为例”,《城市发展研究》,2008 年第 1 期。

413. 朱华:“城镇化模式”,《景观中国》,2007 年 4 月 13 日。

414. 朱京燕、王尤贵:“北京郊区失地农民就业问题研究”,《北京农业职业学院学报》,2005 年第 1 期。

415. 朱明芬、李一平:“失地农民利益保障问题已到了非解决不可的地步”,《调研世界》,2002 年第 12 期。

416. 朱之鑫:“经济增长对促进就业明显弱化”,《中国青年第报》,2004 年 4 月 29 日。

后　　记

征地农转非人员的就业促进是一个长期的渐进工程。这不仅因为征地农转非人员的文化素质与非农技能相对薄弱，其就业发展不可能一蹴而就，而且中国的城市化进程快速推进客观上形成了城市管理的诸多难题，需要时间、资源来渐次安排与解决。征地农转非人员的就业促进及其管理，还是一个新的课题。本书对征地农转非人员就业促进机制进行了初步的研究，形成了初步的管理创新设计，一方面，其自身尚有待进一步完善和实践检验、修正和补充，其中关于征地农转非人员的就业促进管理，还会有管理主体的选择与演变、管理内容的创新与充实、管理手段的增加与优化、管理环境的协调与配合、相关政策的提炼与实施评估等值得进一步研究；另一方面，也需要与城市其他人员的就业促进及其管理相融合，特别是与城市下岗职工再就业、大学生就业、农村劳动力转移的就业促进及其管理，可以相互借鉴、相互促进等。

对于征地农转非人员的就业促进及其管理，笔者欣喜地看到，有如下几个方面的环境变化进而形成并将进一步推进理论探索与实践创新，为征地农转非人员实现就业顺利转换进而增强可持续生计能力奠定更加坚实的基础。

一是宏观环境的逐渐优化将有助于征地农转非人员就业发展。从1982年颁布的《国家建设征用土地条例》、1986年颁布的《土地管理法》、1998年颁布修改的《土地管理法》，到1999年1月1日起施行的《中华人民共和国土地管理法》、2004年10月21日国务院发布的《国务院关于深化改革严格土地管理的决定》、2004年11月3日国土资源部发布的《关于完善征地补偿安置制度的指导意见》(国土资发[2004]238)，再到2011年1月19日施行的《国有土地上房屋征收与补偿条例》，征地农转非人员安置从土地补偿、安置补助、相关配套政策措施等，内容逐渐丰富，水平渐次提高。伴随着失地补偿、社会保障、土地制度等制度环境的优化和城乡分割变城乡统筹、城乡劳动力市场的建设与发展、国家对就业问题的进一步重视与推进等时代背景的优化，征地农转非人员就业实现的宏观环境条件正在进一步优化，各地对征地农转非人员的就业促进将逐步加大探索与创新的力度，从而促进征地农转非人员更快更好地实现就业和就业的良好发展。

二是征地农转非问题研究主题的转向将推进征地农转非人员就业促进的理论探索日渐丰富与深化。伴随着我国失地农民问题的发生发展，征地农转非问题研究主题将发生相应的转换。近年来，学者们对征地农转非人员"利益补偿"问题展开了深入而广泛的研究，包括征地农转非问题产生的原因、征地农转非人员的数量规模、权益受损的原因与利益补偿安排、社会保障等方面。例如，学者们普遍认为现行的征地补偿标准偏低、补偿标的内容不全(没有考虑土地的潜在收益和利用价值)、土地对农民承担的生产资料和社会保障的双重职能、土地市场的供需状况、土地的增值部分、地区经济发展水平的差异会导致地价的差异等，应参照当前物价水平、消费总体水平等因素，结合农民的意愿，提高补偿标准；现行的征地补偿费分配不合理，被征地农民实际得到的补偿利益严重不足。随着这些研究主题的深入与丰富，学者们已经开始进行征地农转非问题研究主题的转换，从着力于“保护弱者”的研究征地农转非人员所“失”向“分享城市化成果”的研究征地农转非人员所“得”转换，帮助他们在城市构筑能满足其就业、收入与保障需要，并享受公平、正义与福利条件的新生活空间以促进其发展。

三是城市化和城乡统筹发展的实践推进将促使征地农转非人员就业促进及其管理进入各级地方政府的重要议事日程。随着实践的发展，各级地方政府越来越清晰地认识到“城市化是经济社会发展的动力，是现代化的手段和标志”，因而积极采取多种措施加快推进当地城市化建设与发展；随着各地频繁发生的因征地而引起的社会问题、暴力拆迁的时不时曝光，各级地方政府也越来越清晰地认识到“就业促进比利益补偿更加重要和必要，就业保障是最大的保障”。因此，在相对科学合理的利益补偿基础上，着力征地农转非人员“市民化”成为各级地方政府工作的新重心，征地农转非人员的价值观、社会权利、生产方式、生活方式、组织方式以及心理和行为的现代化开始成为评估征地农转非工作优劣的显性指标。

四是征地农转非人员的就业促进，是一个庞大的系统工程，各地政府在“以人为本”、“民生优先”的理性思考基础上的创新探索，将使征地农转非人员的就业促进呈现出多姿多彩的局面。一方面，各地政府在优化城市建设发展战略、农地适度非农化、城市土地集约利用的同时，将着力推进征地农转非人员的就业促进体制机制与制度建设和管理思想创新；另一方面，更多的社会团体、企事业单位和广大市民，将以更加包容的心态接受征地农转非人员，以多种方式参与其就业促进工作。

愿征地农转非人员的明天光明灿烂！

陈绍友

2011年6月26日